동양고전의 윤리의식과
도덕적 인물

동양고전의 윤리의식과 도덕적 인물

2015년 9월 1일 초판 인쇄
2015년 9월 5일 초판 발행

지은이 변원종 | **교정교열** 정난진 | **펴낸이** 이찬규 | **펴낸곳** 북코리아
등록번호 제03-01240호 | **전화** 02-704-7840 | **팩스** 02-704-7848
이메일 sunhaksa@korea.com | **홈페이지** www.북코리아.kr
주소 462-807 경기도 성남시 중원구 사기막골로 45번길 14
　　　우림라이온스밸리2차 A동 1007호
ISBN 978-89-6324-436-5 93150

값 15,000원

동양고전의 윤리의식과 도덕적 인물

변원종 지음

북코리아

머 리 말

　　동아시아 정신과 문화의 주축을 담당해온 동양고전은 현재 많은 점을 시사하고 있다. 그 이유는 바로 동양고전에는 시대를 뛰어넘는 정신적 문화유산으로 평가받는 그 무엇이 있기 때문이다. 즉 동양고전은 당대의 문제 상황을 명확히 규명하고, 그것을 기반으로 사람이 가야 할 미래를 제시하고 있다는 사실이다. 삶의 목표에 도달하지 못한 실패한 문서들이 아니라 당대의 문제 상황을 당대의 삶의 현장에서 당대의 사상가들이 가장 현실적인 해결책으로 조합한, 살아 있는 그들의 작품이 비치된 '지성의 도서'이기 때문이다. 그런데도 내용의 난해함과 방대한 양 때문에 비전공인에게는 쉽게 넘을 수 없는 굳건한 장벽으로 여겨져 왔다. 그래서 영국 경험론 철학의 거두인 베이컨은 "고전이란 가장 널리 알려져 있으면서 가장 읽히지 않는 책"으로 정의한다.

　　동양고전은 단순히 동아시아의 가치관을 현대 생활에 맞도록 재해석하는 것이 아니라 인류 미래를 이끌어나갈 새로운 가치관으로서의 가능성을 보여주고 있다. 서구 가치관의 극단적 개인주의에서 비롯된 분자화·고립화된 사회구조, 분석적 사고와 과학적 합리성에 절대성을 두는 현대사회는 동양고전의 도덕적 인물에서 새로운 의미를 발견해야 할 것이다.

특히 20세기 대중·정보사회는 각자 이익을 중심으로 인간 소외 현상을 도래했을 뿐 아니라 물질의 소유를 가치척도로 삼는 계기를 만들었다. 21세기를 지나고 있는 오늘날, 그 과정의 변화만큼이나 다양한 사회문제가 발생하고 있으며 그 심각성도 갈수록 더해가고 있다. 현대사회는 극심한 빈부격차, 환경오염 및 파괴, 문화와 종교 차이로 인한 갈등 등의 현상을 어떻게 해결해야 할지 심각한 고민에 빠져 있다. 현대사회가 겪고 있는 다양한 갈등은 어디에서 연유한 것일까? 혼란한 변화로 가득한 시대에 우리가 진정 찾아야 할 것은 현상 속에 숨어 있는 변화의 본질이다. 그것은 겉으로 드러나는 현재의 모습이 아닌 현재를 만든 과거의 전통, 근원, 사상의 흐름을 분석하는 가운데 발견할 수 있다.

동양고전은 인간관계뿐 아니라 인간과 자연, 인간과 우주의 새로운 관계를 설정하고 인간의 정체성을 찾는 지혜를 얻게 한다. 사람답게 사는 것이 무엇인가를 추구한 지혜의 보고寶庫이므로, 비교문화적 차원에서 분석하고 현대적으로 재해석하여 현재 그리고 이상적 가치로서의 가능성과 의미를 고찰해야 한다. 이제 자신을 알고, 과거와 전통을 이해하며, 새로운 세상에서 새로운 가치관을 형성하는 것이 지금 우리가 동양고전의 중요성을 부각시키는 이유이다.

이 책을 통해서 현대사회 및 도래할 미래사회에 적용 가능한 가치관으로서 사람다운 사람들의 공동체 형성에 이바지할 수 있는 계기가 되었으면 한다. 끝으로 부족하고 미진한 부분이 많이 있을 것이라 믿는다. 독자들의 지도와 편달을 거울 삼아 계속 보완해나갈 것이다. 어려운 여건 속에서 흔쾌히 출판과 교정을 맡아주신 출판사 북코리아 이찬규 사장님과 직원 여러분께 감사드린다.

2015년 8월

변원종

목 차

제1부

—

서설

—

1. 윤리와 도덕의 정의

사람은 태어나면서부터 사회화의 과정을 거치면서 욕망의 실현이 도덕규범에 어긋나지 않기 위해 지속적으로 교육과 훈련을 받는다. 그런 교육과 훈련과정을 잘 이행한 사람은 인간적이고 도덕적이라고 평가받는다. 그런데 가정이나 학교, 사회에서 권장하는 도덕적인 삶이 주어지는 사회적 보상은 과연 바람직한가? 문제는 대부분의 사람들이 도덕적인 삶을 영위한 사람은 잘 살지 못하고, 오히려 부도덕한 사람들이 잘 산다고 믿고 있는 세상이다. 이러한 세태는 이미 오래전부터 진행되었고, 앞으로도 변함없이 진행될 것이다.[1]

이처럼 비인간적이고 부도덕한 삶에 관한 논란에도 불구하고 도덕적인 삶은 인류가 태동한 이래 오랜 기간 동안 가치규범으로 지속되고 있다. 즉, 삶의 본질인 도덕규범은 인류에 대한 구원의 빛으로 존재하고 있다. 그렇다면 도덕과 윤리에 대한 정당성이 제 기능을 발휘하지 못하는데도 불구하고 인류는 변함없이 도덕적이고 윤리적인 삶을 지향하고 있는 이유는 무엇일까?

공자와 맹자는 그 이유를 다음과 같이 설명하고 있다. 먼저 도에 뜻을 둔 선비나 어진 사람은 모두 구차하게 살기 위해 인(仁)을 해치지 않

---

1   "요즈음에도 법도에 어긋난 행동을 하고, 하지 말아야 할 행동만 골라서 하면서도 일생을 편안히 살 뿐만 아니라 그 부귀를 대대로 계속 누리는 자가 있는가 하면 땅을 가려서 밟고 때가 되어야 말을 하며 샛길을 가지 않고 공정한 일이 아니면 발분하지 않으나 재앙을 만나는 사람이 이루 헤아릴 수 없이 많다. 나는 심히 당혹을 금치 못하겠다. 도대체 이른바 천도라는 것이 옳은 것인가 그른 것인가?"(司馬遷, 『史記』, 卷61, 「伯夷列傳」, 若至近世 操行不軌 專犯忌諱 而終身逸樂 富厚累世不絶 或擇地而蹈之 時然後出言 行不由徑 非公正不發憤 而遇禍災者 不可勝數也 余甚惑焉 儻所謂天道 是邪非邪)

고 자기의 생명을 희생해서 인을 이루는 일이 있다는 점이고,[2] 두 번째는 천하에 도가 있을 때에는 도로써 몸을 따르고 천하에 도가 없을 때에는 몸으로써 도를 따르는 것이기 때문에 도를 가지고 남을 따른다는 말은 들어본 적이 없다는 것이며,[3] 세 번째는 생명도 원하는 것이고 의로움도 원하는 것이므로 둘 다 얻을 수 없다면 생명을 버리고 의로움을 택하겠다는 것이다.[4]

이러한 공맹의 주장은 윤리와 도덕이 인생에서 얼마나 귀중한 것인가라는 가치규범을 담고 있다. 그것은 바로 인간다운 삶에 대한 염원이고 윤리 이념과 도덕 원칙이 부도덕한 삶과 충돌할 때, 윤리의 기본원칙을 지키기 위해 용감하게 자신을 희생해야 함을 강조한다. 이것은 윤리의 기본원칙만이 인간다운 삶의 참다운 본질로 보았기 때문이다. 즉 '자기의 생명을 희생해서 인을 이루는 일(살신성인殺身成仁)', '도로써 몸을 따르는 것(이도순신以道殉身)', '삶을 버리고 의를 취하는(사생취의捨生取義)' 원칙은 가정이나 사회, 국가가 위난에 빠졌을 때 지사나 열사들의 정신적 바탕을 이루어 사회나 국가를 구원하는 희망을 주었고, 그들을 존숭하는 이유도 여기에 있다.

공맹이 부도덕한 삶에 대해 '자기의 생명을 희생해서 인을 이루는 일', '도로써 몸을 따르는 것', '삶을 버리고 의를 취하는' 도덕과 윤리의 정의는 어떻게 설명되고 있는가? 지금까지 윤리와 도덕은 명확한 개념의 분석 없이 사용되어온 것이 사실이고, 또 명확하게 두 개념을 분석하

---

2   『論語』, 「衛靈公」 8장, 子曰 志士仁人 無求生以害仁 有殺身以成仁.

3   『孟子』, 「盡心上」 42장, 天下有道 以道殉身 天下無道 以身殉道 未聞以道殉乎人者也.

4   같은 책, 「告子上」 9장, 生亦我所欲也 義亦我所欲也 二者不可得兼 舍生而取義者也.

동양고전의 윤리의식과 도덕적 인물

고 정의한다는 것이 쉽지 않은 일이다.[5]

　도덕은 사회생활에서 인간이 자연적 · 문화적으로 또는 물질적 · 정신적으로 발전하는 요구와 욕망을 충족시키기 위하여 어떻게 행동할 것인가를 나타내는 규범 · 기준이며, 그러한 데서 일어나는 행동을 지도하고 평가하는 원리의 의식에서 이루어져 있다고 보고 있다. 그리고 윤리 혹은 윤리학은 인간의 행위에 관한 여러 가지 문제와 규범을 연구하는 학문으로 '도덕철학'이라고도 말하고, 윤리학은 행위의 규범을 연구

5　도덕은 인간이 지켜야 할 도리 및 그에 준한 행위, 행위의 선악 · 正邪의 원리로서 도가 영원을 의미하듯 도덕은 전통적인 관습 · 풍습과 관련되어 있다. 어원으로도 ethos에서 ethical로, mores에서 moral로, sitte에서 sittlich로 변해왔다. 여러 가지 풍습의 충돌 · 모순에서 개인의식이 싹터 풍습의 원리나 가치가 반성 · 비판됨에 따라 풍습에서 도덕이 분화되어 독립한다. 사회생활에서 인간이 자연적 · 문화적으로 또는 물질적 · 정신적으로 발전하는 요구와 욕망을 보다 더 충족시키기 위하여 어떻게 행동할 것인가를 나타내는 규범 · 기준이며, 그러한 데서 일어나는 행동을 지도하고 평가하는 원리의 의식으로 이루어져 있다(『哲學大事典』, 教育出版公社, 1985, 214쪽). 윤리학은 인간의 행위에 관한 여러 가지 문제와 규범을 연구하는 학문으로 '도덕철학'이라고도 한다. 윤리학을 행위의 규범을 연구하는 학문이라고 하였으나, 규범이라는 것은 그것을 설정하는 입장에 따라 각양각색으로 나타날 수 있다. ethos 또는 mores라는 어원에서 나온 영어의 ethics 또는 moral이 가리키는 사회적인 풍속 또는 습관으로부터 條文化된 법률이나 명령 혹은 성경에서 나오는 십계명이나 유교의 삼강오륜에 이르기까지 행위의 규범은 우리의 생활 주변에 무수히 많다. 그러나 이러한 여러 규범을 곧 도덕이라고 말할 수는 없다. 이들은 모두 어떤 타율적인 강제력으로 우리의 행위를 제약하는 것이므로 우리의 자율적인 의지의 결단을 거친 자유로운 행위를 보장해주지는 못한다. 그러나 아무리 자유로운 의지의 결단에서 나온 자율적인 행위라 할지라도 개인이 처해 있는 사회적 규범을 지키지 않을 경우에는 그 행위를 도덕적으로 볼 수 없다. 도덕, 즉 윤리는 사회적 규범과 개인의 자발적인 의지에 근거를 둔 행위 위에 성립하는 것이며, 윤리학은 바로 이러한 행위의 규범 · 원리 · 규칙 등을 연구하는 학문이다(같은 책, 857쪽).

하는 학문이라고 규정하고 있지만, 규범이라는 것은 그것을 설정하는 입장에 따라 각양각색으로 나타날 수 있다고 정의한다. 도덕과 윤리의 공통점은 바로 삶의 규범과 관련이 있음을 알 수 있다.[6]

이상에서 살펴본 서양의 도덕과 윤리, 윤리학적 입장을 정리하면, 윤리는 'ethics', 도덕은 'moral'이라는 용어를 사용한다. 'ethics'라는 말은 도덕과 도덕적인 문제에 대해 '연구하다'라는 뜻을 내포하고 있다. 윤리학은 도덕적인 현상을 이론적 혹은 합리적으로 규명하는 것을 목적으로 하고 있다. 반면에 도덕이라는 말은 각 개인이 자신의 행동을 살펴보는 기준을 의미하는 것으로 정의한다.[7] 이러한 입장은 공맹의 도덕철학에서 '자기의 생명을 희생해서 인을 이루는 일', '도로써 몸을 따르는 것', '삶을 버리고 의를 취하는' 입장과는 상이함을 발견할 수 있다.

유교 경전 중에서 윤리라는 말이 처음 등장하는 곳은 『예기』「악

6　　제임스 레이첼즈는 도덕철학을 철학의 분과학문으로서 '도덕(morality)에 관한 철학적 연구'라고 정의하고, 도덕이라고 하는 연구대상을 철학적인 방법으로 연구한다고 정의한다. 그러면서 윤리학과 도덕철학이라는 명칭은 동일한 내용을 지칭하는 상이한 용어로 간주한다. 그 이유로 윤리학이라고 번역되고 있는 ethics라는 용어는 원래 인격을 연구하는 학문을 의미하는 그리스어 ethike에서 유래한 것이다. 그런데 서구의 역사적 중심이 그리스에서 로마로 넘어오면서 이 ethike가 라틴어로 옮겨지면서 인간의 습관이나 예절을 가리키는 라틴어 mores로 번역되었고, 이를 학문적으로 연구한다는 의미에서 후에 moral philosophy로 변형되었기 때문이다. 구체적으로는 인간의 행위나 태도의 옳고 그름에 관한 판단을 내릴 때 기준으로 사용하는 도덕적 실체들인 가치 혹은 규칙이나 원칙의 존재근거는 과연 무엇인가에 대한 대답이 우선되어야만 이를 토대로 실제 구체적인 사례에 적용 가능한 바람직한 윤리이론 체계를 모색할 수 있기 때문이다(제임스 레이첼즈, 노혜련 외 2인 역, 『도덕철학의 기초』, 나눔의집, 2006, 49-50쪽).

7　　W. S. 사하키안 저, 송휘철·황경식 공역, 『윤리학의 이론과 역사』, 박영사, 1990, 10쪽.

　　　　　　　　　　　　　　　동양고전의 윤리의식과 도덕적 인물

기」편이다.[8] 사람의 마음에서 생겨난 것이 음音이고, 악樂은 윤리에 통하는 것으로 보아 음악이 윤리와 관련이 있음을 알 수 있다. 이런 까닭에 소리를 알면서 음을 알지 못하는 것은 금수의 부류에 속하며, 음을 알면서 악은 알지 못하는 것은 중서衆庶로 보았다. 그래서 오직 군자만이 능히 악을 알 수 있다고 한 것이다. 따라서 소리의 이치를 밝혀 그것으로써 음의 이치를 알아야 하고, 음의 이치를 밝혀 그것으로써 악의 이치를 알아야 하며, 악의 이치를 밝혀 그것으로써 정치의 이치를 알아야 비로소 나라를 다스리는 도리가 갖추어지게 된다. 그러므로 소리의 이치를 알지 못하는 자와 더불어 음에 대하여 말할 수 없고, 음의 이치를 알지 못하는 자와 더불어 악에 대하여 말할 수 없기 때문에 악의 이치를 알면 예에 대한 이치를 자연스럽게 알게 된다. 즉, 예와 악을 다 익힌 사람을 '유덕한 사람'이라 이르는데, 덕이란 예악을 습득한 것을 뜻한다.[9]

또 도덕이란 말도 『예기』「곡례」편에 나타난다.

도덕과 인의는 예가 아니면 이루어지지 않고, 교화를 세워 백성을 가르쳐 풍속을 바로잡는 일도 예가 아니면 갖추어지지 않는다. 분쟁을 해결하고 소송을 판결하는 일도 예가 아니면 결정되지 않는다. 군신과 상하,

---

8 "음(音)이란 사람의 마음에서 생겨나는 것이고, 악(樂)은 윤리에 통하는 것이다."(『禮記』,「樂記」, 樂者 通倫理者也.

9 같은 책,「樂記」, 是故知聲而不知音者 禽獸是也 知音而不知樂者 衆庶是也 唯君子爲能知樂 是故審聲以知音 審音以知樂 審樂以知政 而治道備矣 是故不知聲者不可與言音 不知音者 不可與言樂 知樂則幾於禮矣 禮樂皆得 謂之有德 德者 得也.

부자와 형제의 관계도 예가 아니면 정해지지 않는다.[10]

　도덕과 인의는 예라는 덕목에 의해 그 가치를 발휘할 수 있고, 도덕과 관습, 법률과 사회제도 등도 예에 의해 가치척도가 결정된다. 따라서 도덕과 인의라는 분수는 결국 예라는 공통분모를 통해 인간의 모든 행동의 규범이 되는 것이고, 이러한 예를 위반했을 때 사회는 형벌로 제재하는 것이다. 그런데 예의 본질로서 도덕적 본성인 인의仁義에 근거하지 않은 형식적인 행위로서의 예는 겉보기에는 좋은 것이라 할지라도 무의미하다. 인의는 인간의 본성이고, 예의 본질로 삶의 목적이고, 행위에 대한 평가 기준이 된다.

　그런데 도와 덕을 병칭한 '도덕'이란 말은 『논어』와 『맹자』에서는 찾아볼 수 없다. 유가 경전 중 『주역』과 『예기』에 도덕이란 용어를 발견할 수 있을 뿐이다. 『주역』 「설괘전」에서는 "도덕에 화순하고 의리에 다스려지게 하며, 이치를 궁구하고 성품을 다함으로써 명命에 이른다"[11]라는 문장이 나오고, 『예기』 「곡례상」에서는 "도덕과 인의는 예가 아니면 이룰 수 없다"[12]는 말이 있다. 도덕이란 용어는 유가와 도가를 막론하고 전국시대 후기에 와서야 연용되기 시작하였고, 한대 이후에 이르러 하나의 유행하는 명사가 되었다.[13]

　이와 같이 도와 덕은 춘추전국시대까지만 해도 서로 다른 개념으

10　『禮記』, 「曲禮上」, 道德仁義 非禮不成 敎訓正俗 非禮不備 分爭辨訟 非禮不決 君臣上下 父子兄弟 非禮不定.

11　『周易』, 「說卦傳」, 和順於道德 而理於義 窮理盡性 以至於命.

12　『禮記』 「曲禮上」, 道德仁義 非禮不成.

13　張岱年, 『中國倫理思想硏究』, 上海人民出版社, 1989, 29쪽.

동양고전의 윤리의식과 도덕적 인물

로 사용했음을 알 수 있다. 공자도 "도에 뜻에 두고 덕에 의거한다"[14]라고 하여 도와 덕을 분리하여 사용하고 있다. 도는 사람이 날마다 사용하는 과정에 마땅히 행해야 할 준칙이므로 이것을 알아서 마음으로 기약하면 가는 것이 바르고, 다른 곁가지의 유혹을 막을 수 있는 원칙이며, 덕은 이 원칙에 따라 실행하기 때문에 도를 떠난 덕을 말할 수 없다.[15]

　　살펴본 바와 같이 윤리와 도덕에 대한 용어의 분류에도 불구하고 유교의 도덕은 도와 덕이라는 의미가 서로 다른 의미로 사용되는 경우가 많았으며, 또 도덕과 윤리라고 했을 때 도덕이라는 의미가 도와 덕이라는 의미를 모두 담고 있는지도 명확하지 않다. 따라서 윤리가 도덕보다는 포괄적이라는 점을 감안하면,[16] 지금까지 윤리와 도덕이라는 개념

14　『論語』,「述而」6장, 子曰 志於道 據於德 義於仁 遊於藝.

15　같은 책,「述而」6장, 子曰 志於道 據於德 義於仁 遊於藝의 朱子註, 道 則人倫日用之間 所當行者是也 如此而心必之焉 則所適者正, 而無他歧之惑矣 德 則行道而有得於心者也.

16　박이문은 윤리와 도덕의 개념을 "윤리(ethics)는 희랍어인 에토스(ethos)에서 유래되고, 도덕(morality)은 라틴어인 모레스(mores)에서 그 어원을 찾는다. 희랍어 에토스는 원래 한 사람, 한 사회에 사는 사람들의 성격 혹은 욕구를 지칭한다. 이와 반대로 라틴어 모레스는 행동에 대한 규율을 가리킨다. 도덕으로서 규율은 한 사람, 한 사회의 세계, 그리고 사람에 대한 태도나 성격을 전제하지 않고는 이해될 수 없지만 윤리적 태도나 성격은 한 사람, 한 사회의 도덕을 이해하는 바탕이 된다. 그러므로 윤리라는 개념이 도덕이라는 개념을 포괄하며, 도덕이라는 개념은 윤리라는 개념의 한 측면만을 뜻한다"고 했고(朴異汶,『慈悲의 倫理學』, 철학과현실사, 1994, 12-13쪽), 葉經柱는 윤리와 도덕을 "윤리와 도덕은 서로 같은 면도 있고 서로 다른 면도 있다. 우리는 도덕을 인간의 태도 또는 언행의 준칙이라고 하며, 윤리는 인류 도덕의 원리라고 하는데, 이것은 윤리가 도덕보다 더 근본적인 것임을 표명하며, 윤리는 도덕을 포괄함을 표명한다. 도덕은 윤리 속에 포함된다. 환언하자면 윤리의 내용은 비교적 넓고 도덕은 내용은 비교적 좁다"고 하였다(葉經柱,『孔子的道德哲學』, 中正書局, 中華民國 74年, 4쪽).

을 함께 사용해왔음을 알 수 있다.

2. 윤리와 도덕의 근거인 예(禮)

동양에서는 천지가 나누어지기 전부터 인류를 다스리는 제도로 예禮가 존재했고,[17] 이후 종교적 신념과 철학적 사상이 부여되어 규범의 성격이 일반화되고 체계화된 것이 예이다. 예의 기원은 신이나 절대자에 대하여 인간의 안녕을 기원하는 종교적 의례에서 출발하였으며,[18] 이런 종교적 의례로부터 사회적 합리성으로 독립한 것이 예이다. 주나라 때에는 계급사회에서의 차별적인 등급 질서를 규정하는 원칙이 되

---

17 『禮記』,「禮運」, 夫禮 必本於大一分而爲天地 轉而爲陰陽 變而爲四時 列而爲鬼神 其降
   曰命其官於天也.

18 禮의 起源에 대한 설명은 논자에 따라 다양하다. 대표적인 것으로는 許愼과 王國維, 加
   藤常賢의 견해를 들 수 있다. 許愼은 "禮란 하늘의 천문 현상에 대해 인간이 예물을 올
   림으로써 신을 섬기고 복을 기원하는 행위"라고 하였고(『說文解字』, 臺北: 藝文印書
   館, 1973), 王國維는 甲骨文에 대한 연구 결과를 통해 許愼의 견해를 수정·보완하여
   "신을 받드는 행사를 통틀어 禮"라고 설명하고 있으며(『觀堂集林』,「釋禮」, 臺北: 河洛
   圖書出版社, 1975), 加藤常賢은 禮를 "참조개의 껍질에 祭酒를 부어놓은 술잔의 의미"
   로 설명하고, 아울러 禮의 기본음이 '離'로서 이는 금기에 대한 隔離의 의미로 보아 禮
   를 "격리되어 있는 禁忌 대상에 대한 수속에서 나온 것"이라고 보았다(『中國古代倫理
   學の發達』, 東京: 二松學舍大學出版部, 1983). 이러한 점은 그 설명 방법에서는 차이
   가 있지만, 禮의 起源에 대한 기본적인 견해에는 차이가 없다고 하겠다. 이 외에 楊寬
   은 "禮의 발생이 祭祀儀式이 발생하기 이전인 씨족사회에서의 習俗에서 기원한다"고
   생각하였고(『古史新探』, 北京: 中華書局, 1965), 鄒昌林은 이를 더욱 古代로 소급하여
   "수렵시대에 생산물의 공평한 분배를 위한 활동에서 禮가 발생하였다"고 보았다(『中國
   古禮研究』, 臺北: 文津出版社, 1992).

동양고전의 윤리의식과 도덕적 인물

기도 하였다. 『춘추좌전』에서 "예는 하늘의 영원불변한 원칙이며, 땅의 의義이며, 백성의 실생활의 규범이며, 정치를 하는 도구이고, 국가의 조직제도이다"[19]라고 한 것은 예가 천지의 불변하는 원칙을 본받아 이를 근거로 인간의 행위를 규제하는 정치를 하고, 국가를 통치하는 제도 등의 사회규범으로 성격이 바뀌고 있음을 말한다.

중국문화는 하·은·주 삼대를 거치면서 자연생활 중심에서 신神 중심으로 비약했다가 인간 중심의 문화로 환원한 것으로, 이후 중국사상의 발전도 이런 과정으로 파악할 수 있다. 삼대의 특징은 공자가 평한 바와 같이 하나라는 질質을 숭상하여 문文이 부족하고, 반대로 주나라는 문은 숭상해도 질이 부족하며, 은나라는 허탄하다고 하겠다. 다시 말하면 하나라는 자연 파악과 정치사상이 싹텄고, 은나라는 종교의식과 계급의식이 생겼으며, 주나라는 인문사상과 봉건제도가 발달하였다.[20]

특히 주나라 문화는 하나라의 실용적인 면을 취하면서도 은나라의 신적神的인 종교의식과는 달리 바로 인간 자신의 도덕과 윤리규범을 세우는 데 힘썼다. 이렇게 삶의 방식이 발전한 요인은 주나라가 농경이라는 사회적 조건이 만들어낸 혈연 중심의 가족제도를 국가에 확대 적용한 봉건제 국가에서 기인했기 때문이다. 농경사회에서 가장 필요한 것은 노동이다. 또 노동은 협동심이 필요했기 때문에 자연히 혈연 중심으로 대가족제도가 이루어지게 되었다. 대가족제도에서 가장 중요한 것은 농사 경험이 많은 노인 중심의 가부장적 윤리였다. 이러한 가부장적 윤리가 사회의 변화를 주도했다.

---

19   『春秋左傳』, 「昭公 25년」, 夫禮 天之經也 地之義也 民之行也 政之輿也 國之幹也.

20   金忠烈, 『中國哲學散稿』 1, 온누리, 1994, 54쪽.

이와 같은 가부장적 윤리를 국가에 그대로 적용시킨 것이 봉건제도이다. 당시의 봉건제도는 중앙에 '천자'라고 불리는 종갓집을 중심으로 그 친척들이 각 지방의 제후로 임명되었다. 또 공신이나 천자와 혼인관계가 있는 신하를 제후로 세웠다. 결국 천자를 중심으로 혈연관계를 맺은 제후들이 천하를 나누어 다스리게 된 것이다.

그러나 봉건제도는 세월이 흘러감에 따라 큰 문제점이 나타나기 시작했다. 처음에 봉지封地를 나누어 가진 사람은 혈연으로 이어진 가족관계였지만, 200~300년이 지난 후에는 남과 다름없는 사이가 되어 더 이상 혈연관계로서 봉건제도를 유지할 수 없게 되었다.[21] 봉건제도 해체 속에서 발생하는 사회질서의 문란, 윤리 · 도덕규범의 타락 등의 모순을 극복하고자 제자백가의 사상이 출현하게 되었고, 그 해결책은 각각의 입장에 따라 현저한 차이를 보이고 있다.

공자는 주나라 문화를 계승한다는 기치를 내걸고, 주나라의 문왕과 주공을 이상적인 인물로 설정하였다. 문왕과 주공은 복희씨로부터 전해져온 역易 사상을 부연 설명하여 크게 발전시켰다. 주공은 또 예악형정을 정돈하였고, 예를 가장 중요한 사회도덕으로 삼았다. 그 후 자사, 맹자, 순자도 모두 예를 중요한 덕목으로 발전시켰는데, 그 연원은 모두 주공에게서 발원한 것이다.[22]

이처럼 중국에서 예가 제대로 시행되기 시작한 것은 주나라 초기로 전해진다. 주나라의 봉건제도가 확립되는 것과 때를 같이하여 예가

---

21 춘추시대 242년 동안 "신하에게 시해당한 임금이 36명, 망한 나라가 52국, 제후로서 망명하여 자기 조정을 보전치 못한 사람은 이루 다 헤아릴 수 없을 정도였다."(司馬遷, 『史記』, 春秋之中 弑君三十六 亡國五十二 諸侯奔走不得保其社稷者 不可勝數)

22 미우라 도우사꾸 지음, 박재주 외 옮김, 『중국윤리사상사』, 원미사, 1997, 35쪽 참조.

동양고전의 윤리의식과 도덕적 인물

본격적으로 제정되어 시행되었다. 예는 고대의 소박한 원시사회의 모든 문화의 통합체이고, 그것의 본래적 형태는 종교적 의례이다.[23] 종교적 의례가 시대의 변화에 따라 사회적 관습과 그 규범으로서 합리화된 것이 예이고, 그것은 곧 일체 문화를 집약한 것으로 종교적 의례로부터 그 사회적 합리성이 독립한 것을 알 수 있다. 그 첫 번째가 "예와 의는 사람의 도리를 분별하는 큰 단서이다"[24]라고 하였고, 두 번째는 "백성이 말미암아 사는 것은 예가 가장 크다. 예가 아니면 천지의 신을 섬기기를 절도 있게 하지 못한다. 또 예가 아니면 군신, 상하, 장유의 구별을 할 수 없다. 또 예가 아니면 남녀, 부자, 형제의 친함과 혼인, 소수疏數의 사귐을 분별하지 못한다"[25]고 하였고, 세 번째는 "천지가 있은 후에 부부가 있다. 부부가 있은 후에 부자가 있다. 부자가 있은 후에 군신이 있다. 군신이 있은 후에 상하가 있다. 상하가 있은 후에 예의가 있다"[26]라고 한다. 이것은 윤리와 도덕의 근거인 예가 가정과 사회와 국가의 근본이 되는 것을 말하며, 남녀와 부자, 군신의 차등 관념과 행위의 기준을 세우는 데 필요한 옳고 그름을 판단하는 기초가 되는 것임을 말하고 있다.

『사기』에서는 윤리와 도덕의 근거인 예의 개념이 발전하여 "예는

---

23 加藤常賢, 『禮の起源と其發達』, 中文館臟版, 1942, 46쪽.

24 『周易』, 「禮運」, 故禮義也者 人之大端也.

25 같은 책, 「哀公」, 民之所由生 禮爲大 非禮無以節事天地之神也 非禮無以辨君臣上下長幼之位也 非禮無以別男女父子兄弟之親 婚姻疏數之交也.

26 같은 책, 「序卦傳」, 有天地然後有萬物 有萬物然後有男女 有男女然後有夫婦 有夫婦然後有父子 有父子然後有君臣 有君臣然後有上下 有上下然後禮義有所錯.

사전에 방지하고, 법은 사전에 금하는 것이다"[27]라고 정의하고 있다. 법은 범죄자를 형벌에 처하는 것으로 사회의 질서를 보존하는 반면, 예는 인간의 도덕심에 호소하여 범죄가 일어나는 것을 사전에 예방하는 것이라고 정의한다. 즉 예는 형벌 같은 일정한 제재에 의한 강제력을 수반하지 않는 점에서 법보다는 관습과 유사하다고 했지만, 법칙을 수반하지 않고 인간의 도덕적 준칙으로서의 성질을 많이 가지고 있기 때문에 관습을 벗어나 문화·사회제도의 성질을 많이 가지고 있다는 것으로 점차 발전한다. 따라서 예는 사회적 관습으로부터 문화·사회제도로 이행하는 과정에서 발생하는 모든 현상을 포함하고 있다고 할 수 있다.

　　이러한 예의 성격 변화를 다음의 세 단계로 설명할 수 있다.[28] 첫째로 주나라와 은주殷周 교체기는 원시유교의 시대로 예 시대라고 설정한다. 이때의 예의 특징은 세 가지로 말할 수 있는데, 첫째는 천天이나 조상신에 대한 외경畏敬의 마음에 바탕을 둔 Taboo Mana의 관념이다. 둘째는 천자의 예로서 천자가 귀신에게 행하는 예이므로 인민의 예로 볼 수 없다는 것이다. 셋째로 단순한 제례일 뿐만 아니라 왕자王者들이 신의 뜻을 대행하는 것을 바탕으로 일반 사람들의 정치적·윤리적 생활을 규제했다는 점이다. 이때의 예는 도덕, 법률, 종교, 정치, 군사 등의 사회적 기능이 분화되기 이전의 상태에 이러한 것을 규제하는 문화 일반을 총칭하는 개념이다. 인간의 합리적 사고가 발달하지 못했던 당시에는 모든 분야에서 지도자가 일방적으로 이끌어갔다고 볼 수 있고, 지도자

27　『史記』, 「太史公自序」, 夫禮禁未然之前 法施已然之後.

28　李文周, 『中國 先秦時代 儒學의 禮說에 대한 研究』, 成均館大學校 大學院 博士學位 論文, 1991, 23–24쪽.

는 자신의 지도력을 Mana의 신비력과 터부의 금지관념을 연결시켜 강화했으며, 사람들은 이것을 신의 섭리로 알고 공경히 받들었다.

둘째로 춘추 전후의 종교적 봉건제 시대로, 이를 전기 유학시대 또는 봉건제 의례 도덕 분리시대 등으로 설정한다. 이때는 인간의 합리적 사고가 발달하여 신성한 것의 세속화가 일어나는 과정에서 종교적 의례로부터 세속적 도덕으로의 전이가 일어나는 시대다. 그러나 이때 도덕으로서의 예는 귀족들을 위한 것으로 모든 사람에게 일반화한 것은 아니었다. 귀족적 봉건사회에서 예는 치자들의 위엄과 권위의 근거가 되었다. 세속화된 예는 정치의 원리와 개인적 행동의 형식이라는 두 가지 요소를 포함하는 것으로, 춘추학이라는 유교적 정치원리와 유교적 윤리학이라고 할 수 있는 유학의 두 갈래 기원이 된다.

셋째로 전국시대는 유학이 체계화되는 시대로, 이때를 도덕의 내면화시대 또는 도덕의 철학화 시대라고 한다. 공자는 예를 치인적治人的 측면과 수기적修己的 측면, 즉 정치적 측면과 도덕적 측면을 다 같이 강조했지만 맹자는 예를 사단四端의 하나인 내적 도덕성으로 파악하여 형식적인 면보다는 내용을 문제 삼게 된다. 그리하여 특정 사회 계층에게만 적용되는 것이 아니라 인간이면 누구나 지키고 따라야 하는 보편적 도덕규범이라고 하였다. 그러나 순자는 예의 본질을 강조하는 맹자와는 달리 예를 타율적 제욕制欲의 수단으로 보고 형식적인 면과 정치적인 측면을 강조하게 된다.

이와 같이 하ㆍ은ㆍ주 삼대의 예는 외재적인 상제관념인 천사상 개념과 관련되어 있고, 공자에 이르러 비로소 인간의 이성 안에서 인간 도덕의 원천이자 근거로서 이해되기 시작한다. 특히 은나라의 예는 종교적인 것으로 군주와 신의 관계를 규정하는 것이고, 춘추시대의 예는 지배계층의 정치규범 또는 도덕규범에 관한 것으로 지배자의 권위를 확보하기 위한 것이었으나, 공자에 이르러 예는 신의 예속으로부터 인간을 해방시키고자 하는 자각적인 노력에 의해 내면적 도덕화와 사회적 보편화가 이루어져 인간이면 누구나 지켜야 할 보편적 도덕규범으로 발전되었음을 알 수 있다.

제2부

—

유가의 윤리의식과
도덕적 인물

—

제1장 『논어』에 나타난 윤리의식과 도덕적 인물

1. 공자의 생애

공자孔子는 춘추시대 말인 기원전 551년에 주나라의 여러 제후국 가운데 약소국인 노나라 창평향의 추라는 마을에서 태어났다. 그곳은 지금의 산동성 곡부현이다. 공자라는 명칭에서 '공'은 성씨이고, 뒤에 붙은 '자'는 남자의 미칭으로 '선생님'이라는 뜻의 존칭이다. 공자의 이름은 '구丘'이다. 공자의 어머니 안징재가 니구산尼丘山에서 치성을 드려서 공자를 가진 데서 붙여진 이름이다. 자는 중니仲尼라고 하는데 '중'은 둘째라는 뜻이며, '니'는 니구산에서 따온 것이다. 첫째라면 맹孟 아니면 백伯이라고 한다. 셋째는 숙叔이라고 하고, 넷째나 막내라면 계季라 부르는 것이 관례이다. 일설에는 나면서부터 정수리 가운데가 움푹 들어가 언덕처럼 생겼으므로 이름을 '구'라 했다고도 한다.

공자의 어린 시절은 매우 불우하였다. 공자의 집안은 몰락한 귀족이었고, 아버지 숙량흘叔梁紇은 노나라의 하급 무사 신분이었다. 숙량흘은 본부인과의 사이에서 딸만 아홉을 낳고 대를 이을 아들은 두지 못하였다. 후에 첩을 통해 아들을 얻었지만 몸이 성치 못하여 어려서 죽고 말았다. 숙량흘은 슬하에 아들이 없는 것을 한탄하여 나이 예순에 뒤늦게 안징재라는 젊은 여인을 맞아들여 정식으로 결혼도 하지 않고 살았다. 그래서 사마천은 『사기』에서 공자의 출생에 대해 '야합해서 낳았다 (야합이생野合而生)'[1]라고 기술하고 있다. '야합이생'이란 말 그대로 들에서 합쳐 태어났다는 뜻으로, 공자의 부모가 정상적인 혼인관계가 아니었음을 의미하는 것이다. 안징재는 숙량흘의 소원대로 아들을 낳기 위해 니구산에서 정성껏 기도를 드려 공자를 낳았는데, 공자의 이름이 '구'이고 자가 '중니'인 것도 이 니구산과 밀접한 관계가 있다.

공자의 집안은 가난하고 보잘것없었다. 더구나 그는 세 살 때 아버지를 여의고 홀어머니 밑에서 더욱 어렵게 자랐다. 그런 어려운 환경 속에서 자란 공자는 자연히 세심하고 신중하게 처신하였다. 그 자신도 "어려서 미천했기 때문에 비천한 일을 할 수 있었다"[2]라고 기술한 것을 보면, 공자는 왕후 귀족의 집안에서 태어난 것이 아니어서 자연히 생활고에 시달려야 했다.

공자는 궁핍한 환경에서 성장하였지만 열다섯 살에 학문과 인간의 도리를 얻는 데 뜻을 두었고(지우학志于學), 서른 살이 되어서는 학문과 도덕이 상당한 경지에 이르러 초연하게 자립할 수 있게 되었다(이립而立). 사십에 이르러서는 사리판단을 명확히 할 수 있어 마음에 의혹이 없게 되었고(불혹不惑), 오십이 되어서는 우주의 모든 원리에 통달하여 하늘의

---

1   『史記』, 「孔子世家17」, 孔子生魯昌平鄕陬邑 其先宋人也 曰孔防叔 防叔生伯夏 伯夏生叔梁紇 紇與顏氏女野合而生孔子.

2   『論語』, 「子罕」 6장, 少也賤 故多能鄙事.

동양고전의 윤리의식과 도덕적 인물

명을 알 수 있었으며(지천명知天命), 육십이 되어서는 화순함이 늘 마음에 있어 아무리 이치에 닿지 않는 말을 듣는다 해도 순응하였다(이순耳順). 칠십이 되어서는 마음에 하고 싶은 것을 다하여도 그 생각과 언행이 법도를 넘어서지 않고 저절로 인간의 도리에 맞게 되었다(종심소욕불유구從心所欲不踰矩).[3]

그는 열아홉 살 때 노나라의 위리라는 하급 공무원이 되었다. 그해에 계관 씨 집안 딸에게 장가를 들어 다음 해에 아들 리를 낳았다. 위리는 돈과 양곡의 출납을 담당하는 창고 관리직인데, 계산이 매우 정확했다고 한다. 또 그는 스물한 살 때 목장을 관리하는 일을 맡기도 했는데, 그가 돌보는 가축들은 살이 찌고 잘 자라서 번식도 잘되었다.

이처럼 그는 아무리 낮은 벼슬이라 할지라도 맡은 바 임무를 충실히 수행하였으며, 이런 경험은 백성의 어려움을 몸소 체험할 수 있는 좋은 기회가 되었다. 그래서 그의 명성이 많은 사람의 입에 거론되기 시작하였다. 그것은 그가 관리로서 임무에 충실했기 때문이 아니라 그의 학식과 덕망이 널리 알려졌기 때문이다. 자연스럽게 주위의 여러 귀족이 앞 다투어 자식 교육을 의뢰하였으며, 대략 30대로 접어들면서 식견과 경륜이 더욱 원숙해졌다. 이 무렵부터 그의 명성이 널리 알려져 문하에 제자들이 모여들기 시작하였고, 비로소 가르치는 것을 직업으로 삼았다.

『사기』에 따르면 공자는 육경을 산정하고 시서예악으로써 가르쳤는데, 제자가 삼천여 명이나 되었고, 그 가운데서 육예에 통달한 제자만

---

3   같은 책, 「爲政」 4장, 子曰 吾十有五而志于學 三十而立 四十而不惑 五十而知天命 六十
     而耳順 七十而從心所欲 不踰矩.

도 72명에 달했다고 기록하고 있다.[4] 공자는 당시의 현실에서는 자신의 이상이 실현될 수 없다는 사실을 간파하고 후세에 자신의 사상을 전해서 실현할 수 있는 길을 모색하였다. 먼저 후세에 전할 전적으로 육경을 산정하고, 그것을 통하여 제자들에게 자신의 이상을 가르쳤다. 육경이란 『시경』, 『서경』, 『역경』, 『예기』, 『악기』, 『춘추』를 가리키며 옛날부터 전해오는 것으로 선현들의 정치 · 사회 · 문화 · 사상 · 역사 · 생활 등에 관한 것과 올바른 성정을 닦고 인격을 수양하는 데 필요한 유가의 기본 경전이다.

공자는 제자들에게 사람다운 참다운 도리를 가르친 한편 인정仁政이라는 커다란 정치적 포부를 가지고 있었다. 이런 공자의 교육은 비교적 성공을 거두어 많은 제자들이 노나라를 중심으로 많은 나라에서 눈부신 활약을 하였다. 그러나 개인적으로 그의 이상 정치를 실현시킬 수 있는 기회는 좀처럼 찾아오지 않았다. 그러다가 마침내 51세 때 공자는 노나라에서 중도재中都宰라는 벼슬에 올랐다.

중도재란 지금의 시장 격으로, 공자가 그 벼슬을 맡은 지 1년 만에 중도는 다른 고을이 모두 본받을 정도로 질서가 잡혀 예의와 규범을 준수하게 되었다. 그리고 얼마 후에 대사구大司寇(형조판서로 현재의 법무부 장관)로 승진하자 노나라가 부강해졌다. 공자가 정치에 참여하여 정사를 펼친 지 석 달이 되자 양과 돼지를 파는 사람들이 값을 속이지 않았고, 남녀가 길을 갈 때 떨어져 갔으며, 길에 물건이 떨어져도 주워가지 않았다. 사방의 손님 중에서 읍에 방문하는 자도 담당 관리를 찾아올 필요가 없었고, 모두 그들이 잘 돌아가게 했다. 공자의 이러한 혁신정치가

---

4   『史記』, 「孔子世家17」, 孔子以詩書禮樂教 弟子蓋三千焉 身通六藝者七十有二人.

효력을 발하면서 이를 시기한 이웃의 제나라가 방해 책동을 일삼자 그의 정치적 견해를 실현시킬 수 있는 길이 막히게 되었다. 56세 되던 해에 통치자의 책동과 무능에 실망한 그는 많은 치적을 남긴 채 노나라를 떠나 자신의 이상을 실현시킬 수 있는 나라를 찾아다니기 시작했다. 노나라로 되돌아오기까지 13년 동안 공자는 여러 나라의 군주를 만나 자신의 사상과 정치적 이념을 가지고 설득하였지만, 그의 사상과 정치적 이념을 알아주는 군주는 아무도 없었다. 결국 정치에 대한 희망을 버리고 다시 노나라로 돌아와 제자들을 가르치고 유가경전을 정리 편찬하는 데 전념하다가 기원전 479년 73세의 일기로 생을 마감하였다. 노나라 성 북쪽의 사상泗上에 그를 장사지냈는데, 오늘날 이곳을 공림孔林이라 부른다.

　　공자의 사상을 집대성한 경전으로 『논어』가 전해지고 있다. 『대학』, 『중용』, 『맹자』와 함께 사서로 불리는 『논어』는 공자의 말과 제자들 간의 문답을 모아서 편집한 것으로, 언제 누가 만든 것인지는 분명하지 않다. 공자의 말은 크게 두 종류로 구별할 수 있는데, 하나는 다른 사람이나 제자들에게 묻고 대답하고 토론한 것이고, 또 하나는 다른 사람이나 제자의 질문을 거치지 않고 일방적으로 다른 사람이나 제자에게 말한 것이다. 전자를 '논'이라 하고, 후자를 '어'라고 한다. 그러므로 『논어』라는 의미는 바로 공자의 논과 어이고, 이것을 사용하여 제자들을 교육한 것이다.

　　진시황의 분서갱유焚書坑儒 이후 한나라 초기에 『논어』는 세 종류의 판본이 있었는데, 첫째 것은 『노론魯論』으로 노나라 사람들 사이에 전해오던 것이고, 둘째는 『제론齊論』으로 제나라 사람들 사이에 전해오던 것이며, 셋째는 『고론古論』으로 노나라 공왕이 공자의 집을 개축하기 위해 허물었을 때 벽 속에서 나온 것이다. 현재 우리가 읽고 있는 『논어』는 전한前漢 말기 장우張禹라는 사람이 『노론』과 『제론』을 비교하여 좋은 글 귀만 채택하여 20편을 한 권의 책으로 선정한 것이 그 원형이다.[5]

2. 윤리의식의 외재적 근거로서의 천(天)

유교는 천이라는 우주 자연을 지극히 선한 것이며, 최고선이라고 생각한다. 인간은 우주 자연의 속성을 보존하여 태어난다고 믿었다. 따라서 우주 자연에 깃든 생명력의 본질은 인간의 내재적 근거로서 윤리의식의 본성이 된다. 자연의 생명력이 자연 세계에 존재하는 모든 생명체들을 양육하고 번성하게 하는 한 자연은 선한 것이고, 그러한 자연의 본성을 안고 태어나는 인간 또한 선한 존재일 수밖에 없다.

유교는 이러한 우주 자연을 도덕적 삶의 근거로서 이해하였으며, 우주 자연이 인간에게 내재화함으로써 외재적 행동규범이 도덕적으로 발전되었음을 알 수 있다. 그렇다면 인간이 도덕적 행위를 할 수밖에 없도록 요구하는 천의 이론적 근거를 살펴보자.

천에 대한 인간의 이해는 인간의 자각성에 대한 인식의 폭이 확대됨을 의미하며, 과학적 사고의 발달을 의미한다. 특히 공자 이전의 천에

---

5   『漢書』 권30, 「藝文志第十」, 論語者 孔子應答弟子時人及弟子相與言而接聞於夫子之語也 當時弟子各有所記 夫子旣卒 門人相與輯而論纂 故謂之論語[一] 漢興 有齊 魯之說 傳齊論者 昌邑中尉王吉 少府宋畸[二] 御史大夫貢禹 尙書令五鹿充宗 膠東庸生 唯王陽名家[三] 傳魯論語者 常山都尉龔奮 長信少府夏侯勝 丞相韋賢 魯扶卿 前將軍蕭望之 安昌侯張禹 皆名家 張氏最後而行於世.

동양고전의 윤리의식과 도덕적 인물

대한 인식과 공자 이후의 천에 대한 인식의 범주가 다르고,[6] 그로 인해 공자는 인문주의 철학의 창시자로 인정받게 된다. 즉, 인사人事를 주관하는 의미의 천이 인간 내면의 자각적 바탕이 된다는 의미로 전환되었다는 것은 매우 중요한 의미를 갖는다.[7]

『주역』에서는 천지자연과 인류의 관계를 설명하면서 "인도人道가 천지를 근원으로 삼고 있다"[8]고 보았다. 이것은 천지자연의 근본에 따라 인간의 도리인 인과 의가 태동되었음을 설명한 것이다. 인간의 삶과 밀접한 천지자연은 그 안에 담고 있는 모든 것을 생육하고 보살피는 생명력이 가득한 유기체로 파악한다. 그러한 생명력이야말로 선한 것 중에서 가장 선한 것이기 때문에 자연의 본성을 따라 살아갈 것을 강조한다. 특히 '천'은 가장 보편적이고 절대적인 원리인 동시에 도덕적인 질서까지 포함하는 것으로 이해하여 인간의 도덕규범은 천과 밀접한 관련을 맺는다고 보았다.

『논어』에 나오는 천이나 명, 천명에 대한 언급은 다양한 형태로 나타나기 때문에 하나의 성격으로 규정짓기 어렵다. 즉 공자의 천은 종교적 색채를 띠고 있다고 주장하는 학자도 있으며,[9] 춘추시대는 인간 발

---

6 공자 이후 命은 더 이상 상제의 명령이나 의지가 아니었고, 단지 개인이 바꿀 수 없는 운명도 아니었다. 그것은 주로 자연계의 필연성이었고, 天道에서 人性에 이르는 중간 매개 부분이었다(蒙培元 著, 李尙鮮 譯, 『中國心性論』, 法仁文化社, 45쪽).

7 공자는 "怪·力·亂·神을 말하지 않았다"(『論語』, 「述而」20장, 子不語怪力亂神)고 하여 초월적 존재를 부정하는 말을 하였다.

8 『周易』, 「說卦傳」, 昔者 聖人之作易也 將以順性命之理 是以立天之道曰陰與陽 立地之 道曰柔與剛 立人之道曰仁與義.

9 이러한 견해를 가진 대표적인 학자를 거론하면 다음과 같다. 안병주는 "중국 고대민족 의 전통적 신앙은 공자에서도 그대로 조술되기는 하지만"(『유교의 민본사상』, 성균관

견의 시기이고 천명·귀신과 비교해서 인간이 가장 중요한 지위로 향상된다는 것을 의미하며, 인간을 자기 운명의 주재자로 생각하기 시작했다. 인간이 천명·귀신보다 중요하며, 인간을 자기 운명의 주재자로 생각하는 것이 중국에서 나타난 최초의 인본주의 사상이다.[10]

이러한 인본주의 사상의 근저에는 맥을 잇는 전통이 있는데, 그 전통을 대표하는 정신과 가치는 성현들 간의 전승 과정을 통해서만 전통으로 정립할 수 있다. 즉 성인의 도를 전하는 방법은 두 가지가 있는데, 요와 순 그리고 우처럼 주고받는 사람들 간에 직접 구두로 전해주고 전달받는 과정이고, 또 하나는 문왕이나 주공이 공자에게, 공자가 맹자에게 전했던 것처럼 정신적으로 전승하는 방법이다. 공자는 인간의 주체성이 인식되고 인간의 본성이 도덕적이라는 이유를 멀리하는 요임금과 순임금의 그 도를 높이고, 가까이는 문왕과 무왕의 그 법을 지키며, 위로는 천시天時의 운행을 본받으며, 아래로는 일정한 이치에 따랐음을 알 수 있다.[11] 동시에 자신만의 독창적인 이론으로 사상을 확보하고 있

대학교 대동문화연구원, 1987, 28쪽)이라고 설명하고 있으며, 金谷治는 "공자에게는 은밀한 天에의 신앙이 있었다"(조성을 옮김, 『중국사상사』, 이론과 실천, 1986, 47쪽)고 하였고, 우노 세이이찌도 "공자에게 종교심이 없었던 것은 아니다. 옛날부터 전통적 관념에 따라 공자도 天에 대한 신앙을 갖고 있었다"(김진욱 옮김, 『중국의 사상』, 열음사, 1986, 64쪽)고 하였다. 또 가노 나오키는 "역에 보이는 공자의 세계관은 범신론적이지만, 공자가 天을 만물의 주재자로서 다른 귀신보다 상위에 둔 것을 살피건대 상당히 일신교적인 경향이 있다"(吳二煥 譯, 『중국철학사』, 乙酉文化社, 1986, 133쪽)고 하였다.

10   李康洙, 韓國東洋哲會 編, 「原始儒家의 人間觀」, 『東洋哲學의 本體論과 人性論』, 延世大學校 出版部, 1984, 191쪽.
11   『中庸』 30장, 仲尼祖述堯舜 憲章文武 上律天時 下襲水土.

동양고전의 윤리의식과 도덕적 인물

다.[12] 천에 대한 사상 역시 계승과 창조라는 두 날개를 모두 내포하고 있음을 알 수 있다.

공자가 송나라에 갔을 때 제자들과 큰 나무 아래에서 예에 관한 토론을 한 적이 있었다. 그때 송의 사마환퇴가 공자를 해치려 하였으므로 제자들은 다른 곳으로 속히 피난할 것을 종용하였으나 공자는 "하늘이 내게 덕을 부여하였으니 환퇴가 어찌 천명을 어기고 나를 해칠 수 있겠는가?"[13]라고 하였다. 또 공자가 진나라로 가던 도중 송나라의 광읍을 통과하게 되었다. 그런데 양호라는 자가 광읍의 사람들에게 폭행을 당한 일이 있었다. 양호의 용모가 공자와 비슷했기 때문에 광나라 사람들이 공자를 양호로 오인하여 5일 동안 공자 일행을 포위하고 해치려 했던 위기가 있었다. 그때 제자들은 몹시 두려워하였으나 공자는 태연하게 "선왕의 도를 계승한 문왕이 이미 죽었으나 그가 남긴 문화전통은 나에게 계승되어 있지 않느냐? 하늘이 만약 이 문화전통을 없애고자 하였다면 나 같은 후대 사람이 이러한 문화전통을 계승할 책임이 없게 되었을 것이다. 만일 하늘이 이 문화전통을 없애고자 하지 않는다면, 광인匡人이 나를 어찌하겠느냐?"[14]라고 하며 위기에 처할 때마다 주재적인 천을 상기시키고, 문화를 전승하는 것이 자신의 임무라고 굳게 믿었다.

---

12 『論語』, 「里仁」 15장, 子曰 參乎 吾道一以貫之 子出 門人問曰 何謂也 曾子曰 夫子之道 忠恕而已矣.

13 같은 책, 「述而」 22장, 子曰 天生德於予 桓魋其如予何. 이와 같은 내용은 『史記』, 「孔子世家」에서도 보인다. 孔子去曹 適宋 與弟子習禮大樹下 宋司馬桓魋欲殺孔子 拔其樹 孔子去 弟子曰 可以速矣 孔子曰 天生德於予 桓魋 其如予何.

14 같은 책, 「子罕」 5장, 子畏於匡 曰文王 既沒 文不在茲乎 天之將喪斯文也 後死者 不得與於斯文也 天之未喪斯文也 匡人 其如予何.

그리고 공자의 계승자로 촉망받던 안연이 죽었을 때는 매우 애통해하면서 "하늘이 나를 버리는구나! 하늘이 나를 버리는구나!"[15]라고 하면서 안연이 죽음으로써 자신의 도를 전할 사람을 잃었음을 탄식하였다. 즉, 안연이 죽으면 공자의 도가 단절되고 공자의 도가 단절되면 하늘의 도 또한 없어지는 것을 염려한 것이다.

이처럼 『논어』에 나타난 하늘의 뜻은 자연현상이라기보다는 주재적이며 인격적인 면이 많이 표현되어 있다. 하늘에 대한 이해의 발전은 인간의 자각성에 대한 인식의 폭이 확대됨을 의미하며, 과학적인 사고의 발달을 의미한다. 공자 이전의 하늘에 대한 인식과 공자 이후의 하늘에 대한 인식의 범주가 다르고,[16] 그로 인해 공자는 인본주의 철학의 창시자로 인정받게 되었던 것이다. 즉, 인사를 주관하는 의미의 하늘이 인간 내면의 자각적 바탕이 된다는 의미로 전환되었다는 것은 매우 중요한 의미를 갖는다. 『중용』의 "하늘의 명을 일컬어 성이라 한다"[17]는 도덕적 본성을 자각할 수 있는 존재가 되어 도덕적 행위가 천으로부터 품수된 도덕성으로 인해 행해진다는 것을 의미한다.

---

15 같은 책, 「先進」 9장, 顔淵死 子曰 噫 天喪予 天喪予.

16 공자 이후 命의 개념은 더 이상 상제의 명령이나 의지가 표명된 것이 아니고, 단지 개개인의 바꿀 수 없는 운명만을 의미하는 것이 아니다. 그것은 주로 자연계의 필연성이었고, 천도에서 인성에 이르는 중간 매개 부분이었다(蒙培元 著, 李尚鮮 譯, 『中國心性論』, 法仁文化社, 1996, 45쪽).

17 『中庸章句』 1장, 天命之謂性.

3. 윤리의식의 내재적 근거로서의 인(仁)

인류 역사를 고찰하면 사회적 구조와 기능이 복잡해지고 확대될수록 여러 가지 사회문제가 나타났음을 알 수 있다. 18세기 산업화, 19세기 이데올로기의 대립, 20세기 대중 · 정보화 사회를 거쳐 21세기를 지나고 있는 오늘날, 그 과정의 변화만큼이나 다양한 사회문제가 발생하고 있으며 그 심각성도 갈수록 더해가고 있다. 현대사회는 극심한 빈부격차, 환경오염 및 파괴, 문화와 종교 차이로 인한 갈등 등의 현상을 어떻게 해결해야 할지 심각한 고민에 빠져 있다. 현대사회가 겪고 있는 다양한 갈등은 어디에서 연유한 것일까? 혼란한 변화로 가득한 시대에 우리가 진정 찾아야 할 것은 현상 속에 숨어 있는 변화의 본질이다. 그것은 겉으로 드러나는 현재의 모습이 아닌 현재를 만든 과거의 전통, 근원, 사상의 흐름을 따져보는 가운데 발견할 수 있다. 유교는 내가 대하는 존재에 대해 측은하게 여기고 사랑하는 따뜻한 마음을 강조했고, 이러한 마음을 '인'이라고 했다. 효는 인의 정신적 모태로서 유교는 효의 정신을 제일로 여겼다. 이러한 인과 효의 마음을 회복한다면 지금 인류가 빠져 있는 늪에서 빠져나올 수 있지 않을까?[18]

공자는 도덕적 삶의 내재적 근거를 인으로 규정하여 인을 구하는 것은 내 마음속에 들어 있는 천리를 구하는 것으로 파악하였다.[19] 따라서 득인한다는 것은 본심이 지닌 천리를 모두 얻는다는 것을 말하며, 『중용』과 『맹자』의 '인자仁者 인야人也', '인仁 인심야人心也'는 마치 복숭아

---

18   KBS 인사이트 아시아 유교 제작팀 지음, 『유교 아시아의 힘』, 2007, 24쪽.
19   『明儒學案』 권51, 「文裕黃泰泉論說條」, 求仁者 求全其本心之天理也.

나무가 뿌리, 줄기, 가지, 잎, 꽃, 결실로 이루어져 있으나 그 생명의 근원은 모두 하나의 인에서 비롯됨을 말하고 있다.

인이란 지극히 선하고 본래적인 것으로 인간이 타고날 때부터 지니게 되는 인간 고유의 속성이다. 그러므로 인은 외적인 강제가 전혀 없는 상태에서도 사회적 규범이나 도덕적 규칙을 배양시키는 정신적 능력이다. 공자는 인을 개인이나 사회의 공약으로 생각하여 사회에 질서를 부여하고 백성의 삶을 안정시켜나갈 책임을 지고 있는 지배 계층이 갖추어야 할 가장 이상적인 덕목으로 보았다.[20] 따라서 도덕적인 정치 질서가 자리 잡고 그에 부응하여 각 계층이 도덕에 맞는 사회제도를 실시해야만 혼란스러운 사회가 안정될 수 있다고 보았다. 그런 도덕적이면서도 조화로운 질서를 가능하게 하는 원동력을 인으로 제시한 것이다.

인은 인간의 본성임과 동시에 도덕성이고 우주의 근본이다. 그러므로 삶의 가장 근본적인 물음도 인간의 본성과 삶의 방식에 두었기 때문에 공자가 주장한 인의 특징은 지극히 현실적이며, 인본주의적인 성격을 지니고 있다.[21] 특히 공자에게는 인간이 죽은 후의 내세에 대한 관심이 그렇게 중요한 것이 아니었다. 오로지 인간의 존재란 무엇이며, 그

---

20 『論語』, 「爲政」 1장, 子曰 爲政以德 譬如北辰 居其所而衆星共之.

21 제자 자로가 죽음에 대해 묻자, "사람이 살아있을 때의 도리도 완전히 알지 못하는데, 어찌 죽은 후의 정황을 알 수 있겠는가?"라고 반문했고, 다시 귀신을 섬기는 도리에 대해 묻자, "사람조차 제대로 섬기지 못하면서 어찌 귀신을 섬기는 것에 대해 얘기하는가?"(같은 책, 「先進」 11장, 季路問事鬼神 子曰 未能事人 焉能事鬼 敢問死 曰未知生 焉知死) 한번은 공자의 마구간에 불이 난 적이 있었다. 공자가 조정에서 돌아와 불난 소식을 듣고는 "사람이 얼마나 다쳤는가?"라고 물었고, 말의 손실에 대해서는 묻지도 않았다(같은 책, 「鄕黨」 12장, 廐焚 子退朝曰 傷人乎 不問馬).

동양고전의 윤리의식과 도덕적 인물

인간이 현실 속에서 자신을 어떻게 완성시켜갈 수 있으며, 또 현실 속에서 자신의 모습을 어떻게 반영하는 것이 옳은가 하는 삶에 대한 문제를 중시했을 뿐이다. 공자가 주장하는 인은 맹목적이고 무조건적인 것이 아니라 인생의 참된 도리로써 사람과 사람 관계의 준칙이며, 인생에서 빼놓을 수 없는 참된 인간의 실천윤리이다.[22]

　　이처럼 인은 인간의 미덕을 모두 포괄하는 이름으로 전인적인 성격을 갖게 된다. 인이 덕의 집합체로서의 전인적인 성격을 담당할 수 있는 것은 바로 도덕 때문이고, 이는 효제로부터 시작한다. 효제는 혈연 공동체인 가정으로부터 학교와 사회, 국가로 확산되는 가장 기본적인 덕목으로 도덕철학을 실천하는 데 있어서 가장 근본이 된다. 도덕철학의 실천은 가까운 부모형제로부터 출발하여 점차 확충해나가는 것으로, 대동 사회는 결국 효제에서 출발한다. 자식으로서 효를 다하려면 부모를 봉양하는데, 먼저 진심으로 존경하는 마음이 있어야 한다.[23] 자식이 부모를 진심으로 공경하는 마음 없이 봉양만 한다면 이것은 개와 소에게 오직 제때에 음식을 주어 양육하는 것과 같다. 자식이 부모의 고마움을 헤아리고 그 마음에 보답하기 위해 진심으로 우러나 은혜를 베푸는 것을 효로 보았고, 또한 효와 제를 통해 사람의 길인 인으로 돌아갈 수 있다고 믿었다.[24] 인간이 이성적이고 창의적이고 문화적인 생활을

22　"다른 사람이 나를 알아주지 않는 것을 근심하지 말고 다른 사람을 알아주지 못하는 것을 근심해야 한다."(같은 책, 「學而」16장, 子曰 不患人之不己知 患不知人也) "다른 사람이 나를 알아주지 않는다고 하여도 노여워하지 않는다."(같은 책, 「學而」1장, 人不知而不慍)

23　같은 책, 「爲政」7장, 子游 問孝 子曰 今之孝者 是謂能養 至於犬馬 皆能有養 不敬 何以別乎.

24　같은 책, 「學而」3장, 君子務本 本立而道生 孝弟也者 其爲仁之本與.

주도하는 데 있어 효제라는 개념은 가정에서 사회로, 사회에서 국가로, 국가에서 인류로 발전 확대하는 중요한 규범윤리이다.

공자는 효와 제를 통해 사람의 길인 인으로 돌아갈 수 있다고 하여 사람들이 이 효제라는 덕목을 갖추도록 훈련해야 한다고 강조했다. 따라서 배우는 사람은 집에서는 부모에게 효도하고, 밖에 나가서는 윗사람을 공경하며 행동을 삼가고 신의를 지키며, 차별함 없이 널리 사람들을 사랑하되 사람다운 사람과 친해야 한다. 이렇게 몸소 실천하고도 남은 힘이 있으면 비로소 글을 배워야 한다.[25] 자기 자신처럼 아끼고 사랑해주는 부모의 귀중한 은혜를 깨닫고 그 부모의 사랑을 지속시키려고 노력하는 것이 효도이다. 그러므로 부모와 자식의 관계에서 나타나는 인간의 도리를 친親이라고 한 것이다. 친은 '하나가 되다'라는 뜻이다. 효도를 함으로써 부모와 내가 한마음이 되며, 부모를 통하여 역시 부모와 한마음인 형과도 한마음이 되고, 부모의 형제인 삼촌과 큰아버지 · 작은아버지와 아버지가 한마음이므로 큰아버지 · 작은아버지 그리고 사촌과 내가 한마음이 된다.[26] 이런 식으로 오촌, 육촌, 팔촌 등으로 계속 확산되면 전 인류와 내가 한마음이 되기 때문에 투쟁과 대립, 갈등이 해소될 수 있다.

인은 모든 도덕을 포괄하며, 인인仁人은 전인적인 사람을 가리킨다.[27] 그러므로 인을 생명의 본질로 보고 불인不仁을 생명이 없는 죽은

---

25 같은 책, 「學而」 6장, 子曰 弟子立則孝 出則弟 謹而信 汎愛衆 而親仁 行有餘力 則以學文.

26 李基東 譯解, 『大學 · 中庸講說』, 成均館大學校出版部, 1991, 162쪽.

27 자기가 서고 싶으면 남도 세워주고, 자기가 어떤 목적을 이루고 싶으면 남도 이루어지도록 해준다. 가까운 자신을 미루어 남의 처지를 비유할 수 있다면 전인적인 인을 행하

동양고전의 윤리의식과 도덕적 인물

것으로 보아 살아있는 것이 곧 인이라고 할 수 있다. 인은 영속성 있는 생명의 본질을 말한다. 잠시 있다가 없어지는 유한성을 가지고 있는 것이 아니다. 모든 식물은 씨앗으로부터 싹과 줄기, 가지, 꽃, 향기, 잎이 나올 수 있는 체계를 갖추고 있다. 복숭아 씨앗이나 살구 씨앗은 바로 복숭아와 살구의 생명의 본질을 이어가는 것으로 복숭아 씨앗을 도인桃仁, 살구 씨앗을 행인杏仁이라고 부르는 이유가 여기에 있다. 모든 생명의 씨앗은 시·공의 단절이 극복되기 때문에 이 세상의 생생生生하는 생명을 존유存有하게 되고, 생명에 대한 경외심을 갖게 된다.

공자는 인생에서 인과 함께 예를 매우 중요시하였다. 예는 인의 자연스러운 행위임과 동시에 인을 구체적으로 실현하는 질서이기 때문이다. 사람으로서 어진 덕 없이 예를 행하는 것은 오직 겉치레일 뿐이므로 진정한 예라고 볼 수 없다. 사람으로서 어진 덕 없이 음악을 하는 것도 역시 진정한 음악이 아니라고 하여[28] 예와 음악은 어진 덕으로써 그 본질을 삼으므로 겉치레인 예악보다는 본질에 전념할 것을 요구하고 있다. 즉, 인이 인간의 내면적인 도덕성이라면 예는 외면적인 사회규범으로 규정할 수 있기 때문이다. 그러므로 인은 예를 통해 구체적으로 실현되었을 때 그 실효성이 있음을 알 수 있다.

는 방법이라고 할 수 있다(『論語』,「雍也」28장, 夫仁者 己欲立而立人 己欲達而達人 能近取譬 可爲仁之方也矣). 또 자기가 원하지 않는 것은 남에게도 베풀지 말아야 한다. 이렇게 하면 온 나라 어디서든 원망함이 없고 집안에 있어도 원망함이 없게 된다(같은 책,「顔淵」2장, 己所不欲 勿施於人 在邦無怨 在家無怨).

28　같은 책,「八佾」3장, 子曰 人而不仁 如禮何 人而不仁 如樂何.

4. 사회규범으로서의 예(禮)

　　사람은 혼자서는 살아갈 수 없다. 자신이 아닌 누군가와 어떤 방식으로든 관계를 맺고 서로 영향을 주고받으며 살아간다. 그 어느 시대보다 급속하게 변화하는 현대사회에서 가장 원초적인 관계를 구성하는 가족을 비롯해 세대 간의 관계 역시 변화하고 있다. 이와 함께 과거에 비해 물질적 풍요를 향유하고 있으나 정신적 또는 사회적 가치는 적응하기 어려우리만큼 혼미해지고 있다. 이렇듯 현대사회는 불안과 갈등, 반목, 증오의 시대로 우리 주변에서 제기되는 갈등과 그로 인해 파생하는 문제들은 더 이상 간과해서는 안 될 문제로 부각되고 있다. 부부, 형제, 친구, 이웃, 정당, 노사, 국가, 문명 등 모든 관계가 틀어져 있다. 그 이유는 무엇일까?

　　유교는 그 원인을 문명사회를 이루기 위한 전제조건인 예의 부재로 보았다. 그래서 예의 정신을 회복할 수 있다면 현대 문명이 겪고 있는 관계의 문제를 해결할 수 있다고 했다. 이와 함께 상대를 존중하고 배려하는 마음, 즉 서도恕道를 강조했다. 공자는 서도를 예의 본질로 여기며, 예를 따른다 해도 그 안에 서도가 없으면 관계의 문제를 풀 수 없다고 주장했다. 서도가 얼마나 강력하고 신비로운 힘을 가지고 있기에 복잡하게 얽힌 관계의 문제를 풀 수 있는 해결책이라고 말한 것일까?[29]

　　예의 기원은 신이나 절대자에 대하여 인간의 안녕을 기원하는 종교적 의례에서 출발하였으며, 주나라 때에는 계급사회에서의 차별적인 등급 질서를 규정하는 원칙이 되기도 하였다. 그러나 공자는 이러한 전

29　KBS 인사이트 아시아 유교 제작팀 지음, 『유교 아시아의 힘』 2007, 230쪽.

동양고전의 윤리의식과 도덕적 인물

통적 의미의 예에 '인'이라는 본질적 의미를 부여함으로써 형식에 치우쳐 있던 예제에 현실적인 시의時宜라는 생명력을 불어넣었다. 즉, 공자는 전통적인 종교성과 계급성을 지닌 예악을 인간의 도덕성을 기반으로 하는 보편적인 개념으로 전환시킨 것이다. 이러한 점에서 공자는 전통적인 예악문화를 '종교 신앙'에서 '인문정신'으로 전이시켰다고 평가된다.[30]

공자에 있어서 예는 이전의 종교적 의례로부터 일상의 생활윤리로 발전하게 된다. 이에 따라 숭배의 대상으로 인간의 운명을 좌우한다고 믿어졌던 초월적 존재로서의 하늘의 성격도 바뀌게 되고, 하늘과 인간의 관계에 대해서도 새로운 규정이 필요하게 되었다. 즉 하늘은 초월적 주재자로서의 성격에서 자연과 인간이 존재하는 근거로서 인식되고,[31] 하늘이 도덕의 근거로서 인간에 내재하고 있으며,[32] 이것을 인성이라고 부를 수 있는 것이다. 하늘이 존재 일반에 대한 근거라고 한다면 인성은 인간의 존재근거라고 할 수 있다. 따라서 예가 인간의 행위를 규정하는 것이라면 천지질서이면서 당위법칙이다. 예가 인간의 행위에 의해 만들어지는 것이라면 인간의 존재근거로서 인성과 하늘에 대한 이해가 필요하게 된다. 『중용』에서 천명지위성天命之謂性의 명령하는 주체가 되는 것은 천도天道라고 할 수 있고, 솔성지위도率性之謂道에 따를 수밖에 없도록 성지性之하는 것은 인도人道로서의 예라고 할 수 있다.

공자는 성지하는 인도로서 예를 일상생활의 윤리로 정착시켰다. 일상생활에서 먹는 데서 배부른 것을 구하지 않고, 거처함에는 편안함

---

30 琴章泰, 『儒敎思想과 宗敎文化』, 서울대학교 출판부, 1994, 167쪽.

31 『論語』, 「陽貨」 19장, 天何言哉 四時行焉 百物育焉 天何言哉.

32 같은 책, 「述而」 22장, 天生德於予 桓魋其如予何.

을 구하지 않고, 일을 함에는 민첩하게 하고, 말을 함에는 신중하게 하는 것이 곧 예를 행하는 것이고, 도가 있는 사람에게 나아가 잘못된 것을 바로잡는 것을 호학好學이라고 하였다.[33] 즉 예는 개인적인 행위규범으로부터 시작해서 가정의 윤리, 사회질서, 국가제도에 이르기까지 인간생활의 기초가 되는 것이기 때문에 예를 삶을 가치기준으로 삼아 배우지 않으면 자립할 수 없다.[34]

인이 인간답게 살기 위한 본질이라면, 예는 다른 사람들과 조화를 이룰 수 있는 객관적 기준이 된다. 그러므로 예는 사회에서 다른 사람들과 살아가기 위해 갖추어야 할 기본적인 조건이다. 공손하여 남을 존경하게 되면 존경하는 사람의 수고로움을 대신하려는 마음이 생겨난다. 그런데 이때 적당한 기준이 없으면 상대방의 수고로움을 한없이 대신하게 되어 번거롭게 된다. 그러므로 음악이 지나치면 방탕하게 되고, 예가 지나치면 사이가 소원하게 된다.[35] 도덕행위의 항상성인 예와 조화를 본질로 하는 음악이 그 본질을 잃었을 때 나타나는 폐단을 말한 것이다.

공자는 춘추시대에 만연한 사회질서의 붕괴 이유도 예의 상실로 보았다. 그 이유를 제후들이 주나라에 예를 갖추지 않고 여러 방면에서 예를 위반하면서 혼란이 극심해졌기 때문이다.[36] 그래서 공자는 예를

---

33 같은 책, 「學而」 14장, 子曰 君子食無求飽 居無求安 敏於事而愼於言 就有道而正焉 可謂好學也已.

34 같은 책, 「堯曰」 3장, 不知禮 無以立也.

35 『禮記』, 「樂記」, 樂勝則流 禮勝則離.

36 공자가 고국에서 정사를 돕고 있었던 때의 일이다. 당시 노나라는 왕은 있었으나 세 성씨 집안이 권력을 좌지우지하는 혼란스런 시기였다. 노나라가 어지러워진 첫 번째 이유는 군주가 실권을 잃었기 때문이고, 두 번째는 세 성씨인 맹손·숙손·계손씨의 대

동양고전의 윤리의식과 도덕적 인물

회복하면 질서를 바로 세울 수 있다고 보았다. 즉 백성을 법률이나 명령으로써 다스리고, 그들이 복종하지 않는다 하여 형벌로써 엄격히 다스리기만 한다면 그들의 행위를 규제할 수 없다고 보았다. 단지 백성은 오직 형벌을 면하려고만 할 뿐 전혀 부끄러움을 알지 못하게 된다. 그러나 도덕으로써 백성을 인도하고 예교禮敎로써 다스린다면 그들의 행위를 점차적으로 규제할 수 있어 부끄러움을 가질 뿐만 아니라 잘못을 고쳐 바르게 될 수 있다.[37]

한번은 임방이 예의 근본에 대해 묻자, 공자는 "네가 물은 것은 정말 중대한 것이다. 일반적으로 예를 말하자면 사치스럽게 하기보다는

부가 노나라 정치에 개입하여 전권을 휘두른 데서 시작된 것이다. 세 성씨 가운데 계씨의 세력이 가장 왕성해진 것도 노나라의 상황과 정치 여건에서 그 원인을 찾을 수 있다. 한번은 이런 일이 있었다. 그날은 노나라 왕인 소공의 아버지 양공의 제삿날이면서 계씨 집안에도 제사가 있는 날이었다. 그런데 文廟佾舞를 추는 악공 중 두 명만 양공의 묘에 가서 춤을 추고, 나머지 악공은 계씨 집안의 묘에서 八佾舞를 추었다. 문묘일무는 계급과 사회적 신분에 따라 八佾舞, 六佾舞, 四佾舞로 나뉘는데, 팔일무는 64명이 8명씩 짝을 지어 추는 춤으로 나라의 통치자인 왕이 제사를 드릴 때 추었고, 제후는 36명이 6명씩 짝을 지어 추는 육일무를, 대부는 16명이 4명씩 짝을 지어 추는 사일무의 의식만 거행할 수 있었다. 계씨 집안은 상류계급이긴 하나 대부였으므로 팔일무가 아닌 사일무의 의식만 가능했다. 그런데 계씨 집안은 거리낌 없이 이를 어긴 것이다. 예를 중히 여긴 공자에게 계씨 집안의 행위는 무례를 넘어서 노나라의 예의질서가 무너졌음을 의미한다. 공자가 이런 모습을 보고 "64명을 시켜 자기 뜰에서 음악을 연주하고 춤추게 하는 등 천자의 예악을 분에 넘치게 행하였으니 만약에 계씨를 용인해준다면 어떤 사람을 용인해주지 못하겠는가?"(『論語』, 「八佾」 1장, 孔子謂季氏 八佾舞於庭, 是可忍也 孰不可忍也)에서 볼 수 있듯이 공자는 이 일로 매우 상심이 컸다고 한다. 얼마나 상심이 깊고 실망이 심했는지 이 사건은 공자가 고국 노나라를 등지고 천하를 주유하게 만든 주원인이 되었다.

37 『論語』, 「爲政」 3장, 子曰 道之以政 齊之以刑 民免而無恥 道之以德 齊之以禮 有恥且格.

차라리 검소하여 질박해야 하고, 상례를 치를 때는 호화롭게 갖추려고 힘쓰기보다는 애도하며 슬퍼하는 것이 낫다"[38]고 하여 예의 근본은 겉치레보다는 실질적인 것이 중요하다고 보았다. 즉 참다운 예란 형식이 아니라 그 형식 속에 깃든 예의 정신, 곧 마음이라는 뜻이다. 공자는 형식과 절차보다는 예를 시행하는 마음이 중요하다고 생각했다. 본질이란 형식을 통하여 표현하고자 하는 내용이며, 형식이란 그 본질에 입각하여 시의時宜에 맞는 정당함을 추구하는 행위 또는 행동 양식을 의미한다. 일반적으로 예의 본질은 불변적인 것이고 형식은 가변적인 것으로서, 이 두 가지는 서로 떨어질 수 없는 관계에 있다.[39]

그렇다면 공자가 말하는 예의 정신은 도대체 무엇일까? 공자가 노나라 대부가 되어 처음으로 역대 황제의 위패를 모신 태묘에 들어가서 제사를 돌볼 때 매번 모든 것을 상세히 물었다. 어떤 사람이 비웃으며 공자에게 "누가 추나라 대부 숙량흘의 아들이 예를 안다고 말했던가? 태묘의 예절도 모르는 사람이 예를 안다고 할 수 있느냐?"라고 하자, 공자는 이 말을 듣고 "내가 이렇게 공손하고 신중하게 하는 태도가 바로 예의 정신에 맞는 것이다"[40]라고 했다.

공자가 인지한 예의 참 의미는 겉치레와 형식이 아닌 그 안에 깃든 공경하는 마음이었다. 태묘에서 거행되는 제사에 사소한 실수도 범해서는 안 된다고 생각하여 의례절차를 하나하나 묻고 시행한 것이다. 즉, 공자가 말하는 마음은 마치 황제가 살아계신 듯이 진심으로 공경하

---

38   같은 책, 「八佾」 4장, 林放 問禮之本曰 子曰 大哉問 禮與其奢也寧儉 喪與其易也寧戚.

39   柳正東, 『東洋哲學의 基礎的 연구』, 성균관대학교 출판부, 1986, 116-117쪽.

40   『論語』, 「八佾」 15장, 子入大廟 每事問 或曰 孰謂鄹人之子知禮乎 入大廟 每事問 子聞之曰 是禮也.

고 배려하는 서도恕道라고 할 수 있다. 서는 너와 내가 같은 마음이기 때문에 마음속에 있는 본마음이 곧 남과 내가 같은 마음으로 인을 실현하는 방법이다.

공자는 극기복례를 통해 서도가 완성된다고 생각하였다. 자신의 욕구를 억누르고 참을 수 있을 때 남의 입장을 배려하고 이해할 수 있다고 여긴 것이다. 『논어』에는 이런 공자의 생각이 잘 나타나 있다. 어느 날, 제자 자공이 공자에게 인간이 태어나 평생 행할 만한 것이 무엇이냐고 묻자, "자기가 원하지 않는 것은 남에게도 베풀지 말아야 한다. 이렇게 하면 온 나라 어디서든 원망함이 없고 집안에 있어도 원망함이 없을 것이다"[41]라고 했다. 서는 다른 사람을 배려하거나 용서하는 것이다. 즉 자기의 잘못에 대해서는 엄격하게 책망하고, 남의 잘못에 대해서는 가볍게 책망하면 자연히 원한이 멀어지게 된다.[42] 즉, 자기 몸에 베풀어보아 원하지 않는 것을 또한 남에게 베풀지 않는 것이다.[43]

공자는 절차와 형식을 따지는 예가 아니라 상대를 진심으로 배려하고 이해하는 관계 지향적인 예, 서도를 행할 때 비로소 세상이 올바로 선다고 믿은 것이다. 역설하면 예의 폐해는 예 안에 상대를 배려하는 마음인 서도가 빠져 있기 때문에 발생한 결과다. 시대에 따라 관계의 형태는 변한다. 하지만 인간이 홀로 사는 존재가 아니라 관계 속에서 살며 존재하는 사실은 변하지 않는다. 따라서 예가 문명사회를 이루기 위한 전제 조건이라는 점은 일리 있는 얘기다. 하지만 예의 본질, 서도가 없는 예는 소용이 없다. 상대를 배려하는 마음을 소중히 여기는 예 사상이

---

41 같은 책, 「顏淵」 2장, 己所不欲 勿施於人 在邦無怨 在家無怨.

42 같은 책, 「衛靈公」 14장, 子曰 躬自厚而薄責於人 則遠怨矣.

43 『中庸章句』 13장, 忠恕 違道不遠 施諸己而不願 亦勿施於人.

되살아날 때 모든 관계의 문제를 슬기롭게 해결할 수 있다. 서로를 배려하는 마음이 부족하여 갈등과 증오가 난무하는 현대사회에서는 더더욱 그렇다.[44]

5. 도덕의 보편성과 시의성

인간의 도덕적 행위는 어떠한 근거에 의해 이루어지는가? 또 도덕적 행위는 어떤 것인가? 이러한 문제의 해결을 제시한 사상가는 공자일 것이다. 공자는 도덕적 행위의 근거를 사람다움으로 보고, 그것이 인의라고 보았다.[45] 그래서 사람다움을 추구하는 선비들에게 인의를 실천하여 마땅히 도덕 가치와 이상에 대한 신념을 이루어 물질적 욕망을 초탈하는 도덕적 경지를 지니라고 요구한다. 인생의 참다운 삶은 도덕규범, 즉 보편성[상도常道]인 인의에 따라 사는 삶이다. 인의에 의한 삶은 소유와 권력, 명예욕인 세속적인 욕망에서 벗어나 사람다운 정신적 자유의 세계를 의미한다. 그러면 비로소 갈등과 대립이 사라지고 본래 인간이 추구한 자연스러운 즐거움만이 존재한다. 따라서 인의로써 살아 얻은 부귀는 좋은 것이지만, 탐욕을 충족할 목적으로 얻은 부귀는 의미가 없다. 부귀는 누구나 탐내는 바이지만, 정도正道로써 얻은 것이 아니면 누리지 말아야 하고, 또 빈천은 누구나 싫어하는 바이지만 세상이 험해 빈

---

44 KBS 인사이트 아시아 유교 제작팀 지음, 『유교 아시아의 힘』, 2007, 322쪽.

45 『中庸』 20장, 仁者 人也 …… 義者 宜也. 『周易』, 「說卦傳」, 立人之道 曰仁與義. 인과 의는 사람이 삶을 영위하면서 반드시 갖추어야 할 도덕규범이다. 인이 禮라면 의는 用으로 불가분의 관계에 있음을 알 수 있다.

동양고전의 윤리의식과 도덕적 인물

천에 처하게 되었다면 구태여 빈천을 버리지 말고 감수하는 것이 삶의 정도이다.[46]

공자는 모든 사람이 사람다운 인仁을 생명의 지표로 삼아야 하고, 인을 벗어나면 사람의 본분도 명예도 있을 수 없다고 보았다. 그러므로 위급하고 전도顚倒되는 때일수록, 또 난세·말세일수록 사람다움인 인을 버려서는 안 된다. 공자가 주장한 인사상이 상도와 관련된 보편성과 도덕규범임을 알 수 있다.[47]

도덕적인 인물인 군자는 어느 때나 어느 곳에서나 어떤 사람에게도 반드시 자신의 직분인 인이라는 보편성을 도덕규범으로 준수해야 한다. 안연은 생활이 극도로 빈곤했지만, 가난조차 '도를 배운다'는 마음의 즐거움에 어떤 영향도 미치지 못했다. 북송의 주돈이는 안연의 이러한 태도를 다음과 같이 설명하였다.

안연은 "대나무 그릇에 담은 밥 한 그릇과 한 표주박의 물을 마심으로 누추한 곳에서 사는 것을 보통 사람들이라면 그러한 괴로움을 감당하지 못하거늘, 안연은 그러한 것들을 즐겁게 받아들여 고치지 않았다." 부귀는 사람들이 좋아하는 것이다. 그런데 안연은 부귀를 좋아하지도 않았고, 얻으려 하지도 않았으며, 오히려 가난한데도 즐거워했으니 도대체 어떤 마음을 지녔기 때문인가? 하늘과 땅 사이에 지극히 존귀하고 지극히 부유하며, 좋아할 만하고 추구할 만한 것으로서 저것과 다른 것이 있다. 그 중대한 것을 알았기 때문에 그 사소한 것을 잊었을 따름이

---

46   『論語』,「里仁」5장, 富與貴 是人之所欲也 不以其道得之 不處也 貧與賤 是人之所惡也 不以其道得之 不去也.

47   같은 책,「里仁」5장, 君子去仁 惡乎成名.

다. 그 중대한 것을 알면 곧 마음이 편안해지고, 마음이 편안해지면 부족함이 없는 것이다. 부족함이 없게 되면 곧 부귀와 빈천에 대처함이 한결같아진다. 대처함이 한결같으면 곧 교화될 수 있고 가지런해지기 때문에 안연을 아성亞聖이라 부른다.[48]

주돈이의 이러한 설명에 따르면, 안연의 즐거움은 근본적으로 빈천 자체에 '즐길 만한' 어떤 것이 있기 때문이 아니라 안연이 이미 부귀를 초탈한 인생 경지에 올라 있었기 때문이다. 이러한 경지에 오른 사람이라면, 설령 보통 사람들이 감당하지 못할 빈천일지라도 그가 누리는 즐거움에 어떤 영향도 끼치지 못한다. 이러한 즐거움은 그의 정신적 경지가 그에게 가져다준 것으로서 어떤 감성적 대상이 불러일으킨 감성적 유쾌함이 아니라 일종의 고급스러운 정신적 향유이고, 인생의 이해利害관계를 초월하여 도달하게 된 내재적 행복이자 유쾌함이다. 인생에서 마땅히 추구해야 할 최고의 경지가 바로 이 경지이다.[49]

공자는 "사람에게 인도仁道의 필요성은 물과 불의 필요성보다 더 중요하다. 나는 지금까지 물에 빠져 죽고 불에 타서 죽은 사람은 보았지만, 인도를 실천하다가 죽은 사람은 아직 보지 못했다"[50]라고 하여, 인仁은 하늘이 부여한 것으로서 모든 사람의 생명 속에 보편적으로 존

---

48 『通書』,「顔子」제23, 顔子 一簞食 一瓢飮 在陋巷 人不堪其憂而不改其樂 天地間 有至貴至愛可求 而異乎彼者 見其大而忘其小焉爾 見其大 則心泰 心泰 則無不足 無不足 則富貴貧賤 處之一也 處之一 則能化而齊 故顔子亞聖.

49 진래 지음, 안재호 옮김, 『송명 성리학』, 예문서원, 1997, 82쪽.

50 『論語』,「衛靈公」34장, 子曰 民之於仁也 甚於水火 水火 吾見蹈而死者矣 未見蹈仁而死者也.

동양고전의 윤리의식과 도덕적 인물

재하기 때문에 인생에 있어서 물과 불보다 더 중요한 것임을 알 수 있다. 이것은 인도가 지향하는 절대적인 도덕원칙이 곧 보편성이라는 상도를 의미한다. 따라서 인은 생명의 가치를 드높이는 것이며 또한 삶의 가치를 창조한다. 이러한 상常과 경經을 "아침에 도를 깨달았다면 그날 저녁에 불행히 죽는다 해도 여한이 없다"[51]고 했고, "뜻이 굳센 선비와 어진 사람은 살기 위해 인도를 해치지 않고 죽는 한이 있더라도 인도를 이루고자 한다"[52]고 하여, 자신의 생명까지 희생하면서 이루어야 할 만큼 중요하고 절실한 도로서 표현하고 있다. 다시 말하면 인생의 존재가치와 직결되는 것으로 사람이 사람이라고 할 수 있는 근거를 이 상常과 경經의 수행 여부에 두고 있음을 알 수 있다.

인은 사람의 도덕적 본심이자 규범으로서 시대의 제한을 받지 않는 보편성으로서의 천명이자 상도이기 때문에 어느 누구도 도덕적 본심의 소유자인 나를 대신할 수 없다. 도덕규범의 상도인 인은 사람이 평생 안고 갈 임무이고, 그 임무는 너무 중대하기 때문에 무거울 수밖에 없으며, 사람의 생명이 끝나야만 비로소 그 임무를 벗어놓을 수 있기 때문에 참으로 먼 길이 아닐 수 없다. 그러므로 반드시 원대한 기상과 강직한 의지력을 갖추고 있어야 책임을 다하고 먼 길에 이를 수 있다.[53]

이처럼 인 자체가 보편적인 도덕원리이지만, 이러한 인을 표현하고 실천하는 과정은 개인의 능력이나 지위 그리고 환경이나 당면한 현실 상황에 따라 각기 다르게 나타난다. 『논어』에서 공자는 제자들의 역

---

51 같은 책, 「里仁」8장, 子曰 朝聞道 夕死可矣.
52 같은 책, 「衛靈公」8장, 子曰 志士仁人 無求生以害仁 有殺身以成仁.
53 같은 책, 「泰伯」7장, 曾子曰 士不可以不弘毅 任重而道遠 仁以爲己任 不亦重乎 死而後已 不亦遠乎.

량과 자질에 따라 교육을 담당했기 때문에 시의^{時宜}라는 권도^{權道}에 맞는 중도^{中道}를 추구할 수 있었다.[54] 즉 인간의 도덕적 본질을 올바르게 실현하는 것이 인의 상^常과 경^經이라면, 주어진 상황에서 개인의 능력과 사회 환경이나 당면한 현실 상황에서 가장 알맞게 또는 가장 마땅히 행동하는 것이 인의 변^變과 권^權이라고 할 수 있다.

공자의 인도^{仁道}는 보편적 규범원리인 상도^{常道}로 존재하면서도 시대적 상황에 새롭게 적응하는 시의성^{時宜性}이라는 권도^{權道} 두 측면을 지니고 있다. 보편적인 규범원리인 상도는 어느 때나 어디서나 누구에게나 통할 수 있을 뿐만 아니라 어떤 제한도 있을 수 없다. 그러나 그것이 어떤 제한을 받게 되면 이 제한 때문에 특수성에 기인한 시의성이 그 의미를 지니게 된다.

공자의 시의성인 권도는 보편적 도덕규범인 상도를 기반으로 하며, '사문^{斯文}'[55] 또는 '오당^{吾黨}'[56]이라고 하여 당면한 현실과 상황성에 입각한 시의성을 말한다. 인간은 이상에 대한 세계가치가 있지만 구체적

---

54 덕행이 남달리 뛰어난 제자로는 안연·민자건·염백우·중궁이고, 언어가 뛰어난 제자로는 재아·자공이고, 정치적 수완이 뛰어난 인물로는 염유·자로이고, 문학이 뛰어난 인물로는 자유와 자하를 예로 들었다(같은 책, 「先進」 2장, 德行 顏淵 閔子騫 冉伯牛 仲弓 言語 宰我 子貢 政事 冉有 季路 文學 子游 子夏). 이들이 '천승의 제후국 통치(爲千乘之國)' 임무를 맡을 수 있는 능력과 자질은 갖고 있었지만, 보편적인 규범원리인 인을 소유한 것에 대해서는 하나같이 인정하지 않았던 것이다(같은 책, 「公冶長」 7장, 孟武伯問 子路仁乎 子曰 不知也 又問 子曰 由也 千乘之國 可使治其賦也 不知其仁也 求也何如 子曰 求也 千室之邑 百乘之家 可使爲之宰也 不知其仁也 赤也何如 子曰 赤也 束帶立於朝 可使與賓客言也 不知其仁也).

55 같은 책, 「子罕」 5장, 天之將喪斯文也 後死者不得與於斯文也 天之未喪斯文也 匡人其如予何.

56 같은 책, 「子路」 18장, 孔子曰 吾黨之直者異於是 父爲子隱 子爲父隱 直在其中矣.

동양고전의 윤리의식과 도덕적 인물

인 현실세계에서 삶을 도모하므로 특수한 상황에서는 권도를 행할 수밖에 없다. 그러므로 『주역』「계사전 하」에는 '손이행권巽以行權'이라고 하였으니, 그것은 상도에서 손순巽順하여 권도를 쓰라는 것이다. 상도를 거역하는 권도는 사람의 도가 아니다.

공자의 권도는 선성先聖의 도인 상도를 이어받아 "나의 도는 하나로 꿰뚫고 있다"[57]고 했다. 이 도에는 영원성과 보편성을 갖고 있는 도의 본체와 변화성과 특수성을 갖고 있는 도의 작용을 동시에 담고 있다.[58] 다시 말하면 도의 작용에 해당하는 개인적 충과 사회적 서라는 일상적 행위규범으로서의 인도와 도의 본체에 해당하는 형이상학적 규범원리로서의 천리가 하나로 연결되어 있는 독자적인 해석이다. 제자인 증자도 선현들의 상도의 개념과 부자지도夫子之道[59]를 달리 사용하였다.

그러나 공자의 상도는 독창적인 것이 아니라 멀리는 요임금과 순임금의 그 도를 높이고, 가까이는 문왕과 무왕의 그 법을 지켰으며, 위로는 자연의 운행을 본받으며, 아래로는 일정한 이치를 따랐음을 알 수 있다.[60] 공자 자신도 "나는 옛것을 전술할 뿐이지 창작은 하지 않았으며, 옛것을 믿고 또 따르기를 좋아하였다"[61]고 하였다. 이와 같이 공자는 상도를 기본원칙으로 삼고 있으면서 새로운 변화에 적응하는 시의성인 권과 변을 잃지 않은 것을 볼 수 있다.

---

57 같은 책, 「里仁」 15장, 子曰 參乎 吾道一以貫之.

58 같은 책, 「里仁」 15장, 朱子 註, 夫子之一理渾然而泛應曲當 譬則天地之至誠無息 而萬物各得其所也.

59 같은 책, 「里仁」 15장, 曾子曰 夫子之道 忠恕而已矣.

60 『中庸』 30장, 仲尼祖述堯舜 憲章文武 上律天時 下襲水土.

61 『論語』, 「述而」 1장, 子曰 述而不作 信而好古.

『논어』에서 공자가 말하는 권權은 다음 세 곳에서 나온다.

더불어서 함께 배울 수는 있어도 함께 도에 나갈 수는 없으며, 함께 도
에 나갈 수는 있어도 함께 설 수는 없으며, 함께 설 수는 있어도 더불어
서 함께 권을 행할 수는 없다.[62]

주자는 "함께 설 수 있지만 함께 권도를 행할 수 없다"고 하는 말
을 어쩔 수 없는 경우에 이르러서야 가능한 말이라고 지적하고, 함께 권
도를 행할 수 있는 사람은 오직 성인뿐이라고 말한다. 그는 안연조차도
여기에는 미치지 못한 것으로 판단한다. 그는 보통 사람이 권도를 행한
다는 것은 마치 걷지도 못하는 사람이 달리는 것을 먼저 배우려는 것과
같은 경우라고 지적한다.[63]
주자에 의하면 천하의 일에는 일정함과 변화가 있고, 구체적인 상
황에서는 경도 있고 권도도 있다. 일을 일정하게 처리하는 경우에 경을
지키는 것은 성현도 할 수 있고 보통 사람도 할 수 있다. 그러나 예측되
지 않은 뜻밖의 상황에서 일을 처리할 때 권도를 행할 수 있는 사람은
보통 사람이 아니라 오직 성인뿐이라고 보았다.[64]
'권을 행함'은 특수한 상황에서 경중을 저울질하여 의에 합당하게

---

62 같은 책, 「子罕」29장, 子曰 可與共學 未可與適道 可與適道 未可與立 可與立 未可與權.
63 『朱子語類』卷37, 「可與共學章」, 朱子曰可與立未可與權 亦是甚不得已 方說此話 然須
    是聖人方可與權 若以顔子之賢 恐也不敢議此 磨而不磷 涅而不緇 而今人才磨便磷 才涅
    便緇 如何便說權變 所謂未學行 先學走也.
64 같은 책, 卷37, 「可與共學章」, 所謂經 衆人與學者皆能循之 至於經 則非聖賢不能行也.

동양고전의 윤리의식과 도덕적 인물

하는 것⁶⁵이다. 즉 예가 상도라면 권은 변도이며, 예가 중이라면 권은 시중時中인 것이다. 그러므로 시중의 권도는 예의 상도를 기반으로 하고 있음을 알 수 있다.

> (학행이 뛰어나면서도 은거하였던) 우중과 이일을 평하기를 "숨어 살면서 말을 함부로 하였으나 몸은 깨끗함에 맞았고, 벼슬하지 않음은 권에 맞았다. 나는 이와 달라서 가한 것도 없고 불가한 것도 없다"고 하였다.⁶⁶

주자는 우중은 바로 중옹인데, 태백과 함께 도망하여 오나라에 들어가 살 적에 머리를 짧게 자르고, 몸에 문신을 하고, 벌거벗은 것으로 꾸밈을 삼았다. 숨어 살면서 혼자만 착한 것은 법도의 맑음에 합당하였고, 곧은 말을 함부로 하여 스스로 폐기된 것은 도의 권의權宜(그 수단은 도에 위배되어도 그 결과는 도에 합당한 행위)에 맞는 것으로 보았다.⁶⁷ 한편 사씨는 우중과 이일은 숨어 살면서 곧은 말을 함부로 하여 말이 선왕의 법도에 합당하지 못하는 것이 많았다. 그러나 청고淸高하여 더럽히지 않고 권도로 마땅함에 맞았으니, 방외方外의 선비가 의를 해치고 가르침을 상하게 하여 인륜의 질서를 크게 어지럽힌 것과는 차원을 달리하기 때문에 모두 일민逸民이라고 보았다.⁶⁸

---

65 『論語』,「子罕」29장, 程子註, 權 稱錘也 所以稱物而知輕重者也 可與權 謂能權輕重 使合義也.

66 같은 책,「微子」8장, 謂 虞仲 夷逸 隱居放言 身中淸 廢中權 我則異於是 無可無不可.

67 같은 책,「微子」8장, 朱子註, 仲雍居吳 斷髮文身 裸以爲飾 隱居獨善 合乎道之淸 放言自廢 合乎道之權.

68 같은 책,「微子」8장, 射氏註, 虞仲 夷逸隱居放言 則言不合先王之法者多矣 然淸而不汙也 權而適宜也 與方外之士害義傷敎而亂大倫者殊科 是以均謂之逸民.

자하는 "큰 덕은 한계를 넘지 않으면 작은 덕은 출입하여도 괜찮다"[69]고 하였으니, 상도라는 대전제를 고수한다는 입장에서 권도의 실천을 인정한 것이라고 볼 수 있다. 정상적인 상황에서는 보편적인 도덕규범으로서의 상도를 준수하는 것이 예이지만, 비정상적인 특수상황에서는 가변성인 권도를 따라야 한다.[70] 그런데 특수상황에 대응하는 권도의 행위는 부득이한 경우에 사용할 수밖에 없는 한계성을 지니고 있기 때문에 권도의 내용을 보편성으로 규정하거나 일반적인 가치로 확대하면 이미 권도가 지니고 있는 본질에서 벗어날 수밖에 없다. 이 때문에 맹자는 양자의 위아설과 묵자의 겸애설을 비판하고, 자막의 집중에 대하여 '중만 잡고 권이 없는' 문제점을 제기한 것[71]으로 이해했으며, '가할 것도 없고 불가할 것도 없음(무가무불가無可無不可)'의 중행을 실천한[72] 공자를 성지시자聖之時者'[73]로 평하여 지극히 존숭하였던 것이다.

6. 도덕정치

공자가 생존했던 주나라 후기, 곧 춘추시대는 기존의 사회제도인

---

69 같은 책, 「子張」 11장, 子夏曰 大德不踰閑 小德出入可也.

70 같은 책, 「堯曰」 1장, 謹權量 審法度 修廢官 四方之政行焉.

71 『孟子』, 「盡心上」 26장, 孟子曰 楊子取爲我 拔一毛而利天下 不爲也 墨子兼愛 摩頂放踵 利天下 爲之 子莫執中 執中爲近之 執中無權, 猶執一也.

72 『論語』, 「微子」 8장, 謂柳下惠 少連 降志辱身矣 言中倫 行中慮 其斯而已矣 謂 虞仲 夷逸 隱居放言 身中淸 廢中權 我則異於是 無可無不可.

73 『孟子』, 「萬章下」 1장, 孔子聖之時者.

주나라 초기의 종법질서가 붕괴되어가는 혼란기로 정치나 사회가 매우 혼탁한 시기였다. 이때는 사회 지배층의 전횡이 극심하였고, 각 제후국에서는 자국의 영토와 세력을 확장하기 위하여 전쟁을 일삼았기 때문에 백성의 생활은 궁핍해지고, 개인의 도덕성도 상실하게 되었다.[74]

춘추시대 말, 천하주유를 하던 공자와 제자들은 깊은 산속을 걸어가고 있었다. 대낮인데도 우거진 풀과 나무들이 하늘을 가려 숲속은 어둑하고 으스스했다. 공자 일행은 잠시 지친 몸을 쉬기 위해 나무 밑에 앉았다. 그런데 어디선가 여인의 통곡소리가 들려왔다. 공자와 제자들은 그냥 지나칠 수 없어 통곡소리를 따라갔다. 한 여인이 세 무덤 옆에서 슬피 울고 있었다. 공자가 물었다. "무슨 사연이 있어 그리 슬프게 우는 것이오?" 다소 진정한 여인이 눈물을 훔치며 말했다. "몇 년 전 시아버지께서 호랑이에게 잡아먹히고, 작년에는 남편이 당했습니다. 그런데 얼마 전 자식까지 호랑이에게 잡아먹혔습니다. 이런 내 신세가 너무 처량하여 슬피 울고 있었습니다." 딱한 사정을 들은 공자 일행은 그 여인을 진심으로 위로했다. 그러면서 이곳이 그토록 위험한데 왜 떠나지 않느냐고 물었다. 그러자 여인은 다시 흐느끼며 말했다. "고을의 정치가 호랑이보다 더 무섭지만 이곳은 외진 곳이기 때문에 떠날 수 없습니다." 이러지도 저러지도 못하는 여인을 두고 공자와 제자들은 무거운 걸음으로 그 자리를 떠났다. 공자가 제자들에게 말했다. "너희들도 잘 알아두어라. 백성에게 가혹하게 하는 정치는 호랑이보다도 더 무서운

---

74 대가족제도에서 출발한 주나라의 봉건제도는 세월이 흘러감에 따라 큰 문제점이 나타나기 시작했다. 처음에 봉지(封地)를 나누어 가진 사람은 혈연으로 이어진 가족관계였지만, 200~300년이 지난 후에는 남과 다름없는 사이가 되어 더 이상 혈연관계로서 가족제도를 유지할 수 없게 되자 사회적 혼란이 극에 달하게 되었다.

것이다."[75]

부국강병의 목적으로 실시된 갖가지 제도는 왕권을 견고히 하는 데는 도움이 되었지만 그만큼 백성은 전쟁에 차출되거나 부역을 강요 당하여 고통스러운 삶을 살아야 했다. 특히 이 제도를 유지하기 위해 시 행한 엄격한 법령은 백성에게 공포 그 자체였다. 호랑이에게 사랑하는 가족을 잃은 여인이 호랑이보다 정치가 두려워 차마 마을로 내려가지 못할 정도였다. 공자는 그러한 그릇된 정치는 오로지 '인'으로 끝낼 수 있다고 보았다. 오직 인에 의해서만 사람이 사람답게 살 수 있는 세상을 만들 수 있다고 믿었다.

공자는 도덕의 실현을 정치로 생각하여 정치政治란 정치正治에 지 나지 않는다[76]고 보았다. 나라를 통치하는 군주는 반드시 덕성을 갖춘 사람이 시행해야 한다고 생각했다. '덕치'는 위정자의 도덕적 감화력에 의해 백성을 교화시켜 살 만한 세상을 만들려는 통치 방법이고, 당시의 난세를 극복하는 길은 명분을 바로잡는 정명사상正名思想에 있다고 보았 다. 위나라 임금의 초청을 받은 공자가 제자들과 더불어 위나라를 향해 가고 있을 때, 자로가 공자에게 "위나라 임금이 선생님을 모시고 정치 를 해보려고 하는데, 선생님께서는 어떤 일을 먼저 하시겠습니까?"라고 물었을 때, 공자는 "명분을 바로잡겠다"라고 했다. 그러자 자로가 "선생 님은 사정이 너무 어두우십니다. 어째서 명분 같은 것부터 바로잡으려 하십니까?" 하고 불만스럽게 답하자, 공자는 다음과 같이 꾸짖었다.

<hr />

75 『孔子家語』, 「正論解」, 孔子適齊 過泰山之側 有婦人哭於野者而哀 夫子式而聽之曰 此 哀一似重有憂者 使子貢往問之 而曰 昔舅死於虎 吾夫又死焉 今吾子又死焉 子貢曰 何不 去乎 婦人曰 無苛政 子貢以告孔子 子曰 小子識之 苛政猛於暴虎.

76 『論語』, 「顔淵」17장, 政者 正也.

거칠구나, 자로여. 군자는 자기가 알지 못하는 일에는 함부로 나서는 것이 아니다. 명분이 바르지 않으면 말이 순조롭게 전달되지 못하고, 말이 순조롭게 전달되지 못하면 일이 잘 이루어지지 않으며, 일이 잘 이루어지지 않으면 나라를 다스리는 법도인 예악이 흥성하지 못한다. 예악이 흥성하지 못하면 백성에게 내리는 형벌이 형평성을 잃게 되고 그렇게 되면 백성은 손발을 어디에 두어야 할지를 모르게 된다.[77]

통치하는 군주에게 지위에 걸맞은 능력이 없으면 해야 할 말을 하지 못하고, 그럴수록 자신의 자리가 불안해지기 때문에 자신의 자리를 지키기 위하여 자신의 실수를 남의 탓으로 돌리기 쉽고, 또 신하들은 일을 하기보다는 군주의 신임을 얻기 위해 아첨하는 데만 신경 쓰게 된다. 그래서 일이 순조롭게 이루어지지 않으면 나라와 사회의 기강인 질서(예)와 조화(악)가 순조롭게 진행되지 않는다. 그런 사회와 국가는 질서와 조화인 문화를 꽃피울 수 없으며, 문화에 바탕을 둔 법이 제대로 시행될 리 없어 그 피해는 고스란히 백성에게 돌아간다. 따라서 공자는 정치를 바로잡아야 한다는 뜻으로 이해하여 통치자가 올바름으로 솔선수범한다면, 신하와 백성은 자연히 바르게 될 것이라고 말한다.[78] 또 군주 자신이 바르면 명령하지 않아도 행해지고, 자신이 바르지 않으면 비록 명령한다 하더라도 따르지 않게 된다[79]고 진단하였다.

---

77 같은 책, 「子路」 3장, 子路曰衛君 待子而爲政 子將奚先 子曰 必也正名乎 子路曰 有是哉 子之迂也 奚其正 子曰 野哉 由也 君子於其所不知 蓋闕如也 名不正則言不順 言不順則 事不成 事不成則禮樂不興 禮樂不興則刑罰不中 刑罰不中則民無所措手足.

78 같은 책, 「顔淵」 17장, 季康子 問政於孔子 孔子對曰 政者正也 子帥以正 孰敢不正.

79 같은 책, 「子路」 6장, 子曰 其身正 不令而行 其身不正 雖令不從.

이처럼 공자는 법이나 힘으로 강제해서 바로잡으려는 정치에 대해 단호히 반대하였다. 오직 나라를 다스릴 때는 덕으로 이끌면서 동시에 예로써 그들을 다스려야 한다고 주장하였다. 그가 제자들을 가르칠 때 먼저 학문을 두루 섭렵할 것을 요구하면서도 반드시 기본적으로 예로 그것을 단속해야 한다고 하는 이유도 여기에 있다.[80]

공자는 사회적 혼란을 종식시킬 수 있는 정명사상의 구체적인 내용을 다음과 같이 제시하였다. 제나라 경공이 공자에게 정치가 무엇이냐고 물었을 때 공자는 나라를 다스리는 근본도리는 인륜을 밝히는 데 있으므로 "임금 된 사람은 임금으로서의 맡은 바 책임을 다해야 하고, 신하 된 사람은 신하로서의 본분을 다해야 하며, 부모 된 자는 부모로서의 책임을 다해야 하며, 자식 된 자는 자식으로서의 본분을 다해야 합니다"[81]라고 하였다.

공자는 당시 명분이 바르지 못해서 세상이 어지러워졌다고 생각했기 때문에 명분을 올바르게 세움으로써 당시의 사회적 혼란을 구제하고자 하였다. 당시의 명분이 바르지 못한 것은 모두 윗사람에서부터 비롯된 것이기 때문에 명분을 바로잡는 일도 윗사람에서부터 시작해야 한다고 보았다. 노나라의 실권자인 계강자가 정치에 대해 묻자, 공자는 "정치란 바르다는 뜻입니다. 그대가 올바름으로 정사를 이끌어간다면 어느 누가 감히 부정을 행할 수 있겠습니까?"라고 대답했다. 또 계강자가 도둑이 많은 현실을 걱정하며 공자에게 묻자, "진실로 그대가 탐욕을 부리지 않는다면, 비록 상을 준다 해도 아무도 도둑질하지 않을 것

---

80   같은 책, 「顔淵」 15장, 子曰 博學於文 約之以禮 亦可以弗畔矣夫.
81   같은 책, 「顔淵」 11장, 齊景公問政於孔子 孔子對曰 君君臣臣父父子子.

동양고전의 윤리의식과 도덕적 인물

입니다"라고 하였다.

　공자는 계씨가 노나라의 권력을 도둑질하고, 힘의 논리로 적자의 자리를 빼앗았기 때문에 백성이 도둑질하는 것은 당연한 일이라고 보았다. 다시 계강자가 "만일 무도한 자를 죽여서 백성이 올바른 도에 나아가게 한다면 어떻습니까?"라고 공자에게 묻자, "그대가 정치를 하는데 어찌 살인의 방법을 쓰려고 하십니까? 그대가 선하고자 하면 백성도 선해질 것입니다. 군자의 덕은 바람이요 소인의 덕은 풀이니 풀 위로 바람이 불면 풀은 저절로 수그러지는 법입니다"[82]라고 하였다. 백성은 몸으로 궁행하여 가르치면 따르고, 말과 이론으로 가르치면 다투게 된다. 그런데 하물며 백성의 윗자리에 있는 군주가 죽인다는 말로 백성을 가르칠 수 있느냐는 공자의 뼈 있는 교훈이다.

　공자는 당시 사회적으로 혼란했던 근본적인 요인을 임금, 신하, 아비, 자식이 그 이름에 부합하지 못했기 때문이라고 진단했다. 만약 그 사회구성원들이 그 이름에 부합했다면 모두 각자의 도리를 다한 것이고, 그러면 천하에 올바른 도가 서게 되어 비로소 인간의 도덕성이 회복될 수 있다고 보았다. 공자는 이러한 소신을 자신의 시대적 사명으로 삼아 천하를 주유하였다.

82　같은 책, 「顔淵」 17~19장, 季康子問政於孔子 孔子對曰 政者 正也 子帥以正 孰敢不正 季康子患盜 問於孔子 孔子對曰 苟子之不欲 雖賞之不竊 季康子問政於孔子曰 如殺無道 以就有道 何如 孔子對曰 子爲政 焉用殺 子欲善 而民善矣 君子之德風 小人之德草 草上 之風 必偃.

7. 도덕적 인물

　공자의 사상은 도덕을 함양하고 고양해서 이상적인 인물의 경지
에 도달하려고 하는 데 목적이 있다. 공자가 이상적인 인격의 소유자로
가장 많이 언급한 것은 군자이다. 실제로 공자가 성인을 만나볼 수 없
으면 군자만이라도 만나볼 수 있으면 좋겠다[83]고 한 것은, 군자는 성인
을 만나볼 수 없을 때 비로소 그 기대에 만족시킬 수 있는 인물임을 알
수 있다. 그러므로 군자는 덕성과 교양을 겸비한 도덕적 인격자를 지
칭하고, 인격의 의미는 인품과 덕성을 나타낸다. 따라서 도덕적 인격은
'인간다움(인간의 본질)'을 의미한다.[84] 특히 인은 도덕적 덕목의 총체적인
이름으로 모든 종류의 미덕을 포함하기 때문에 인이라는 덕을 갖추고
도를 행하는 자라야 비로소 군자라고 부를 수 있다.

　군자는 자신의 인격 완성이나 자아실현을 추구하면서 이를 위한
수양과 실천에 힘쓰는 사람이다. 다시 말하면 군자는 먹는 데 있어서 오
로지 배불리 먹기만을 구하지 않고, 거처함에 있어서도 오로지 편안하
기만을 구하지 않는다. 그러나 일을 하는 데 있어서는 민첩하고 말은 신
중히 하며, 자기 마음속에 의문 나는 점이 있으면 학문과 도덕을 함양
한 사람에게 가서 허심탄회하게 가르침을 받는다. 이렇게 해야 진정으
로 학문을 좋아하는 사람이라고 할 수 있다.[85] 또한 군자는 의롭고 합리
적인 것을 바탕으로 삼아 예절에 따라 행동하고, 겸손한 말로써 남을 대

83　같은 책,「述而」25장, 子曰 聖人 吾不得而見之矣 得見君子也 斯可矣.

84　같은 책,「里仁」5장, 君子去仁 惡乎成名.

85　같은 책,「學而」14장, 君子 食無求飽 居無求安 敏於事而信於言 就有道而正焉 可謂好
　　學也已.

　　　　　　　　　　　　　　　　　동양고전의 윤리의식과 도덕적 인물

했을 때 진정성이 나타난다. 따라서 의로운 일을 보고서도 하지 않는 것은 결국 용기가 없는 것을 의미한다.[86]

　　이처럼 군자는 이른바 수기修己를 통해 인륜의 규범에 따라 개인의 도덕적 덕목을 실천했거나 실천하고자 하는 사람으로, 모든 행동거지를 올바름[의義]이라는 도덕성과 도덕규범에 따라 이루었거나 이루고자 하는 사람을 가리킨다.[87] 공자는 "덕이 닦아지지 못하고, 학문이 강구되지 못하고, 잘못이 있는데도 뉘우쳐 고치지 못하는 이 모든 것이 나의 마음속에 근심을 불러일으킨다"[88]고 함으로써 도덕의 수양과 학문을 강구하지 못하는 것이 마음속의 근심이라고 자술하고 있다. 나아가 시詩는 사람의 마음을 깊이 감화시켜 사람의 의지를 고무할 수 있어서 사람들로 하여금 선으로 향하는 마음을 일으키게 하고, 예는 사람의 행위를 단정하게 할 수 있어서 사람들로 하여금 능히 법도에 맞게 하고 또 자립할 수 있게 한다. 또 음악은 사람의 성정을 함양할 수 있어 사람으로 하여금 지극한 선의 경지에까지 다다르게 하여 조화를 이루게 한다[89]고 하여 시와 예, 음악으로써 자기의 덕성을 배양하도록 가르치고 있다. 또 "예를 모르면 자신을 세울 수 없다"[90]고 했다. 그리고 안연에게 극기복례와 자기 스스로 인을 행하는 구체적인 강령으로 예가 아니면 보고 듣고 말하고 행동하지 말라고 가르쳤는데,[91] 예가 실생활에 여러

86　같은 책, 「爲政」 24장, 見義不爲 無勇也.

87　같은 책, 「陽貨」 23장, 君子義以爲上, 「衛靈公」 17장, 君子義以爲質.

88　같은 책, 「述而」 3장, 德之不修 學之不講 聞義能徒 不善不能改 是吾憂也.

89　같은 책, 「泰伯」 8장, 興於詩 立於禮 成於樂.

90　같은 책, 「堯曰」 3장, 不知禮 無以立也.

91　같은 책, 「顏淵」 1장, 非禮勿視 非禮勿聽 非禮勿言 非禮勿動.

덕을 관통한다는 증거를 보여주고 있다. 따라서 군자는 자신의 인격을 완성하기 위해 도덕규범으로서 예를 통해 자신의 행동거지를 조절해야 함을 알 수 있다.

그러면서 공자는 "올바르지 못한 부귀영화는 나에겐 뜬구름 같은 것이다"[92]라고 하여, 군자는 '올바름[의]'을 도덕성의 으뜸으로 삼았음을 알 수 있다. 즉, 합리적이고 마땅히 해야 할 일을 보고도 하려고 하지 않는 것은 용기가 없는 것이다.[93] 따라서 의로운 일을 보고서 하지 않는 것은 결국 용기가 없는 것을 뜻한다.[94] 용기라는 덕목은 반드시 의에 맞아야 비로소 가치를 가질 수 있고, 의에 맞지 않는 것은 효용가치가 없음을 설명한 것이다. 그러므로 의 또한 마땅히 과감하게 해야 하고 하지 말아야 하는 표준이 된다. 군자가 용기만 있고 올바르지 못하면 난을 일으키게 되고, 소인이 용기만 있고 올바르지 못하면 도둑질을 하게 된다.[95] 사회적 혼란과 무질서는 기본적으로 올바름이 결여되었기 때문에 일어나는 것이고, 국가의 안녕과 질서를 유지하기 위해 군자는 올바름에 근거한 정당한 행위를 실천해야 한다.

이처럼 군자는 먼저 자신을 수양하여 인격을 함양하고, 나아가 조화로운 인간관계를 맺어야 하며, 또 천하의 백성을 모두 편안하게 해야 할 책무를 지닌 사람이다.[96] 군자는 자신의 수양을 통해 인격을 배양하

---

92 같은 책, 「述而」15장, 不義而富且貴 於我如浮雲.

93 같은 책, 「爲政」24장, 見義不爲 無勇也.

94 같은 책, 「爲政」24장, 見義不爲 無勇也.

95 같은 책, 「陽貨」2장 1, 君子義以爲上. 君子有勇而無義爲亂 小人有勇而無義爲盜.

96 같은 책, 「憲問」45장, 子路問君子 子曰 脩己以敬 曰 如斯而已乎 曰 脩己以安人 曰 如斯而已乎? 曰 脩己以安百姓.

동양고전의 윤리의식과 도덕적 인물

고, 나아가 공동체의 목적을 달성하기 위해 최선의 노력을 경주해야 한다. 또 자신의 수양은 올바름에 입각한 인륜의 규범이나 덕목에 합치하거나 합치시키고자 하는 사람으로, 예를 통해 자신의 행동거지를 조절할 수 있는 사람을 가리킨다. 말하자면 군자는 도덕에 입각해서 올바름과 예를 실천하여 공동체의 목적을 달성해야 한다.

군자는 도덕이라는 인륜의 규범을 통해 올바름과 예의 구체적인 사회적 실천으로 천지자연에 대한 체득을 지향하고 자연과 합일되는 조화로운 삶을 추구하여 올바로 관계를 정립하는 데 있다. 군자가 두려워해야 할 것이 세 가지 있는데 하늘이 인류에게 내리는 순길順吉과 역흉逆凶의 천명을 두려워하고, 당세의 대인을 두려워하며, 고대의 성인이 육경에 남긴 말을 두려워한다. 그러나 소인은 하늘이 내리는 순길과 역흉의 천명을 이해하지 못하여 두려워하지 않고, 당세의 대인을 함부로 대하며, 고대 성인의 말씀을 업신여긴다.[97] 따라서 천명을 이해하지 못하면 군자가 될 수 없다.[98]

공자의 군자사상은 주나라 정치를 상문尙文의 폐해에서 구하고자 한 것으로, 이것은 곧 그의 '인치人治'사상의 직접적인 표현이었으며, 주나라가 쇠미해지는 역사적 이유를 파악하고 인치의 가르침을 외친 것으로 볼 수 있다. 즉 군주의 마음이 덕, 곧 인을 어겨서는 안 된다는 것은 "천자로부터 서인에 이르기까지 한결같이 몸을 닦는 것으로 근본을 삼아야 한다"[99]는 말로 표현될 수 있다. 정치는 인치人治이고 인치는

---

97 같은 책, 「季氏」 8장, 君子有三畏 畏天命 畏大人 畏聖人之言. 小人不知天命而不畏 狎 大人 侮聖人之言.

98 같은 책, 「堯曰」 3장, 不知命 無以爲君子也.

99 『大學』 1장, 自天子以至於庶人 壹是皆以脩身爲本.

덕치이며, 덕치는 인치仁治이고 인치는 유덕자에 의해 이루어지는 것이다. 그러므로 정치는 사람에게 달려 있으니, 사람을 취하는 데는 몸으로써 하고, 몸을 닦는 것은 도로써 하며, 도를 닦는 것은 인으로써 해야 한다.[100]

---

100 安秉喆, 『先秦儒家의 民本政治思想 研究』, 성균관대학교 박사학위청구논문, 2005, 90쪽.

동양고전의 윤리의식과 도덕적 인물

제2장

『맹자』에 나타난 윤리의식과 도덕적 인물

1. 맹자의 생애

맹자孟子(B.C. 372년경~289)는 전국시대의 대유학자로 공자보다 약 150년 뒤에 활약하였다. 노나라 귀족 맹손씨孟孫氏의 후손으로 성은 맹孟, 이름은 가軻, 자는 자여子輿 혹은 자거子車·子居라고도 한다. 공자의 손자인 자사의 문하에서 수학하여 공자의 학통과 인연을 맺을 수 있었다. 그리고 당시 학술연구를 위하여 제나라 도성 근교에 건립한 직하에 출입하였으며, 그 후 자신의 이상을 펴고자 각국을 주유하였다. 『사기』에는 다음과 같은 내용이 있다.

맹자는 추나라 사람이다. 자사의 문인에게서 배웠다. 학문이 완성된 뒤 타국인 제나라에 가서 제선왕을 섬겼으나, 선왕은 그를 등용하지 못했다. 양(혹은 위)나라로 갔으나 양나라 혜왕은 맹자의 주장을 실천으로 옮기지 않고 도리어 그를 사회 물정에 어둡고 현실감각이 없다고 여겼다.

그 당시에 진나라는 상앙을 등용하여 부국강병을 추구하고 있었고, 초와 위나라는 오기를 등용하여 약한 상대국을 전쟁으로 제압했으며, 제나라 위왕과 선왕은 손자와 전기의 무리를 등용하여 제후들을 굴복시켜 패주 노릇을 하고 있었다. 온 천하는 바야흐로 합종연횡合從連衡[101]을 놓고 고심하고 있었고, 공격과 정벌 정책을 능사로 여기고 있었다. 이런 현실 상황에서 맹자는 오히려 요·순 그리고 하·은·주 3대 성왕의 덕을 계승하고 찬술하여 왕도정치를 주장하여 주유천하 하였다. 따라서 가는 곳마다 그의 주장은 시세에 맞지 않았던 것이 사실이다. 그리하여 나이가 든 후 정치에서 물러나 제자 만장 등과 함께 공자의 뜻을 계승하고 경서를 찬술하여 『맹자』 7편을 저술하였다.[102]

맹자에게는 교육과 관련된 유명한 고사가 있다. 맹자 나이 네 살 때 아버지가 돌아가시자 어머니 급仉씨의 헌신적인 사랑과 엄격한 가르침 속에서 자랐다. 맹자는 어렸을 때 공동묘지 부근에서 살았는데, 그가 그곳에서 흔히 볼 수 있었던 것은 장사지내는 일이었기 때문에 동네 아

---

101 합종연횡설이란 소진이 주장한 합종설과 장의가 주장한 연횡설을 말한다. 소진은 전국시대의 책사로 연나라, 조나라 등 여섯 나라를 합종하여 진나라와 대항케 하고 스스로 여섯 나라의 재상이 된 사람이다. 그러나 장의는 소진의 합종설에 반대하여 열국은 진나라를 섬겨야 한다는 연횡책을 주장하였으나, 진나라 혜왕이 죽음으로 인해 자신의 뜻을 실현하지 못하였다.

102 『史記』,「孟子荀卿列傳」, 孟軻 鄒人也 受業於子思之門人 道旣通 遊事齊宣王 宣王不能用 適梁 梁惠王不果所言 則見以爲迂遠而闊於事情 當是之時 秦用商君 富國强兵 楚魏用吳起 戰勝弱敵 齊威王宣王用孫子田忌之徒 而諸侯東面朝齊 天下方務於合從連橫 以攻伐爲賢 而孟軻乃述唐虞三代之德 是以所如者不合 退而與萬章之徒 序詩書 述仲尼之意 作孟子七篇.

동양고전의 윤리의식과 도덕적 인물

이들과 함께 늘 장사지내는 흉내를 내며 놀곤 하였다. 이를 지켜본 맹자의 어머니는 그곳이 아이를 양육할 만한 곳이 못 된다고 생각하여 아들을 위해 집을 옮겼다. 이번에는 시장 부근에 살게 되었다. 그러자 이번에는 다시 물건을 팔고 사는 흉내를 내면서 놀았다. 만약 맹자의 어머니가 맹자로 하여금 큰 부자가 되기를 원했다면 이사를 가지 않고 시장에서 눌러 살았을 것이다. 그러나 맹자의 어머니는 맹자를 사람답게 키우기 위해 다시 서당 부근으로 이사를 하게 되었다. 그러자 맹자는 공부하는 흉내를 내면서 놀았고, 그때서야 맹자의 어머니는 안심하게 되었다. 이 이야기가 바로 그 유명한 '맹모삼천지교孟母三遷之敎'[103]이다.

몇 년 동안 열심히 공부한 맹자는 더 이상 그 서당에서 배울 것이 없자 노나라의 서울인 곡부로 가서 공자의 손자인 자사의 문인에게 본격적으로 '육예六藝'를 배웠다. 맹자는 공자가 태어난 곳에서 6리밖에 안 되는 아주 가까운 곳에서 살았기 때문에 어려서부터 공자를 존경하여 공자 같은 성인이 되는 것을 목표로 삼았다. 곡부에서 공부한 지 얼마 후 그는 말 타는 것을 배우다가 넘어져 그만 팔을 다치게 되었다. 맹자는 팔을 다쳤기 때문에 더 이상 말을 탈 수 없었고, 어머니와 헤어진 지 너무 오래되어 어머니가 보고 싶은 마음에 그만 고향 집으로 돌아왔다. 때마침 그의 어머니는 베틀에서 베를 짜다 말고, 아들을 반가워하기보다는 오히려 책망하는 듯이 "보고 배울 것을 다 익혔느냐?"고 물었다. 이에 그는 "평생을 두고 배워야 할 것을 어찌 그동안에 다 배웠겠습니

---

103 『後漢書』,「劉向・烈女傳」, 鄒孟軻之母也 號孟母 其舍近墓 孟子之少也 嬉遊爲墓間之事 踊躍築埋 孟母曰 此非吾所以居處子也 去舍市傍 其嬉戲爲賈人衒賣之事 孟母又曰 此非吾所以居處子也 復徙舍學宮之傍 其嬉遊乃設俎豆揖讓進退 孟母曰 眞可以居吾子矣 遂居之.

까?"라고 대답하였다. 이 말을 들은 그의 어머니는 짜고 있던 베의 날을 칼로 끊으면서 말하기를 "네가 공부를 하다가 중단하는 것은 마치 내가 여태껏 애써서 짜던 이 베의 날을 끊어버리는 것과 같다"고 하였다. 그는 어머니의 결연한 모습을 보고 곧바로 되돌아가서 부지런히 공부를 한 다음에 돌아왔다고 한다. 맹자의 학업이 중도에 흐지부지할 것을 경계하여 아들에게 가르침을 준 것이다. 이것이 그 유명한 '맹모단기지교 孟母斷機之敎'[104]라는 고사이다.

그가 학자로서 이름을 얻은 후 각국을 주유할 때, 뒤따르는 수레가 수천 승이고 종자가 수백 인이었다(『맹자』 「등문공하」)는 기록으로 보아 그의 영향력도 컸던 것 같다. 또 그 자신이 "만약 천하를 태평성대로 만들겠다면 오늘날 나를 젖혀두고 그 누구리오?"[105]라고 말한 것으로 보아 정치적 포부도 대단했던 것으로 사료된다. 그러나 그는 끝내 현실정치에 참여하지 못하였다.

2. 윤리의식의 근거로서의 천(天)

공자가 천을 자기 운명의 주재자로 생각하여 인본주의 사상으로

---

104 같은 책, 「劉向·烈女傳」, 及孟子長 學六藝 卒成大儒之名 君子謂孟母善以漸化 詩云 彼姝者子 何以予之 此之謂也 孟子之少也 旣學而歸 孟母方績 問曰 學何所至矣 孟子曰 自若也 孟母以刀斷其織 孟子懼而問其故 孟母曰 子之廢學 若吾斷斯織也 夫君子學以立名 問則廣知 是以居則安寧 動則遠害 今而廢之 是不免於廝役 而無以離於禍患也 何以異於織績而食 中道廢而不爲 寧能衣其夫子 而長不乏糧食哉 女則廢其所食 男則墮於脩德 不爲竊盜 則爲虜役矣 孟子懼 旦夕勤學不息 師事子思 遂成天下之名儒.

105 『孟子』, 「公孫丑下」 13장, 如欲平治天下 當今之世 舍我其誰也.

　　　　　　　　　　　　　　　동양고전의 윤리의식과 도덕적 인물

언급한 것에서 발전하여 맹자는 천명을 내재한 도덕적 인간으로 설명되기도 한다.[106] 그런가 하면 『맹자』에는 『서경』·『시경』에서 사용한 천 관념을 인용한 것이 많다.[107] 그러나 맹자의 사상은 인간의 생명은 우주 자연의 원리와 성질을 담고 있는 자연의 일부로 파악하여 도덕적 근원으로서 천사상을 주장한 것이 특징이다. 그러므로 하늘이 장차 큰 임무를 이 사람에게 내리려 할 때는 반드시 먼저 그 심지心志를 괴롭게 하여 몸을 수고롭게 한다고 보았다.[108]

맹자가 살던 동시대의 사람들도 하늘을 신앙하였고, 하늘이 의지를 가진 존재로 생각하여 하늘의 의지가 인간세계의 흥망성쇠를 결정한다고 믿고 있었다. 맹자도 하늘의 의지가 인간사를 결정할 수 있다고 믿었지만, 하늘이 백성의 의향을 참고하여 인사를 결정하는 도덕성의 근원으로 생각했다.

---

106 蒙培元 著, 李相鮮 譯, 『中國心性論』, 法仁文化社, 1996, 86쪽. 유승종은 맹자의 천 관념이 『시경』·『서경』에서부터 공자로 이어지는 천관을 계승하고 있다고 보았다. 그 이유로 맹자의 천은 의지적이고 주재적인 의미를 가지는 측면이 있지만, 하늘과 사람을 상통하고 있다는 도덕법칙을 가진 것으로 풀이하고 있다(「맹자의 천관에 관한 연구」, 『철학사상』 제13집, 동국대, 1992, 15-17쪽). 문석윤은 "도덕적 감성을 자신의 본성의 실현으로 자각하고, 그 자신의 본성에 의지적으로 순종하는 것이 곧 도덕적 실천"이라고 하여 천이 도덕적 특성을 가진 초월적 존재가 되는데, 이것이 곧 천명을 내재화하는 과정임을 설명하고 있다(「중국선진유학에서의 자연과 도덕」, 『철학연구』 제41집, 1997, 13쪽).

107 『孟子』, 「告子上」 6장, 天生烝民 有物有則. 「公孫丑上」 4장, 迨天之未陰雨. 「公孫丑上」 4장, 天作孽 猶可違. 「萬章上」 5장, 天視自我民視 天聽自我民聽. 「梁惠王上」 6장, 天油然作雲 沛然下雨. 「離婁下」 26장, 天之高也 星辰之遠也. 「萬章上」 4장, 天無二日 民無二王.

108 같은 책, 「告子下」 15장, 故天將降大任於是人也 必先苦其心志 勞其筋骨.

만장이 "요임금이 천하를 순에게 주었다고 하는데, 그런 일이 있습니까?"라고 묻자, 맹자가 말하기를, "아니다. 천자는 천하를 다른 사람에게 줄 수 없는 것이다"라고 단호하게 대답했다. "그렇다면 순이 천하를 소유한 것은 누가 준 것입니까?"라고 묻자, "하늘이 주신 것이다"라고 대답했다. "하늘이 주었다는 것은 이러저러하게 명령하는 것입니까?" "아니다. 하늘은 말하지 않는다. 행실과 일로써 보여주실 뿐이다." "행실과 일로써 보여주었다는 것은 어떻게 하는 것입니까?" "천자가 사람을 하늘에 천거할 수는 있지만 하늘로 하여금 그에게 천하를 주게 할 수는 없으며, 제후가 사람을 천자에게 천거할 수는 있지만 천자로 하여금 그에게 제후를 주게 할 수는 없으며, 대부가 사람을 제후에게 천거할 수는 있지만 제후로 하여금 그에게 대부를 주게 할 수는 없는 것이다. 옛날에 요가 순을 하늘에 천거함에 하늘이 받아들였고, 백성에게 드러냄에 백성이 받아들였다. 그러므로 '하늘은 말을 하지 않고 행실과 일로써 보여주실 뿐이다'라고 한 것이다."[109]

순이 천명에 의해 임금이 된 것처럼 천명은 통치과정에서 직접 참여하는 민의民意로 나타나기 때문에 새로운 군주는 민의를 전폭적으로 수렴하여 자신의 도덕적 정당성으로 실현해야 한다. "대대로 이어 천하를 소유하고 있다가 하늘이 없애버리는 것은 반드시 폭군인 걸과 주 같

---

109 같은 책, 「萬章上」 5장, 萬章曰 堯以天下與舜 有諸 孟子曰 否 天子不能以天下與人然則
舜有天下也 孰與之 曰 天與之 天與之者 諄諄然命之乎 曰 否 天不言 以行與事示之而已
矣 曰 以行與事示之者如之何 曰 天子能薦人於天 不能使天與之天下 諸侯能薦人於天子
不能使天子與之諸侯 大夫能薦人於諸侯 不能使諸侯與之大夫 昔者堯薦舜於天而天受之
暴之於民而民受之 故曰 天不言 以行與事示之而已矣.

동양고전의 윤리의식과 도덕적 인물

은 자이다"[110]라고 하는 것이 이를 증명한다. 백성을 다스리는 통치자의 자질이 부적절하고 부도덕하면 도덕적 본성인 천명에 위배되기 때문에 방벌되어야 마땅하고, 이것이 민의가 반영된 하늘의 뜻이기 때문에 당연하다고 보았다. 천명에 위한 통치의 의무를 이행하지 않았기 때문에 탕왕이 폭군인 걸을 추방한 것과 무왕이 주를 징벌한 행위를 이성의 합리적 대응으로 정당화한 것이다.[111]

이처럼 하늘의 이치는 인간의 내재적인 성격을 갖는 것으로 외적인 것에서 찾아지거나 신적인 계시에 의해 부여된 것이 아니다. 이것은 인간 자신의 내재적 근거로서의 도덕적 본성에 대한 자각으로부터 기인한다. 즉, 모든 것이 천명이 아닌 것이 없으니 올바른 것을 순리로 받아들여야 한다.[112]

그러므로 마음을 다하는 자는 그 본성을 알 것이고, 그 본성을 알면 하늘을 알 수 있다. 그 마음을 보존하여 그 본성을 기른다면 하늘을 섬길 수 있다[113]고 보았다. 인간은 우주 자연의 원리와 통할 수 있는 마음을 구비하고 있기 때문에 우주 자연의 운용 이치를 알 수 있다. 그 전제조건으로 "자기 마음을 다하면 자기의 본성을 알 수 있게 되고 그 때문에 하늘을 알 수 있게 된다"고 하여, 결국 인간이 지니는 선천적인 도

---

110 같은 책, 「萬章上」6장, 繼世以有天下 天之所廢 必若桀紂者也.

111 같은 책, 「離婁上」9장, 孟子曰 桀紂之失天下也失其民也 失其民者失其心也 得天下有 道 得其民斯得天下矣 得其民有道 得其心斯得民矣 得其心有道 所欲與之聚之 所惡勿施 爾也.

112 같은 책, 「盡心上」2장, 孟子曰 莫非命也 順受其正 是故 知命也 不立乎巖牆之下 盡其道 而死者 正命也 桎梏死者 非正命也.

113   같은 책, 「盡心上」1장, 孟子曰 盡其心者 知其性也 知其性則知天矣 存其心 養其性 所 以事天也.

덕의식인 인의예지의 본성을 아는 것이 하늘의 이치를 아는 이유로 규정하여,[114] 인간의 도덕성 근원이 하늘에 있음을 알 수 있다.

또 "성공 여부는 하늘에 달려 있습니다. 임금께서 그것을 어떻게 하시겠습니까? 힘써 착함을 행하실 따름입니다"[115]라고 한 데서도 그 연유를 알 수 있다. 도덕적 근원이 하늘에 있으므로 선행을 계속해야 함을 강조하고 있다. 그래서 성공 여부가 하늘에 있다는 것은 임금이 기약하기 어려운 것에 요행을 바라지 말고 마땅히 해야 할 착한 일에 힘써 행할 것을 말한 것이다. 마치 제나라를 군주의 힘으로 이미 어떻게 할 수 없다면 다만 선을 행하기를 힘쓴 다음 하늘의 명을 기다릴 뿐이다.[116]

이와 같이 인간은 자연과 분리된 존재가 아니라 하늘의 명을 받아서 자신의 본성을 완성하려고 노력하는 존재이다. 천명을 알지 못하면 도덕적 인간이 될 수 없고, 인간의 본성은 천명을 떠나서 완성할 수 없다. 그러므로 맹자는 "만물은 모두 나에게 갖추어져 있으니 몸을 돌이켜보아 성실하면 즐거움이 이보다 더 클 수 없다"[117]고 말한 것이다. 즉 인간의 심성을 통해 천天은 성性과 합일된 것으로, 자연의 법칙과 인간의 도덕 심성이 합일되는 것을 통해 천명은 인간에 내재화되어 도덕적 삶이 가능해짐을 알 수 있다.

---

114 같은 책, 「盡心上」 21장, 仁義禮智根於心.
115 같은 책, 「梁惠王下」 14장, 若夫成功則天也 君如彼何哉 强爲善而已矣.
116 같은 책, 「梁惠王下」 14장, 朱子註, 言能爲善 則如大王雖失其地 而其後世遂有天下 乃天理也 然君子造基業於前 而垂統緖於後 但能不失其正 令後世可繼續而行耳 若夫成功則豈可必乎 彼 齊也 君之力旣無如之何 則但彊於爲善 使其可繼而俟命於天耳.
117 같은 책, 「盡心上」 4장, 孟子曰 萬物皆備於我矣 反身而誠 樂莫大焉.

동양고전의 윤리의식과 도덕적 인물

3. 인성의 도덕적 의미

인간이 도덕적이어야 하고, 도덕적으로 삶을 영위해야 할 근거를 공자가 제시했다면, 다시 맹자를 통해 체계화되었다. 맹자의 사상은 공자의 학문에 근거를 두고 있다.[118] 맹자는 인간의 본성에는 금수와 다른 인간만의 고유한 특성을 가지고 있고, 이것이 인간의 참다운 본성으로 보았다.[119] 또 인간의 성은 개와 소의 성과 같지 않다[120]고 생각했다. 주자는 인간의 성과 금수의 성을 구분하지 못한 고자를 가리켜 "단지 지각과 운동 등의 움직임에서 사람과 동물이 같다는 것만 알았지, '인의예지'의 순수한 것에서 사람과 동물이 다르다는 것은 모른다"[121]고 지적한다. 지각과 운동 등의 움직임은 식욕·성욕·생육·자기방어·저항 등의 본능을 가리키는데, 이것은 사람과 금수에게 모두 갖추어진 것이다.

그러나 사람은 태어날 때부터 하늘로부터 품부한 측은지심·수오지심·공경지심·시비지심을 지니고 있다. 측은지심은 인이고, 수오지심은 의이고, 공경지심은 예이고, 시비지심은 지이다. 인과 의와 예와 지가 밖으로부터 나에게 밀고 들어온 것이 아니라 본래 내가 가지고 있는 것이지만 단지 그것을 생각하지 않을 뿐이다. 그래서 말하기를, "구

---

118 같은 책, 「公孫丑上」 2장, 乃所願則學孔子也.

119 같은 책, 「離婁上」 19장, 人之所以異於禽於獸者幾希 庶民去之 君子存之 舜明於庶物 察於人倫 由仁義行 非行仁義也.

120 같은 책, 「告子上」 3장, 犬之性 猶牛之性 牛之性 猶人之性與.

121 같은 책, 「告子上」 3장 朱子註, 徒知覺運動之蠢然者 人與物同 而不知仁義禮智之粹 然者 人與物異也.

하면 얻고 놓으면 잃는다"[122]고 한 것이다. 인의예지는 선천적으로 사람에게 주어져 있는 인간을 인간답게 하는 가치척도이고, '성'의 기본 내용이다. 사람이 금수와 다른 것은 사람이 태어날 때부터 품부한 인의예지를 보존하여 인지할 수 있고 확충할 능력을 가지고 있다는 데 있다. 따라서 사람은 본래부터 지니고 있는 도덕규범을 행할 수 있어 대동 사회를 이룩할 수 있다.

사람은 선천적으로 이러한 도덕적인 본성을 알고 실천할 수 있는 능력을 가지고 있는데, 그것이 바로 양지良知와 양능良能이다. 즉 사람은 생각하지 않아도 알 수 있고, 배우지 않아도 할 수 있는 능력을 가지고 있다. 어려서 손을 잡는 아이가 그 어버이를 사랑할 줄 모르는 이가 없으며, 장성함에 미쳐서는 그 형을 공경할 줄 모르는 이가 없다. 어버이를 친애함은 인이고 자기보다 나이가 많은 사람을 공경하는 것은 의이니, 다름이 아니라 온 천하에 공통되기 때문이다.[123]

다시 말하면 인간의 본성이 선하다는 것을 갓난아이가 우물에 빠지려는 순간을 보면 알 수 있다. 사람에게는 누구나 남의 불행을 차마 눈뜨고 보지 못하는 자연스러운 마음(불인인지심不忍人之心)을 가지고 있으며 그것은 갓난아이가 우물 속으로 빠지려는 것을 발견하는 순간 찾아볼 수 있다. 갓난아이가 우물에 막 빠지려는 순간, 사람이면 누구나 다

---

122 같은 책, 「告子上」 6장, 惻隱之心 人皆有之 羞惡之心 人皆有之 恭敬之心 人皆有之 是非之心 人皆有之 惻隱之心 仁也 羞惡之心 義也 恭敬之心 禮也 是非之心 智也 …… 故曰 求則得之 舍則失之.

123 같은 책, 「盡心上」 15장, 孟子曰人之所不學而能者 其良能也 所不慮而知者 其良知也 孩提童 無不知愛其親者 及其長也 無不知敬其兄也 親親 仁也 敬長 義也 無他 達之天下也.

동양고전의 윤리의식과 도덕적 인물

가슴이 덜컥 내려앉아 놀라고 측은한 마음을 갖고 달려가 우물에 빠지려는 갓난아이를 구해내기 마련이다.[124]

맹자는 인간의 도덕적인 행위에 대해 하늘이 준 벼슬을 예로 들었다. 사람의 벼슬은 두 가지가 있는데, 하나는 하늘이 준 벼슬이 있고, 두 번째는 인간이 준 벼슬이다. 인의와 충신을 행하고 착함을 즐거워하여 게을리하지 않음이 바로 하늘이 준 벼슬인데, 공경과 대부 같은 것은 바로 인간이 준 벼슬이라고 보았다.[125] 인간이 준 벼슬은 공경대부 같은 세속적인 작위임에 비해 하늘이 준 벼슬은 인간의 정신적인 세계와 도덕세계의 참다운 가치질서를 의미한다. 하늘이 준 벼슬은 인의와 충신 같은 것을 통해서만 달성될 수 있는 본질적인 가치의 세계이고, 사람이 준 벼슬은 세속적이고 물질적인 욕망의 산물이다. 세상에는 '사람이 내리는 벼슬'은 사람에 의하여 주어질 수도 빼앗길 수도 있지만, 인간의 정신적인 세계와 도덕세계의 참다운 가치질서는 그 누구에게 주거나 빼앗을 수 없는 것이기 때문에 진정으로 자신에게 있으며 자신의 가치를 높이는 존귀한 것이다. 이처럼 사람마다 존귀하고자 하는 마음이 있는 것은 서로 똑같으므로 외적인 상황과 조건에 좌우되지 않는 인간의 도덕적 주체성을 어떻게 확립했는가가 관건이다.

그런데 사람의 본성이 선한데도 불구하고 왜 악한 행동을 하는 걸

---

124 이러한 행동은 그 아이의 부모와 친해지기 위해 하는 행동도 아니고, 마을사람이나 동료들로부터 칭찬을 받기 위한 행동도 아니며, 죽어가는 것을 보면서도 구하지 않고 그대로 버려두었다는 원망을 듣지 않으려고 그런 행동을 하는 것도 아니다(같은 책, 「公孫丑上」 6장, 今人乍見孺子將入於井 皆有怵惕惻隱之心 非所以內交於孺子之父母也 非所以要譽於鄉黨朋友也 非惡其聲而然也).

125 같은 책, 「告子上」 16장, 孟子曰 有天爵者 有人爵者 仁義忠信 樂善不倦 此天爵也 公卿大夫 此人爵也.

까? 맹자는 사람들의 행동이 악한 것은 본질적인 모습이 아니라고 보았다. 악한 행동 그 자체는 사람이 하는 것이지만, 그 근본적인 원인은 사람에게 있는 것이 아니라 후천적인 외부 환경과 감정의 제약 때문에 불선한 일을 저지르게 된다. 그 증거로 본래 산의 형태는 나무가 빽빽하게 들어찬 모습이었다. 그런데 나무꾼들이 매일 이 산에 올라 나무를 베어내고, 소를 치는 아이들이 풀을 뜯어 먹여서 결국 헐벗게 되었다면, 사람들은 헐벗은 산의 모습을 보면서 저 산은 처음부터 나무가 없는 산으로 착각한다. 하지만 그것이 그 산의 본래 모습이 아니다. 이와 마찬가지로 사람의 본성도 매일 나무를 잘라내듯 착한 마음을 자라지 못하게 하는 나쁜 환경 때문에 악한 행동을 하는 것으로, 그것이 본래 사람의 모습은 아니다.[126]

양심을 잃어버린 경우는 마치 날마다 도끼와 자귀로 산림의 나무를 베어낸 것과 같으므로 본래 산이 아름다울 수 없다. 낮과 밤 사이에 자라나는 것과 새벽의 청명한 기운(평단平旦)에 그 좋아하고 미워함의 성향이 사람들과 서로 가까운 것이 얼마 되지 않는데 낮에 하는 소행이 이것을 질곡桎梏한다. 질곡하기를 반복하면 야기夜氣가 보존될 수 없고, 야기를 보존할 수 없으면 금수와 거리가 멀지 않게 된다. 사람들은 그 금수 같은 것을 보고는 일찍이 선한 재질이 있지 않다고 하는데, 이것이 사람의 실정이라고 볼 수 없다.[127] 그러므로 그 길을 버리고서 따라가

---

126 같은 책, 「告子上」 8장. 孟子曰 牛山之木 嘗美矣 以其郊於大國也 斧斤 伐之 可以爲美乎 是其日夜之所息 雨露之所潤 非無萌蘗之生焉 牛羊 又從而牧之 是以 若彼濯濯也 人見其 濯濯也 以爲未嘗有材焉 此豈山之性也哉 雖存乎人者 豈無仁義之心哉 其所以放其良心 者 亦猶斧斤之於木也 旦旦而伐之 可以爲美乎.

127 같은 책, 「告子上」 8장. 雖存乎人者 豈無仁義之心哉 其所以放其良心者 亦猶斧斤之於

지 않고 마음을 잃고서 찾을 줄 모르면 슬픈 일이다. 사람이 닭과 개가 도망가면 찾기에 분주하지만 마음을 잃고서는 찾을 줄을 모른다. 학문하는 길은 다른 것이 없다. 그 달아난 본심을 찾는 것뿐이다.[128] 즉, "본심을 상실하지 말라"[129]고 주장한 것은 인의의 본래심을 항상 간직해야 성인이 될 수 있음을 의미한다.[130]

맹자의 성선설은 일종의 도덕 선험론의 성격을 지니고 있으며, 이로 인해 당대의 고자뿐만 아니라 후대의 순자 등 여러 학자들로부터 비판을 받았다. 맹자는 "인간의 본성이 선하다면 왜 악한 사람이 이 세상에 존재하는가?"라는 직접적인 비판으로부터 선한 본성이 있다면 후천적인 학습이나 교육이 어떤 의미가 있으며 정치는 무엇 때문에 존재하는가 하는 간접적인 비판에 직면해야 했다. 그러나 맹자가 인간의 본성이 선하고 그것이 선천적이라고 한 것은 인의예지가 잠재적 도덕의식임을 알아야 한다. 선천적인 잠재적 도덕의식은 반드시 후천적으로 배양하고 발전시켜야만 그 진가를 발휘할 수 있다. 즉, 후천적인 학습과 수양을 통해 제 기능을 드러낼 수 있다.

맹자의 후천적인 학습과 수양은 바로 효제의 도리를 펼치는 것이었다. 맹자는 요임금이 설契에게 사도司徒라는 직위를 주어서 백성에게 인륜을 가르치도록 한 연유도 여기에 있다고 보았다. 즉 인간이 살아가

木也 旦旦而伐之 可以爲美乎 其日夜之所息 平旦之氣 其好惡與人相近也者幾希 則其旦書之所爲 有梏亡之矣 梏之反覆 則其夜氣不足以存 夜氣不足以存 則其違禽獸不遠矣 人見其禽獸也 而以爲未嘗有才焉者 是豈人之情也哉.

128 같은 책, 「告子上」 11장, 舍其路而弗由 放其心而不知求 哀哉 人有雞犬放 則知求之 有放心 而不知求 學問之道無他 求其放心而已矣.

129 같은 책, 「告子上」 10장, 此之謂失其本心.

130 같은 책, 「離婁上」 2장, 聖人 人倫之至也.

는 데 지켜야 할 도리가 있는데, 배불리 먹고 따뜻이 옷을 입어서 편안히 거처하기만 하고 가르침이 없으면 금수와 가까워진다. 이 때문에 성인이 이를 근심하시어 설로 하여금 사도를 삼아 인륜을 가르치게 하셨으니 부모와 자식 간에는 친함이 있으며, 임금과 신하 사이에는 의리가 있으며, 남편과 아내 사이에는 분별이 있으며, 윗사람과 아랫사람 사이에는 차례가 있으며, 친구 사이에는 믿음이 있는 것이다.[131] 맹자는 이런 오륜에 대한 교육으로 효제의 도리를 펼치고 사단을 넓히고 확충하면 사람이 사는 세상이 바로 도덕적 이상이 실현된 세계가 될 수 있음을 확신한 것이다.

이처럼 인간은 도덕적 본성만 가지고 있는 것이 아니라 다른 생명체와 같이 형체 같은 기적氣的 질료가 있기 때문에 욕망과 본능이 있다. 그러나 인간이 가지고 있는 기질은 다른 생명체와 달리 순수하기 때문에 그 어떤 생명체보다 순화된 욕망과 감정체계를 가지고 있다. 또 다른 생명체와 달리 이성이 있기 때문에 자신의 도덕적 본성을 양심에 따라 성찰하여 도덕규범에 걸맞은 행동을 지향한다. 그러므로 인간은 도덕적으로 살아갈 수 있도록 학습과 수양을 거듭한다. 선한 자신의 본래 모습을 회복하면 참다운 삶의 의미를 발견할 수 있어 미래 지향적인 생활이 가능하다.

---

131 같은 책, 「滕文公上」 4장, 人之有道也 飽食煖衣 逸居而無敎 則近於禽獸 聖人有憂之 使
契爲司徒 敎以人倫 父子有親 君臣有義 夫婦有別 長幼有序 朋友有信.

4. 인의의 도덕규범과 시의성

인의는 사람과 금수를 구별시켜주는 인륜의 핵심요소이다. 특히 인仁은 사람의 본성이자 사람을 사람답게 하는 본질이다. 그러므로 인이란 사람이다. 합하여 말하면 도이다.[132] 인이 사람의 본성이고 사람을 사람답게 하는 인륜의 본질이기 때문에 "인이란 사람이다"라고 할 수 있다. 만약 사람이 불인하다면 인륜을 잃었기 때문에 사람으로 인정받을 수 없다. 그렇기 때문에 인仁과 인人을 합하여 도라고 할 수 있는 것이다. 사람[人]이 행동하는 주체라면 인仁은 인륜의 핵심요소로서 사람으로서 불인하다면 실질이 없으므로 사람의 도리를 완성할 수 없다. 즉 사람의 본심은 인이고, 그 인을 실천하는 구체적인 행동원리가 의라고 할 수 있는데, 이러한 과정을 도라고 하는 것이다. 따라서 인은 사람의 마음이고, 의는 사람이 가야 할 길이다.[133]

'사람의 마음'이란 사람이 가지고 있는 측은지심 · 불인인지심이다. 그리고 '사람이 가야 할 길'이란 사람으로서 당연히 행해야 할 길이며, 누구나 가야 할 길이다. 사람의 활동은 사람다운 사람이 되기 위한 것이며, 의는 바로 그 궤도이다. 그래서 "사람의 도를 세움은 인과 의이다"[134]라고 했다. 인간의 도덕주체가 인의로부터 드러나고, 인간의 행위 기준 또한 인의로부터 확립되기 때문이다. 『중용』의 "인은 사람의 몸이고, 의란 마땅한 것이다"[135]라는 말에 대해 주자는 "의란 마음의 법도이

---

132 같은 책, 「盡心下」 16장, 仁也者 人也 合而言之 道也.

133 같은 책, 「告子上」 11장, 仁 人心也 義 人路也.

134 『周易』, 「說卦傳」 2장, 立人之道 曰仁與義.

135 『中庸』 20장, 仁者 人也 …… 義者 宜也.

며, 사건 · 사물의 마땅함이다"[136]라고 하였다. 그러므로 대인은 그가 말한 것이 믿어지기를 바라지 않고, 자신이 한 행동에 반드시 어떤 결과를 기대하지 않는다. 오직 의의 입장에 설 뿐이다.[137] 도덕적인 사람은 자신의 말과 행동이 반드시 다른 사람에게 신뢰를 주어야 관계의 지속성이 오래 유지된다. 자신의 말을 고집하여 남에게 강요하지 않는다. 즉, 말과 행동은 결과에 상관하지 않고 현재 의로운 것인지 아닌지를 살펴 의로우면 행할 뿐이다.

이처럼 도덕적 규범원리로서 인에 살고 의를 따르는 삶은 어떤 것인지에 살펴보자. "인에 살고 의를 따르다"(거인유의居仁由義)라는 말은『맹자』에 두 번 나온다. 첫 번째는 왕자 점이 선비는 무엇을 해야 하는지에 대해 묻자, 맹자는 뜻을 고상히 해야 한다고 했고, 무엇이 뜻을 고상히 하는 것이냐고 다시 묻자, "인의일 뿐입니다. 죄가 없는 사람을 한 사람이라도 죽이는 것은 인이 아니며, 자기 것이 아닌데도 취하는 것은 의가 아닙니다. 어디에 살아야 하는가 하면 인이고, 길은 어디에 있는가 하면 의입니다. '인에 살고 의에 따른다'면 대인의 길이 구비된 것입니다"[138]라고 하였다.

두 번째는 "스스로 해치는 자와는 더불어 말할 수 없고, 스스로 버리는 자와는 더불어 일할 수 없다. 예의가 아닌 것을 말하는 것은 스스

---

136 주자는 "宜란 사리를 분별하여 각각 마땅한 바가 있게 하는 것이다"(義者 分別事理 各有所宜也), "의란 마음의 법도이고, 일의 마땅함이다"(義者 心之制 事之宜)라고 하였다.

137 『孟子』,「離婁下」11장, 孟子曰 大人者 言不必信 行不必果 惟義所在.

138 같은 책,「盡心上」33장, 王子墊問曰 士何事 孟子曰 尙志 曰 何謂尙志 曰 仁義而已矣 殺一無罪 非仁也 非其有而取之 非義也 居惡在 仁是也 路惡在 義是也 居仁由義 大人之事備矣.

동양고전의 윤리의식과 도덕적 인물

로 해치는 것이며, 내 몸은 인에 살고 의를 따를 수 없다"고 하는 것은 스스로 버리는 것이다. 인은 사람의 편안한 집이며, 의는 사람의 바른 길이다. 편안한 집을 비워두고 거처하지 않으며 바른 길을 두고 가지 않으니 애처롭다!"[139]고 하였다.

『맹자』 전편을 통해 맹자는 인의라는 규범원리인 상도常道도 중요시하고, 한편으로는 특수성에 맞는 시의성인 권도權道도 배척하지 않았음을 볼 수 있다. 즉 때와 장소에 상관없이 모든 대상에 해당되는 공통적인 상황에서는 규범원리인 상도로, 개별적이고 구체적인 특수한 상황에서는 일시적으로 적절하게 대처하는 가변적이고 시의성인 권도를 적용한다.

예를 들어 아이가 우물에 빠졌다면 내 아이가 빠진 것과 남의 아이가 빠진 것은 다를 수밖에 없다. 물론 남의 아이가 빠지는 것을 보고 일어나는 측은한 마음에 사심이 있는 것은 아니다. 다만 누구를 먼저 구출할 것인가 하는 특수한 상황에서는 시의성인 권도가 작용한다. 나와 남에게 공통으로 적용되는 측은한 마음은 규범원리이지만, 특수하고 구체적인 상황에서는 시의성인 권도를 우선시하는 것은 당연한 일이다. 즉 내 노인을 노인으로 섬겨서 남의 노인에게까지 미치며, 내 어린이를 어린이로 사랑해서 남의 어린이에게까지 미친다면 천하를 손바닥에 놓고 움직일 수 있다.[140] 이처럼 사랑의 출발은 일반적으로 부모와 친척 그리고 이웃과 사회, 천지만물로 연결되지만, 특수한 상황에서는

---

139 같은 책, 「離婁上」 10장. 孟子曰 自暴者 不可與有言也 自棄者 不可與有爲也 言非禮義 謂之自暴也; 吾身不能居仁由義 謂之自棄也 仁 人之安宅也 義 人之正路也 曠安宅而弗居 舍正路而不由 哀哉.

140 같은 책, 「梁惠王上」 7장. 老吾老 以及人之老 幼吾幼 以及人之幼 天下可運於掌.

순서가 바뀔 수 있으므로 가치와 사실, 보편과 특수를 함께 논해야 한다. 하지만 중요한 것은 모든 출발점이 나에게서 시작되기 때문에 그 근원을 살펴볼 필요가 있다.

만약 도덕규범인 상도에 대응하지 못할 때는 특수하고 일시적인 권도를 적용해야 한다. 순우곤이 "남자와 여자가 (물건을) 주고받음에 직접 하지 않는 것이 예입니까?"라고 묻자, 맹자가 "예이다"라고 대답하였다. "형수가 물에 빠지면 손으로 구원해야 합니까?" 하고 묻자, "형수가 물에 빠졌는데도 구하지 않는다면 이는 승냥이이니, 남자와 여자가 (물건을) 주고받는 것을 직접 하지 않는 것은 예이고, 형수가 물에 빠졌으면 손으로써 구원하는 것은 권이다"라고 대답하였다. (순우곤이) 말하기를 "지금 천하가 도탄에 빠졌는데, 선생께서 구원하지 않음은 어째서입니까?" (맹자가) 말하기를 "천하가 도탄에 빠지거든 도로써 구원하고, 형수가 물에 빠지면 손으로써 구원하니, 그대는 손으로 천하를 구원하고자 하는가?"[141]라고 대답했다.

예에는 일상생활에서 누구나 지켜야 할 상례常禮가 있고, 특수한 상황에서 행하여야 할 변례變禮가 있다. "남녀가 직접 손을 잡으면 안 된다"는 행위규범은 평상시 남녀 간의 상례이며 상도이다. 그러나 형수가 물에 빠져 죽음에 직면한 위급한 사태가 일어났을 때, 남녀가 직접 손을 잡으면 안 된다는 예를 지키면 형수의 생명을 잃게 된다. 이때 남녀가 직접 손을 잡으면 안 된다는 상례를 위반하여 손을 잡아 생명을 구조한 행위가 권도로 변례이다. 예는 정상적인 일에 적용하는 상도이지만, 권

---

141 같은 책, 「離婁上」 17장, 淳于髡曰 男女授受不親 禮與 孟子曰 禮也 曰 嫂溺則援之以手乎 曰 嫂溺不援, 是豺狼也 男女授受不親 禮也 嫂溺援之以手者 權也 曰今天下溺矣 夫子之不援 何也 曰天下溺 援之以道 嫂溺 援之以手 子欲手援天下乎.

동양고전의 윤리의식과 도덕적 인물

은 비정상적인 상황에 적용하는 변례이며, 시의의 도는 상常과 변變, 또는 경經과 권權에 마땅함을 추구하는 것이다. 따라서 '권도'는 특수한 상황이라는 구체적인 사실을 도덕적 규범에 적용한 것이다. 주자는 "권은 저울추이니, 물건의 가볍고 무거움을 달아 왕래하여 중간을 취하는 것이므로 권이면서 중도를 얻는다면 이것이 바로 예이다"[142]라고 말한 것이다.

　이와 같이 어떤 일을 만났을 때에는 장소와 상황에 따라 실천방법이 다를지라도 그 구체적인 상황에서 도리에 맞게 최선을 다하여 대처해야 한다. 그러므로 공자의 말을 인용하여 어려움에 처한 사람들의 일을 자신의 일로 생각하여 세 번이나 자신의 집 앞을 지나면서도 들어가지 못한 것도 도리에 맞게 처신했다 하여 우임금이나 후직을 어질다고 보았으며, 난세를 당하여 가난하고 힘들게 살았어도 즐거움을 변하지 않았던 안연의 도 역시 어질게 보았다. 맹자는 우임금은 천하에 빠진 자가 있으면 자신이 빠지게 한 것처럼 여기고, 후직은 천하에 주린 자가 있으면 자신이 주리게 한 것처럼 여겨 이들의 처지를 바꾸면 모두 그렇게 처신하였을 것이라고 하였다.[143] 주자는 성현이 일을 행할 때는 시의성을 지키며, 변화에 적응하여 시의적절하게 일을 도모했음을 알 수 있다고 하여 성현의 도는 나아가면 백성을 구제하고, 물러가면 몸을 닦으

142　같은 책,「離婁上」17장, 朱子註, 權 稱錘也 稱物輕重而往來以取中者也 權而得中 是乃禮也.

143　같은 책,「離婁下」29장, 禹稷當平世 三過其門而不入 孔子賢之 顏子當亂世, 居於陋巷. 一簞食, 一瓢飮. 人不堪其憂, 顏子不改其樂, 孔子賢之 孟子曰 禹稷顏回同道 禹思天下有溺者 由己溺之也 稷思天下有飢者 由己飢之也 是以如是其急也, 禹稷顏子易地則皆然.

니 그 마음은 하나일 뿐이라[144]고 하였다.

맹자는 특수상황에서 구체적인 행위로서 권도를 강조함과 동시에 권도의 기반인 상도를 대단히 중요하게 여겼다.

> 물고기도 내가 원하는 것이고, 곰 발바닥도 내가 원하는 것이다. 둘 다 얻을 수 없다면 물고기를 버리고 곰 발바닥을 갖겠다. 생명도 내가 원하는 것이고, 의로움도 내가 원하는 것이지만, 둘 다 얻을 수 없다면 생명을 버리고 의로움을 택하겠다. 생명도 내가 원하는 것이지만 생명보다 더 원하는 것이 있으므로 구차하게 생명을 부지할 수 없는 것이다. 죽음도 내가 싫어하는 것이지만 죽음보다 더 싫어하는 것이 있으므로 죽음을 회피해서는 안 될 때가 있는 것이다. 사람들이 생명을 가장 소중하게 여긴다면, 살 수만 있다면야 무슨 짓인들 하지 않겠는가? 사람들이 죽음을 가장 싫어한다면, 그러한 환난을 피할 수만 있다면야 무슨 짓인들 하지 않겠는가?[145]

물고기와 곰 발바닥은 모두 사람들이 원하는 먹을거리이다. 그러나 그 가치를 비교하면 차등을 인정하지 않을 수밖에 없기 때문에 곰 발바닥을 선택한다. 삶도 마찬가지로 삶에 대한 애착과 의리라는 것이 병행되어야 하지만, 만약 살아서 의를 해치는 일이 있다면 삶을 버리고

---

144 같은 책, 「離婁下」29장, 朱子註, 聖賢之道 進則救民 退則修己 其心一而已矣.

145 같은 책, 「告子上」10장, 孟子曰 魚 我所欲也 熊掌 亦我所欲也 二者不可得兼 舍魚而取熊掌者也 生 亦我所欲也 義 亦我所欲也 二者不可得兼 舍生而取義者也 生亦我所欲 所欲有甚於生者 故不爲苟得也 死亦我所惡 所惡有甚於死者 故患有所不辟也 如使人之所欲莫甚於生 則凡可以得生者 何不用也 使人之所惡莫甚於死者 則凡可以辟患者 何不爲也.

동양고전의 윤리의식과 도덕적 인물

도덕규범인 상도를 취하겠다는 것이 군자다. 사람이 원하는 것 중에는 삶을 초월한 가치도 있기 때문에 구차하게 삶을 유지하는 것을 원치 않으며, 사람이 싫어하는 것 중에서 죽음보다 더한 치욕도 있기 때문에 상황에 따라서는 죽음마저 피하지 않는다는 것이다. 죽음을 피하지 않는 것은 열사나 의사와 같이 불의를 용납하지 않겠다는 것으로, 고결한 삶을 이룸으로써 불의와 치욕에 빠지는 것을 면할 수 있는 것을 말한다. 그러므로 의연히 유한한 생명을 무한한 정신적 가치와 바꿀 수 있다.

효도에 있어서도 일상적인 상황에서는 부모의 뜻에 순종하며, 도가 아니면 벼슬에 나아가지 않으며, 결혼을 할 때에는 반드시 부모에게 알려야 하는 것이 일반적인 도덕규범(상도)이다. 그러나 특수한 상황으로 부모가 뜻에 아첨하여 굽은 것을 좋아서 일을 할 때는 간하여 부모를 불의에 빠지게 않게 해야 하고, 부모가 늙고 집이 가난할 때는 봉록을 위하여 벼슬에 나아가야 하고, 후손이 없어 제사를 잇지 못하게 될 경우에는 부모에게 알리지 않고 혼인하는 것이 시의성(권도)이다.[146] 이 가운데에서 맹자는 후손이 없는 것을 가장 큰 불효라고 보아 순임금이 부모에게 고하지 않고 장가든 것을 권도로 인정하였다.[147]

자식이 부모를 섬기는 데는 효도와 순종이 우선이다. 그런데 문제는 효도 역시 특수한 상황에 따라 대립과 모순이 일어날 수 있다. 결혼을 하는 데 '부모에게 고해야 한다'는 것은 부모의 뜻에 순종하는 것이

---

146 같은 책,「離婁上」26장, 孟子曰 不孝有三 無後爲大 舜不告而娶 爲無後也 君子以爲猶告也. 趙氏註, 趙氏曰 於禮有不孝者三事 謂阿意曲從 陷親不義 一也 家貧親老 不爲祿仕 二也 不娶無子 絶先祖祀 三也.

147 같은 책,「離婁上」26장, 孟子曰 不孝有三 無後爲大 舜不告而娶 爲無後也 君子以爲猶告也.

다. 그런데 순임금이 '고하면 아내를 얻을 수 없었을 것'이라는 것은 인륜의 대사이다. 그래서 순임금이 '부모에게 고하지 않고 장가든 것'은 불효라는 것과 '인륜의 대사'를 위해 '부모에게 고하지 않고 장가든 것'은 상충된다. 만장은 순임금이 '부모에게 고하지 않고 장가든 것'이 예를 위반했다고 생각하지만 맹자는 그렇지 않다고 여긴 점이다. 왜냐하면 그 하나는 후손이 없게 되는 것으로 이것은 더 큰 불효를 범하게 되는 것이며, 다른 하나는 인륜의 대사를 어기는 것이기 때문이다. 세상의 모든 일은 고정불변한 것이 아니라 변화하는 것이기 때문에 규범원리인 상도에만 근본을 두어 준수하면 특수한 상황에서 처리할 수 있는 가변성이 마비되어 도덕 실행에 어려움이 있게 된다. 이때에 시의적절한 운용이 중요하게 되는데, 이것이 바로 권도이다.

5. 민본정치

맹자는 이상적인 정치로 인정仁政 혹은 왕도정치를 주장한다. 그는 정치의 형태를 왕도정치와 패도정치로 나누어 설명했다. 패도정치는 군주의 무력과 강압에 의한 통치형태로, 백성에게 고통과 폐해를 주는 정치를 말한다. 즉 힘으로써 인을 빌린 자는 패자覇者이고 덕으로써 인을 행한 자는 왕자王者이니,[148] 패자는 반드시 큰 나라를 소유하여야 직성이 풀린다. 반면에 왕자는 큰 나라를 필요로 하지 않는다. 맹자는 힘으로 남을 복종시키는 것은 상대방이 마음으로 복종하는 것이 아니라

---

148 같은 책, 「公孫丑上」 3장, 以力假仁者霸 …… 以德行仁者王.

동양고전의 윤리의식과 도덕적 인물

힘이 모자라기 때문에 어쩔 수 없이 복종하는 것이라고 보았다. 그러나 인과 덕으로 남을 복종시키는 것은 상대방이 마음에서 우러나 진심으로 복종하는 것으로 보았다.[149]

왕도정치는 이처럼 인과 덕으로 백성을 복종시키는 정치형태이며, 이는 인간의 선한 본성을 기반으로 한 것이다. 탕왕은 70리를 가지고 왕도정치를 행하였고, 문왕은 100리를 가지고도 왕도정치를 행하였다.[150] 군주의 은혜가 백성에게 미치면 백성은 진심으로 기뻐하고 복종한다. 그러므로 백성이 인자仁者에게 돌아가는 것은 물이 아래로 흘러내려 가는 것과 같은 것이다.[151] 문왕이 정사를 펴고 인을 베풂에 늙어서 아내가 없으면 홀아비라 하고[환鰥], 늙어서 남편이 없으면 과부라 하며[과寡], 늙어서 자식이 없으면 무의탁자[독獨], 어려서 부모가 없으면 고아[고孤]라고 하며 이들을 우선으로 한 것과 일맥상통한다.[152]

맹자는 이처럼 선왕의 도를 자주 언급했다. 선왕이란 요·순·우·탕·문·무왕을 가리키며, 선왕의 도는 인정 혹은 왕도를 가리킨다. 사람들은 모두 차마 사람을 해치지 못하는 마음을 가지고 있다. 선왕들은 남의 불행을 차마 눈뜨고 보지 못하는 마음으로(불인인지심不忍人之心) 차마 백성을 해치지 않는 정치(불인인지정不忍人之政)를 시행했던 왕들이다. 남의 불행을 차마 눈뜨고 보지 못하는 마음으로 백성을 해치지

---

149 같은 책, 「公孫丑上」 3장, 以力服人者 非心服也 力不贍也 以德服人者 中心悅而誠服也 如七十子之服孔子也.

150 같은 책, 「公孫丑上」 3장, 孟子曰 以力假仁者 霸 霸必有大國 以德行仁者 王 王不待大 湯以七十里 文王以百里.

151 같은 책, 「離婁上」 9장, 民之歸仁也 猶水之就下也.

152 같은 책, 「梁惠王下」 5장, 老而無妻曰鰥 老而無夫曰寡 老而無子曰獨 幼而無父曰孤 此 四者 天下之窮民而無告者 文王發政施仁 必先斯四者.

않는 정치를 행한다면 천하를 다스리는 것은 결국 손바닥 위에 놓고 움직일 수 있는 것과 같다.[153] 그래서 하·은·주 삼대가 천하를 얻은 것은 인정仁政을 했기 때문이며, 천하를 잃은 것은 인정을 하지 않았기 때문이다. 나라가 쇠퇴하고 흥성하며 존재하고 멸망하는 것도 또한 그러하다.[154]

인정을 가장 이상적인 정치형태로 여겼던 요순의 정치 역시 남의 불행을 차마 눈뜨고 보지 못하는 마음으로 사람을 해치지 않는 정치로서 천하를 다스렸기 때문에 가능하다. 따라서 인정을 할 수 있느냐 인정을 할 수 없느냐의 차이는 그 나라의 흥망과 존폐를 결정하는 중요한 관건이다.[155] 그러나 폭군인 걸과 주가 천하를 잃은 것은 백성을 잃었기 때문이고, 백성을 잃었다는 것은 백성의 마음을 잃은 것이다. 천하를 얻는 길이 있는데, 바로 백성을 얻으면 천하를 얻을 수 있다. 백성을 얻는 길이 있는데, 바로 백성의 마음을 얻는 것이 백성을 얻는 것이다. 백성의 마음을 얻는 길이 있는데, 바로 백성이 원하는 것을 주어서 모이게 하고, 백성이 싫어하는 것은 베풀지 말아야 한다.[156] 이것은 "백성이 좋아하는 것은 나도 좋아하고 백성이 싫어하는 것은 나도 싫어한다"[157]는

---

153 같은 책,「公孫丑上」6장, 孟子曰 人皆有不忍人之心 先王有不忍人之心 斯有不忍人之政矣 以不忍人之心 行不忍人之政 治天下可運之掌上.

154 같은 책,「離婁上」3장, 孟子曰 三代之得天下也以仁 其失天下也以不仁 國之所以廢興存亡者亦然.

155 "요순의 도 역시 인정으로 하지 않았다면 천하를 다스려 평천하할 수는 없었을 것이다" (같은 책,「離婁上」1장, 堯舜之道 不以仁政 不能平治天下)

156 같은 책,「離婁上」9장, 桀紂之失天下也 失其民也 失其民者 失其心也 得天下有道 得其民 斯得天下矣; 得其民有道 得其心 斯得民矣 得其心有道 所欲與之聚之 所惡勿施爾也.

157 『大學』10장, 民之所好好之 民之所惡惡之.

동양고전의 윤리의식과 도덕적 인물

것과 같은 맥락이다.

　맹자는 특히 민의民意를 중시했다. 군주는 반드시 백성과 함께 좋아하고 싫어해야 할 뿐만 아니라, 백성과 함께 즐거워하고 근심하고서 왕도정치를 하지 못하는 자는 있지 않다고 보았다.[158] 심지어 현자를 등용하고 사람을 죽이는 일도 백성의 뜻에 따라 행해야 한다고 생각했다.[159] 백성이 정치의 핵심이기 때문에 백성의 뜻에 따라야 하며, 군주가 나라의 주인이 되어서는 안 된다고 보았다. 즉, 왕도정치를 실현하기 위해서는 백성이 주체가 되어야 한다. 백성이 그 나라에서 가장 귀하고, 사직社稷은 그다음이고, 임금이 그 나라에서 가장 가벼운 사람이다. 백성의 마음을 얻어야 천자가 되고, 천자에게 신임을 얻어야 제후가 되고, 제후에게 신임을 얻어야 대부가 된다.[160]

　나라를 통치하는 군주가 국가나 백성에게 손해를 끼쳤다면 마땅히 군주를 다시 세워야 하며, 경건하게 토신과 곡신에게 제사를 지냈는데도 여전히 가뭄이 들고 홍수가 나서 흉년이 계속되었다면 토신(사社는 토지를 관장하는 신)과 곡신(직稷은 곡식을 관장하는 신)도 다시 세워야 한다고 생각하였다.[161] 맹자가 볼 때 천자 · 제후 · 대부 · 토신 · 곡신 등은 모두 바뀔 수 있는 것이지만 백성은 바꿀 수 없기 때문에 백성을 가장 귀한

---

158 『孟子』,「梁惠王下」 4장, 樂民之樂者 民亦樂其樂 憂民之憂者 民亦憂其憂 樂以天下 憂以天下, 然而不王者 未之有也.

159 같은 책,「梁惠王下」 7장, 國人皆曰賢 然後察之 見賢焉 然後用之 左右皆曰不可 勿聽 諸大夫皆曰不可, 勿聽 國人皆曰不可 然後察之 見不可焉 然後去之.

160 같은 책,「盡心下」 14장, 孟子曰 民爲貴 社稷次之 君爲輕 是故得乎丘民而爲天子 得乎天子爲諸侯 得乎諸侯爲大夫.

161 같은 책,「盡心下」 14장, 諸侯危社稷 則變置 犧牲旣成 粢盛旣潔 祭祀以時 然而旱乾水溢 則變置社稷.

존재로 생각한 것이다. 그러므로 정치의 핵심은 민생에 있다. 민생의 구체적인 요소로 맹자는 경제적인 면과 교육을 들었다.

　　맹자는 "산 사람을 봉양하고 죽은 사람을 장사지내는 데 유감이 없도록 하는 것이 왕도의 시작"이라고 하면서 그 전제조건으로 백성으로 하여금 농사철을 어기지 않게 부역이나 전쟁에 동원되는 일이 없도록 해야 하고, 촘촘한 그물로 어린 치어까지 잡지 말도록 해야 하며, 땔나무도 알맞은 시기에 해야 한다고 했다.[162] 즉, 백성이 일정한 생업에 종사할 수 있도록 해야 한다. 왜냐하면 백성은 일정한 생업이 없으면 일정할 수 있는 마음이 없게 된다. 항상 일정하게 할 수 없는 마음이 없어지면 방자함 · 편벽됨 · 사악함 · 사치스러움 등을 하지 아니할 사람이 없게 되어 죄에 빠지게 한 연후에야 쫓아가서 그들을 벌준다면, 이는 백성을 그물질하는 것으로 왕도정치를 행할 인인(仁人)이 아니다.[163] 이 때문에 현명한 군주가 백성의 생업을 제정해줄 경우에는 위로는 족히 부모를 섬길 수 있으며, 아래로는 족히 처자를 잘 돌볼 수 있고, 풍년이 드는 해에는 고생하지 않고 풍족하게 살고, 흉년이 드는 해라도 굶주림을 면할 수 있게 되어 백성이 예의를 지키고 의리를 행할 수 있다.[164]

　　맹자는 백성에게 일정한 생업을 제정해주기 위해서는 정전제(井田制)를 실시해야 한다고 생각했다. 인정 내지 왕도정치는 바로 백성이 일정

162　같은 책, 「梁惠王上」 3장, 不違農時 穀不可勝食也 數罟不入洿池 魚鼈不可勝食也 斧斤以時入山林, 材木不可勝用也 穀與魚鼈不可勝食 材木不可勝用 是使民養生喪死無憾也 養生喪死無憾 王道之始也.

163　같은 책, 「梁惠王上」 7장, 若民則無恒産 因無恒心 苟無恆心 放辟 邪侈 無不爲已 及陷於罪 然後從而刑之, 是罔民也 焉有仁人在位 罔民而可爲也.

164　같은 책, 「梁惠王上」 7장, 今也制民之産 仰不足以事父母 俯不足以畜妻子 樂歲終身苦 凶年不免於死亡 此惟救死而恐不贍 奚暇治禮義哉.

한 생업에 종사할 공정한 토지의 분배인 정전제로부터 시작된다는 것을 강조한 것이다. 인정은 반드시 (토지의) 경계를 다스리는 데서부터 시작된다. 경계가 바르지 않으면 정지井地가 균등하지 아니하며, 곡록穀祿이 공평하지 않다. 이 때문에 폭군과 더러운 관리들은 반드시 그 경계를 다스리는 일을 게을리한다. 경계가 이미 바르면 토지를 나누고 곡록을 제정하는 일은 앉아서 정할 수 있다.[165]

맹자는 경제가 안정되어야 왕도정치를 시행할 수 있고, 백성이 도덕적인 생활을 함으로써 사회적 혼란을 예방할 수 있다고 주장하였다. 국토는 사방 100리를 가지고 있어도 인정을 베풀어 형벌을 줄이고, 세금 걷는 것을 적게 하여 밭갈이를 깊게 하며, 김매기를 잘하고, 장성한 사람들이 여가를 이용하여 효제 · 충신을 닦아 집에 들어와서는 그들의 부형을 잘 섬기며, 나가서는 그들의 연장자와 윗사람을 공손하게 섬기면 왕도정치가 시행될 수 있음을 설명한다.[166] 힘이 있는 장정들이 국가의 토목공사에 부역으로 끌려가거나 전쟁에 동원되는 일 없이 제때에 씨를 뿌려 가꾸고 수확하는 시기를 놓치지 않고 농사를 지어야 가족의 생계가 풍족하게 된다. 가족의 생계가 풍족하게 되었을 때 여가를 이용해서 효제 · 충신의 길을 밝히는 교육을 실시할 수 있다.

그래서 선정善政은 선교善敎가 민심을 얻는 것만 못하다. 선정은 백성이 두려워하고 선교는 백성이 사랑한다. 선정은 백성의 재물을 얻고

---

165 같은 책, 「滕文公上」 3장, 孟子曰 子之君 將行仁政 選擇而使子 子必勉之 夫仁政 必自經界始 經界 不正 井地不均 穀祿不平 是故 暴君汚吏 必慢其經界 經界旣正 分田制祿 可坐而定也.

166 같은 책, 「梁惠王上」 5장, 孟子對曰 地方百里而可以王 王如施仁政於民 省刑罰 薄稅斂 深耕易耨 壯者以暇日 修其孝悌忠信 入以事其父兄 出以事其長上.

선교는 백성의 마음을 얻는다.[167] 백성을 가르치는 방법은 상서의 가르침을 철저히 실시하여 효제의 도리를 거듭 가르친다면, 반백이 된 노인이 도로에서 지거나 이지 않을 것이고, 늙은이가 비단옷을 입고 고기를 먹으며, 백성이 굶주리지 않고 춥지 않게 할 수 있다.[168] 백성에게 사람답게 가르치는 것은 오륜이다. 부모를 섬기는 것이 효이고, 형을 공경하는 것이 제이다. 효제의 도리를 확대하여 다른 사람의 부모를 섬기고 웃어른을 공경하면 천하는 자연히 태평해진다. 그러므로 맹자는 "요순의 도는 효제일 뿐이다"[169]라고 말했다.

6. 도덕적 인물

맹자는 사람의 본성은 본래 사단이 갖추어져 있으며, 이 사단을 확충한다면 모두 성인이 될 수 있다는 확신을 가지고 있었다. 그래서 "사람은 누구나 요순 같은 성인이 될 수 있다"[170]라고 했다. 그는 이상적인 도덕적 인물을 대인大人이라고 하고, 때때로 군자 · 대장부 · 성인이라고도 한다. 대인 · 군자 · 대장부 · 성인은 그 개념이 의미하는 내용은 다소 차이가 있으나 모두 도덕적 인물을 지칭한 것이다. 이러한 도덕적

---

167 같은 책, 「盡心上」 14장, 善政 不如善敎之得民也 善政民畏之 善敎民愛之 善政得民財 善敎得民心.

168 같은 책, 「梁惠王上」 7장, 謹庠序之敎 申之以孝悌之養 頒白者不負戴於道路矣 七十者 衣帛食肉, 黎民不飢不寒 然而不王者 未之有也.

169 같은 책, 「告子下」 2장, 堯舜之道 孝悌而已矣.

170 같은 책, 「告子下」 2장, 人皆可以爲堯舜.

동양고전의 윤리의식과 도덕적 인물

인물에 도달하기 위한 수양 방법은 존심양성存心養性이다. 맹자는 하늘로부터 부여받은 선성善性을 잃지 않고 잘 보존하고 확충해야 도덕적 인물을 완성할 수 있다고 보았다. 사람이 비록 선천적으로 사단과 양지良知와 양능良能의 선성을 가지고 있더라도 이를 잘 보존하고 수양하지 않으면 선성을 유지하기란 매우 어렵다. 즉 군자가 다른 사람과 다른 까닭은 그 마음을 보존하기 때문인데, 군자는 인과 예로써 마음을 보존한다. 인한 사람은 남을 사랑하고 예가 있는 자는 남을 공경한다.[171] 군자가 범인과 다른 점은 바로 선천적인 선성의 마음을 보존하는 '존심'에 있다고 보았다.

존存이란 인간이 본래 가지고 있는 본심本心을 보존하는 것이다. 인간에게 주어진 본심은 인의예지이므로 보존한다는 것은 결국 인의예지를 보존한다는 것을 뜻한다. 또 마음의 기능은 생각하는 것이니, 생각하면 합당함을 얻고 생각하지 않으면 얻지 못한다. 이는 하늘이 우리에게 부여해준 것이다.[172] 사람은 이러한 반성적 사고에 의해 사물·사건에 대한 무지에서 벗어나 도를 밝힐 수 있어 외부 사물에 끌려다니는 피동적 생활에서 자유로울 수 있다. 귀와 눈 등의 감각기관은 사고력이 없으므로 외물에 가려 막히며, 외물과 서로 접촉하면 이끌려 갈 따름이다.[173] 귀와 눈 등의 감각기관은 그대로 내버려두면 "마음을 타락시킬"[174] 수 있어 인간에게 악이 생기는 이유도 이 때문이다. 반성적

---

171 같은 책, 「離婁下」 28장, 君子所以異於人者 以其存心也 君子以仁存心 以禮存心 仁者 愛人 有禮者敬人.

172 같은 책, 「告子上」 15장, 心之官則思 思則得之 不思則不得也 此天之所與我者.

173 같은 책, 「告子上」 15장, 耳目之官 不思而蔽於物 物交物則引之而已矣.

174 같은 책, 「告子上」 7장, 富歲 子弟多賴 凶歲 子弟多暴 非天之降才爾殊也 其所以陷溺其

사고가 가해지지 않는 감관활동은 물리현상과 구별할 수 없기 때문에 사물·사건에 끌려다닐 수밖에 없다. 따라서 반성적 사고로써 도를 밝힐 수 있는 사람이라야 도덕적 인물인 대인이 될 수 있다.

이런 존심存心의 구체적인 방법으로는 구방심求放心과 과욕寡慾이 있다. 구방심의 내용은 인의를 찾는 것이다. 그래서 구하면 얻고 버리면 잃는다. 이 구함은 얻음에 유익함이 있는데, 자신에게 있는 것을 구하기 때문이다. 구함에 도가 있고 얻음에 명命이 있다. 이 구함은 얻음에 유익함이 없는데, 밖에 있는 것을 구하기 때문이다.[175] 즉, "본심을 상실하지 말라"[176]라고 주장한 것은 항상 인의의 본래심을 간직해야 도덕적 인물인 성인이 될 수 있음을 의미한다.[177]

두 번째 방법은 과욕이다. 마음을 기르는 방법은 욕심을 줄이는 것보다 더 좋은 것이 없다. 사람이 욕심을 적게 가지면 비록 본마음이 보존되지 아니한 것이 있다 하더라도 적을 것이고, 욕심을 많이 가지면 비록 본마음이 보존된 것이 있다 하더라도 적게 된다.[178] 마음은 본래 영명하고 측은한 것인데 욕망이 지나치면 마음의 영명함을 가려버리고, 측은한 감정을 질식시켜버린다. 사람의 욕망은 무한하기 때문에 지나치면 극복하기 어려우므로 신령하고 측은한 마음이 그 작용을 다 할

心者然也.

175 같은 책, 「盡心上」 3장, 求則得之 舍則失之 是求有益於得也 求在我者也 求之有道 得之有命 是求無益於得也 求在外者也.

176 같은 책, 「告子上」 10장, 此之謂失其本心.

177 같은 책, 「離婁上」 2장, 聖人 人倫之至也.

178 같은 책, 「盡心下」 35장, 養心莫善於寡欲 其爲人也寡欲 雖有不存焉者 寡矣 其爲人也多欲 雖有存焉者, 寡矣.

동양고전의 윤리의식과 도덕적 인물

수 없다.[179] 욕심을 크게 부리면 그 결과는 어떻게 될까? 그것은 나무에 올라가 고기를 구하는(불가능한 일을 억지로 하려고 하는 것: 연목구어緣木求魚) 것과 같다. 나무에서 물고기를 구하는 것은 실패해도 뒤탈이 없지만, 군주가 무력으로 뜻을 이루고자 하면 백성을 잃고 나라를 망치는 재난이 따라온다.[180]

도덕적 인물을 완성하는 방법으로 인간이 타고난 본성을 양성養性해야 한다. 자기의 본심을 간직하고 자기의 본성을 기르는 것이 바로 하늘을 섬기는 것[181]이기 때문이다. 양養이란 인간이 본래 가지고 있는 본성을 기른다는 뜻이다. 본성을 기르면 그것이 자라게 되고, 본성을 길러 대체를 확립한 사람을 대인이라고 한다. "그러므로 진실로 그 기르는 것을 얻게 되면 자라지 않는 것이 없고, 그의 기르는 것을 잃으면 소멸하지 않는 것이 없다"[182]고 했다. 즉 몸에는 귀한 것과 천한 것이 있으며, 작은 것과 큰 것이 있으니 작은 것을 가지고 큰 것을 해치지 말아야 하며, 천한 것을 가지고 귀한 것을 해치지 말아야 한다. 작은 것을 기르는 사람은 소인이 되고, 큰 것을 기르는 사람은 도덕적 인물인 대인이 되기 때문이다.[183]

도덕적 인물인 대인의 제일차적 관심사는 진정한 주체성의 확립

---

179 『禮記』, 「禮運」, 飮食男女 人之大欲存焉.

180 『孟子』, 「梁惠王上」 7장, 曰然則王之所大欲 可知已 欲辟土地 朝秦楚 莅中國而撫四夷也 以若所爲 求若所欲 猶緣木而求魚也 王曰若是其甚與 曰殆有甚焉 緣木求魚 雖不得魚 無後災 以若所爲 求若所欲 盡心力而爲之 後必有災.

181 같은 책, 「盡心上」 1장, 存其心 養其性 所以事天也.

182 같은 책, 「告子上」 8장, 故苟得其養 無物不長 苟失其養 無物不消.

183 같은 책, 「告子上」 14장, 體有貴賤 有大小 無以小害大 無以賤害貴 養其小者 爲小人 養其大者 爲大人.

이다. 이 주체성의 확립을 맹자는 대체大體라고 보고, 먼저 대체를 확립해야 한다고 주장했다. 그래서 말하기를 "먼저 대체를 확립하여놓으면 소체는 대체를 빼앗지 못할 것이다. 이렇게 하는 것이 도덕적 인물인 대인이 되는 것일 따름이다"[184]라고 하였다. 주체성을 확립한 대인은 인간을 조그마한 소우주로 보아 만물과 일체라는 세계관을 가진다. 만물의 이치가 다 내게 갖추어져 있으니 자기를 반성하면서 정성을 다하면 기쁨이란 이루 말할 수 없고, 힘써 미루어 행하면 인을 구하기란 이보다 가까운 것이 없다.[185] 또 "아래위가 천지와 함께 더불어 흐른다"[186]라고도 했다. 이처럼 개인이라는 사사로운 욕심에서 벗어나 대체의 관념을 가짐으로써 자기와 자기 이외의 모든 사람의 근심과 기쁨을 함께할 수 있다. 타인의 불행을 차마 가만히 보고 있을 수 없다는 적극적 이타행위가 있게 된다. 본성의 함양에 대한 맹자의 견해는 널리 천지간에 유통하는 바르고 큰 원기인 호연지기浩然之氣[187]를 기르는 것에 잘 나타나 있다.

　　기氣는 본래 몸을 움직이게 하는 원동력이다. 그런데 그 기를 작용

184　같은 책, 「告子上」 15장, 先立乎其大者 則其小者不能奪也 此爲大人而已矣.

185　같은 책, 「盡心上」 4장, 孟子曰 萬物皆備於我矣 反身而誠 樂莫大焉 强恕而行 求仁莫近焉.

186　같은 책, 「盡心上」 13장, 上下與天地同流.

187　"감히 묻겠습니다. 무엇을 호연지기라 합니까?" "말하기 어렵다. 그 기의 양상은 지극히 크고 지극히 굳세니, 곧게 하는 것으로써 길러서 해침이 없으면 (이 호연지기가) 하늘과 땅 사이에 꽉 차게 된다. 그 기의 양상은 의와 도에 짝이 되는 것이니, 이것(의義와 도道)이 없으면 (호연지기가) 쭈그러든다. 이 호연지기는 의가 많이 축적되어 생겨나는 것은 아니다. (하나의) 의가 하루아침에 갑자기 엄습하여 취해지는 것은 아니니, 행하고서 마음에 부족하게 여기는 바가 있으면 (호연지기가) 쭈그러든다(같은 책, 「公孫丑上」 2장, 敢問何爲浩然之氣 曰難言也 其爲氣也 至大至剛 以直養而無害 則塞於天地之間 其爲氣也 配義與道 無是 餒也 是集義所生者 非義襲而取之也 行有不慊於心則餒矣).

동양고전의 윤리의식과 도덕적 인물

하도록 지시하는 것이 뜻[志]이므로 뜻과 기의 관계는 마치 장수와 병사의 관계와 같다. 장수가 장수다우면 병사들을 잘 통솔할 수 있고 병사들이 충실하면 장수는 위엄을 찾을 수 있는 것처럼 뜻과 기는 서로 영향을 주고받는다. 기가 말이라면 뜻은 말을 타고 있는 사람과 같다. 사람의 의지대로 말을 몰아 목적지에 당도할 수 있다. 마찬가지로 뜻이 기를 조종하고 움직인다. 뜻이 우수할수록 기의 작동이 순조롭다. 그러나 말이 갑자기 넘어지거나 놀라서 뛰면 말에 탄 사람이 놀라기도 하고 떨어지기도 한다. 이와 마찬가지로 기 때문에 뜻이 영향을 받기도 한다. 맹자는 뜻을 동요시킨다고 하지 않고 마음을 동요시킨다고 했다. 마음에는 정情은 물론 생각하고 분별하고 지각하는 기능이 포함된다. 그래서 맹자는 호연지기를 뜻과 기가 함께 작용하는 것이라고 하였으며, 따라서 기가 호연하지 않으면 도의道義는 무력해진다고 보았다. 이러한 호연지기는 곧바로 대장부의 인격과 기상으로 실현된다.

천하의 넓은 곳에 거하고, 천하의 바른 위치에 서며, 천하의 대도를 행하며, 뜻을 얻으면 백성과 함께하고, 뜻을 얻지 못하면 홀로 그 도를 행하고, 부귀해도 음란해지지 않고, 빈천에도 뜻을 변하지 않으며, 권위와 무력에도 굴하지 않는다. 이런 사람을 대장부라고 이른다.[188]

대장부는 부귀 · 빈천 · 권위와 무력 등에 의하여 삶이 흔들리지 않는 사람이고, 이는 널리 천지간에 유통하는 바르고 큰 원기를 기른 사

---

188 같은 책, 「滕文公下」 2장, 居天下之廣居 立天下之正位 行天下之大道 得志與 民由之 不得志 獨行其道 富貴不能淫 貧賤不能移 威武不能屈 此之謂大丈夫.

람을 일컫는다. 호연지기를 기르는 일은 효과를 미리 기대하지 말고, 마음에 잠시도 잊지도 말며, 그렇다고 성급하게 억지로 조장助長해서도 안 된다.

맹자는 그것을 송나라의 한 농부를 예로 들어 설명한다. 송나라에 한 농부가 있었는데 그는 벼의 싹이 너무 느리게 자라는 것이 답답하여 어느 날 논으로 달려가 싹을 뽑아 올렸다. 그러고는 집에 돌아와 "벼가 빨리 자라도록 도와주느라 오늘은 몹시 피곤하구나"라고 자랑스럽게 말했다. 그의 아들이 황급히 논으로 달려가 보니 벼는 모두 말라 죽어 있었다. 벼 싹을 뽑아 올린다고 벼가 빨리 자라지는 않는다.[189] 호연지기를 기르는 방법도 이와 마찬가지이다.

---

189 같은 책, 「公孫丑上」 2장, 必有事焉而勿正 心勿忘 勿助長也 無若宋人然 宋人 有閔其苗 之不長而揠之者 芒芒然歸 謂其人 曰今日 病矣 予助苗長矣 其子趨而往視之 苗則槁矣 天下之不助苗長者 寡矣.

동양고전의 윤리의식과 도덕적 인물

제3장

『순자』에 나타난
윤리의식과 도덕적 인물

1. 순자의 생애

　　선진유학은 공자에서 창시되어 맹자에서 체계를 이루어졌다는 것
이 정설이다. 그러나 맹자 당시는 비록 양주와 묵가의 이단에 대항하여
유학을 옹호하는 노력을 하였으나 유학이 크게 발전하지는 못했다. 오
히려 맹자와 동시대 인물인 장자의 학설이 크게 유행하여 도가의 세력
이 널리 퍼졌다. 한편으로는 묵가의 후학 및 명가의 부류들은 회합이 있
을 때마다 격한 논쟁을 벌였고, 그때마다 새로운 논의가 일어나 변론들
이 번거롭게 붙어났다. 이러한 사상적 상황에서 유가 역시 새로운 인물
이 출현하여 옛날 학설을 정립하고 시대에 맞는 새로운 학설로 이들과
대항하지 않을 수 없었다.

　　공자와 맹자의 유학을 재정리하여 도가와 묵가의 학설에 대항할
수 있는 새로운 학설을 전개한 사상가가 바로 순자荀子이다. 순자가 언
제 태어나서 언제 죽었는지 정확히 알 수는 없지만, 대체로 춘신군 및

제나라 양왕의 연대에 의한 자료를 살펴보면, 기원전 298년에 조나라에서 태어나 기원전 238년 무렵에 죽은 것으로 추정된다. 기원전 298년 그가 태어난 시대는 사회적 혼란이 극에 달했던 전국시대 말이었지만, 한편에서는 진나라에 의해 서서히 통일의 기반이 무르익고 있던 시기였다.

순자의 이름은 황況인데 당시의 사람들은 그를 존경해 순자荀子 또는 순경荀卿이라고 칭하였다. 경이란 벼슬한 사람에 대한 존칭이므로 순자를 귀족 출신으로 보는 사람도 있지만 확실하지는 않다. 그 당시 대부분의 사상가들이 불우한 삶을 살았던 반면에 순자는 경이라는 호칭을 받을 정도로 어렵지 않은 삶을 살았다. 기록에 의하면 순자는 50세 무렵부터 제나라의 직하稷下에서 상당히 오랜 기간 동안 유학을 하였으며, 이때의 유학이 그의 이론체계 확립에 결정적인 계기가 되었다고 볼 수 있다.

순경은 조나라 사람이다. 50세가 되어서야 제나라에서 학설을 유세하였다. 이 당시 추연鄒衍, 전병田騈의 무리는 이미 모두 죽고 없었으며 제나라 양왕 때에 순경이 가장 나이 많은 선생이 되었다. 제나라에서는 열대부列大夫의 결원을 보충했는데, 순경은 세 번이나 제주祭酒가 되었다. 그런데 제나라 사람 중에 순경을 참소한 자가 있어서 순경은 초나라로 갔고, 초나라 춘신군은 그를 난릉 지역의 장관으로 삼았다. 춘신군이 사망하자 순경도 면직되었지만, 그는 그대로 난릉에 머물러 살았다. 이사李斯는 그의 제자이며 진나라의 재상이 되었다. 순경은 세상의 정치가 혼탁하여 망국적인 무도한 군주들이 연이어 나타나 대도를 좇지 않고, 무당들에게 현혹되어 길흉화복을 믿고, 또한 천박한 유생들은 좁은 소견에 얽매여 있고, 장주莊周 같은 이들은 더욱 가치체계를 어지럽혀 사회기풍을 문란하게 하는 당시의 현실을 통탄했다. 그리하여 유가·묵가·도가 사상의 학설과 정치의 흥망성쇠를 규명하여 수만 자에 달하는 글을 체계적으로 저술하고 죽어 난릉에 묻혔다.[190]

　순자의 철학은 예의를 받들고 시서詩書를 그다음으로 생각하였다.[191] 그가 그렇게 생각한 이유는 예법을 따르지 않고 『시경』·『서경』으로 대신하는 것을 마치 손가락으로 황하를 측량하는 것으로 보았다. 예를 숭상하면 비록 예에 밝지 못해도 존경받을 만한 선비가 되겠지만, 예를 숭상하지 않으면 비록 사물을 잘 고찰하고 논변을 잘한다고 해도 쓸모없는 학자라는 것이다.[192] 『시경』·『서경』은 예의처럼 체계적인 것도 아니고 인도의 극치라고 할 정도로 장엄하지도 않다. 그러나 『시경』은 인간의 감정을 북돋워주며, 『서경』은 인간의 거울이 된다는 점에서 측은한 감정과 초월적이고 넓은 깨달음을 일으켜 대도의 근본과 조화의 근원에 직접 도달하게 한다. 이것이 맹자가 깨달은 성인의 길이다. 맹자가 『시경』·『서경』을 돈독히 하여 성선을 확립한 것은 내면을 향한 깊은 깨달음이었고, 인간의 정신을 고양시킨 것이다. 반면 순자가 예의를 받들고 시서를 그다음으로 한 것은 넓은 곳으로의 전환이었고, 외부로의 확대였다. 이처럼 맹자는 내성內聖을 중시했고, 순자는 외왕外王을

190　『史記』, 「孟荀列傳」, 荀卿 趙人 年五十始來游學於齊 騶衍 田騈之屬皆已死 齊襄王時 而荀卿最爲老師 齊尙脩列大夫之缺 而荀卿三爲祭酒焉. '齊'人或讒荀卿 荀卿乃適楚 而春申君以爲蘭陵令 春申君死而荀卿廢 因家蘭陵 李斯嘗爲弟子 已而相秦 荀卿嫉濁世之政 亡國亂君相屬 不遂大道而營於巫祝 信機祥 鄙儒小拘 如莊周等又猾稽亂俗 於是推儒·墨·道德之行事興壞 序列著數萬言而卒 因葬蘭陵.

191　『荀子』, 「儒效」, 隆禮義殺詩書.

192　같은 책, 「勸學」, 不道禮憲 以詩書爲之 譬之猶以指測河也 …… 以錐口壺也 不可以得之矣 故隆禮 雖未明 法士也 不隆禮 雖察辯 散儒也.

중시했다. 순자는 특히 사회를 조직하는 예법을 중시했음을 알 수 있다.[193]

순자는 맹자의 성선설에 반대하여 성악설을 주장했다는 것과 강제적인 힘에 의한 법치를 주장한 한비자와 이사 등 법가사상가들이 주로 그의 문하에서 배출되었다는 사실 때문에 '유가의 이단자'로 간주되고 있다. 그의 저서로는 자신의 사상을 담은『순자』가 있다. 대화록인『논어』는 비체계적이고, 언행록인『맹자』는 이상적이고, 운문형식인『노자』와『장자』는 비현실적이면서 초현실적이고, 우화로 되어 있는『묵자』는 비현실적인 데 반해, 순자의 저술은 매우 합리적이고 체계적이다. 그래서 후대 학자들은 순자를 제자백가를 집대성했다고 한다.

2. 자연적인 천(天)에 대한 이해

공자가 말한 천은 주재적인 천이고, 맹자가 말한 천은 주재적인 천일 때도 있고 운명적인 천일 때도 있고 의리적인 천일 때도 있었지만, 자연적인 천에 대해서는 천명한 적이 없었다. 이미 도가사상에서는 자연적인 천을 언급한 적이 있었다.[194]

순자는 공자와 맹자와 달리 천을 자연으로 이해했다. 하늘의 운행에는 그 자체의 자연적인 일정한 법도가 있는데, 그것은 성군인 요임금

---

193 蔡仁厚 지음, 천병돈 옮김,『순자의 철학』, 예문서원, 2000, 36-37쪽.

194 장자는 천지일월의 운행을 "조화(기함機緘) 속이 있어 부득이한 것이고", "그 돌고 도는 운행이 저절로 그칠 수 없는 것(『莊子』, 「天運」, 其有機緘 而不得已. 其運轉 而不能自止)이라고 하였다.

동양고전의 윤리의식과 도덕적 인물

때문에 존재하는 것도 아니고 폭군인 걸임금 때문에 없어지는 것도 아니다. 즉 안정과 태평을 이룩하여 천도에 응하면 길하고, 혼란으로써 천도에 응하면 흉할 따름이다. 농부가 농사에 힘쓰고 쓰는 것을 절약하면 하늘도 그 사람을 가난하게 할 수 없고, 몸을 잘 보양하고 때에 따라 알맞게 운동하면 하늘도 그 사람을 병들게 할 수 없으며, 사람으로서 올바른 도를 닦아 도리에 어긋나지 않게 행동하면 하늘도 화를 입힐 수 없게 된다. 장마와 가뭄도 그러한 사람을 병들게 할 수 없고, 추위와 더위도 그러한 사람을 병들게 할 수 없으며, 요사스럽고 괴이한 것이 그러한 사람을 불행하게 할 수 없다.[195]

하늘이 인간의 주재자가 아니기 때문에 더 이상 사람이 하늘에 순응하지 않아도 된다. 하늘의 운행에는 그 자체의 변하지 않는 자연의 법칙이 있지만 의지가 없기 때문에 사람은 자신의 노력에 따라 자신의 운명을 개척할 수 있다. 즉, 길흉화복은 모두 사람의 노력에 의한 것으로 하늘이 사람의 삶에 화복을 줄 수 없을 뿐 아니라 치란治亂에도 영향을 미칠 수 없다. 요임금 때나 걸임금 때나 천지와 사시는 모두 변함이 없었는데, 요임금은 안정과 태평으로 잘 다스리고 걸임금은 혼란으로써 천하를 어지럽힌 것을 보면 '치란'은 사람의 노력에 의한 것일 뿐 천지와 사시의 영향에 의한 것이 아님을 알 수 있다. 따라서 농부는 농사에 힘쓰면서 과욕寡慾하지 않고, 양생을 잘하여 시의에 맞게 운동하며, 도에 따라 어긋남이 없이 정도를 행하면 홍수나 가뭄, 추위나 더위, 요사스럽고 괴이한 재난이 있을지라도 사람들은 걱정 없이 건강하고 편안

---

195 같은 책, 「天論」, 天行有常 不爲堯存 不爲桀亡 應之以治則吉 應之以亂則凶 彊本而節用 則天不能貧 養備而動時 則天不能病 脩道而不貳 則天不能禍 故水旱不能使之飢渴 寒暑 不能使之疾 祅怪不能使之凶.

하게 지낼 수 있다. 사람은 타고난 재질이나 부귀보다는 오히려 자신의 노력에 의한 수양이나 덕행, 의지 등 후천적으로 얻어진 결과가 더 중요하다.

그런데 당시의 사람들은 일식이나 월식이 일어나고 유성이 떨어지고 이상한 기후변화가 생기면, 그런 현상은 모두 사람들이 옳지 못한 일을 했기 때문에 하늘이 인간에게 경고하는 뜻에서 일으키는 일종의 흉한 징조라고 보았다. 그러나 순자는 이러한 설명에 동의하지 않았다. 별이 떨어지고 나무가 우는 소리를 내는 것은 천지의 변화이자 음양의 변화로 자연에서 드물게 나타나는 현상이다. 이와 같은 현상들을 이상하게 여기는 것은 괜찮지만 그것을 두려워해서는 안 된다. 일식과 월식이 생기고 철에 맞지 않는 비바람이 일고 이상한 별이 나타나는 것은 늘 어느 세상에서나 있었던 일이기 때문이다.[196]

자연계의 이상 현상은 자연계 내부에서 드물게 발생하는 현상으로 자연계 자체의 변화에 지나지 않으므로 더 이상 신격화되지 않은 하늘을 의미한다. 그것은 천지와 음양의 변화로 생기는 자연계의 현상일 뿐 하늘 자체는 감정이나 이성이 없으며, 또한 어떤 목적이나 의지 작용도 존재하지 않는다.

순자의 사상은 현실적이고 논리적이고 과학적이기 때문에 하늘과 인간의 구분을 철저히 강조한다. 하늘은 어떤 권위나 의지도 없이 자체의 일정한 원리에 따라 운행되며, 하늘이 사람의 삶을 지배하는 것이 아니라 사람들의 노력에 따라 자기의 운명을 결정한다고 보았다. 맹자가

---

196 같은 책, 「天論」, 星隊木鳴 國人皆恐 曰是何也 曰無何也 是天地之變 陰陽之化 物之罕至者也 怪之可也 而畏之非也 夫日月之有蝕 風雨之不時 怪星之黨見 是無世而不常有之.

동양고전의 윤리의식과 도덕적 인물

하늘과 인간은 하나로 합일된다는 천인합일사상을 주장했던 반면에 순자는 하늘과 인간은 별개로 후천적인 노력에 의한 결과를 중요시하여 천인상분天人相分사상을 주장했다. 그가 이해한 자연적인 천을 구체적으로 살펴보면 다음과 같다.

첫째, 하늘과 인간은 직분을 완성하는 방법이 다르다. 하늘과 인간 사이의 직분을 명확히 인식한 사람을 지인至人이라고 한다면, 작위하지 않고 성취하며, 추구하지 않고 획득하는 것을 하늘의 직분이라고 한다. 하늘은 아무런 의지도 없이 일정한 원리에 따라 운행되고 있을 따름이다. 따라서 하늘이 사람의 운명을 지배하는 것이 아니라 사람들의 행동이 자기의 운명을 결정한다.[197] 하늘 자체는 아무것도 알지 못하며, 알려고 하지도 않고, 또 좋아하고 미워하는 감정과 감응도 없으므로 종교적 의미도 윤리적인 규범도 없다. 즉 사람들이 추위를 싫어한다고 해서 하늘이 사람들을 위해 추운 겨울을 없애주지 않으며, 사람들이 멀고 험한 것을 싫어한다고 해서 땅이 사람들을 위해 그 멀고 험한 것을 없애주지 않는다. 또 군자는 소인들이 시끄럽게 군다 하여 행실을 그르치지도 않는다. 이처럼 하늘에는 영원불변하는 도가 있고, 땅에는 영원불변하는 원리가 있고, 군자에게는 영원불변하는 몸가짐이 있다.[198]

둘째, 하늘에는 하늘의 작용이 있고, 땅에는 땅의 작용이 있으며, 사람은 사람으로서의 작용이 있다. 따라서 사람은 하늘의 변화와 땅의 재물들을 적극적으로 개발하고 이용해야 한다. 하늘에는 철에 따른 변

---

197 같은 책, 「天功」『新編』 故明於天人之分 則可謂至人矣 不爲而成 不求而得 夫是之謂天職 如是者 雖深 其人不加慮焉 雖大 不加能焉 雖精 不可察焉 夫是之謂不與天爭職.

198 같은 책, 「天論」, 天不爲人之惡寒也 輟冬 地不爲人之惡遼遠也 輟廣 君子不爲小人匈匈也 輟行 天有常道矣 地有常數矣 君子有常體矣.

화가 있고, 땅에는 여러 가지 생산물이 있으며, 사람에게는 그것을 다스릴 수 있는 능력이 있다. 이것을 두고서 하늘과 땅의 변화에 참여하는 것이라고 한다. 사람으로서 참여하는 일은 버리고 참여하는 대상만 알기 바란다면 미혹된 일이다.[199]

셋째, 하늘과 인간은 그 기능이 달라 직능을 완성하는 방법도 다르다. 순자에 따르면 하늘은 일정한 규율의 변화를 통해 만물을 생산해낸다. 땅은 그 자원을 이용해 만물을 육성시키며 인간은 이성을 통해 만물을 다스린다. 하늘에는 사시가 있고, 땅에는 자원이 있으며, 인간에게는 그것을 다스리는 방법이 있다. 이것을 '능히 참여한다'라고 말한다.[200]

이처럼 인간은 자연을 잘 다스려서 천하의 모든 사물들이 최선의 상태가 유지되도록 하고 그것을 최대한으로 이용하기 위해 변화시켜야 한다. 즉 천지가 합해져야 만물이 생겨나고, 음양이 접촉해야 변화가 일어나며, 본성과 인위가 결합해야 천하가 다스려진다. 하늘은 만물을 낳을 수 있으나, 그 사물을 분별하여 다스리지는 못한다. 땅은 사람을 그 위에 실을 수 있으나, 사람을 다스릴 수는 없다. 천하의 만물과 사람은 모두 성인을 기다린 연후에 분별되어 다스려진다.[201]

순자는 하늘이 이제 더 이상 신령스럽지도 않고, 인간의 도덕적 가치를 부여하는 형이상학적 존재도 아니기 때문에 존경의 대상이 아

---

199 같은 책, 「天論」, 天有其時 地有其財 人有其治 夫是之謂能參 舍其所以參 而願其所參 則惑矣.

200 같은 책, 「天論」, 天有其時 地有其財 人有其治 夫是之謂能參.

201 같은 책, 「禮論」, 故曰天地合而萬物生 陰陽接而變化起 性僞合而天下治 天能生物 不能辨物也 地能載人 不能治人也 宇中萬物 生人之屬 待聖人然後分也.

동양고전의 윤리의식과 도덕적 인물

닌 것으로 이해했다. 따라서 인간의 삶은 하늘에 의해 품부받은 것이 아니라 인간 스스로의 노력에 의해 결정되므로 하늘의 권위로부터 인간을 해방시켰다.

3. 인간 본성의 이해

순자가 주장한 도덕철학의 또 다른 출발점인 인간 본성에 대한 이해도 자연관에서 발전되었으며, 그의 사상 역시 이러한 전제에서 시작한다. 선진시대에 수없이 논의되었던 인성문제는 몇 세기 동안 격렬하게 논쟁되었다. 특히 자산은 "소인배들의 성품은 용맹을 믿고 날뛰며, 화를 당하였는데도 이익을 탐내며, 자신의 본성을 만족시키고 명예를 구합니다. 이런 것들은 나라의 이익을 위한 것이 아닙니다"[202]라고 하였다. 그는 소인의 본성을 나쁜 것이라고 보았는데, 이것이 중국 철학사에서 인성에 대해 토론한 최초의 시도이다. 후에 공자는 "본성은 서로 가까우나 습관에 따라 서로 멀어진다. 매우 지혜로운 사람과 매우 어리석은 사람은 바뀔 수 없다"[203]고 하여 인간의 본성은 서로 비슷하지만 습관이 서로 달라서 차이가 생기며, '나면서 아는' 매우 슬기로운 사람과 '아무리 힘써도 알지 못하는' 매우 어리석은 사람은 결코 바뀔 수 없다고 생각했다.

맹자에 이르러 인간의 본성에 대한 논쟁이 확대 발전되었다. 맹자

---

202 『左傳』, 「襄公 26年」, 夫小人之性 釁於勇 嗇於過 以足其性 而求名焉者 非國家之利也.
203 『論語』, 「陽貨」 2~3장, 子曰 性相近也 習相遠也 …… 子曰 唯上知與下愚 不移.

는 인간에게 동물의 본성과 다른 이성적인 본성이 있다고 인정함으로써 인간의 사회성을 주장하였다. 그리고 인간의 본성에는 착한 덕의 싹이 고유하게 있다고 하여 인간 본성의 도덕적 가치를 강조하였다. 바로 선천적인 도덕론을 주장한 것이다. 또 인간의 나쁜 덕은 후천적인 환경과 습관, 그리고 외적 사물의 유혹에 의해 형성된 것이다. 그래서 그는 착한 면을 보존하고 나쁜 면을 없애기 위해 교육과 교화 작용인 수양이 반드시 필요하다고 강조한다.

그런데 순자는 사람이 선천적으로 선하다면 성왕의 도나 예의규범 같은 것이 아무 소용도 없게 된다고 생각하였다. 그는 "인간의 본성이 선하다면 어떻게 해서 악한 사람이 존재하는가?"라고 반문한다. 즉, 인간에게 선한 본성이 있다면 후천적인 학습이나 수양이 의미가 없게 되고 정치 또한 존재할 이유가 없게 된다고 하여 맹자의 성선설에 반론을 제기하였다. 그는 사람의 본성이 본래 악하기 때문에 성왕이 예의제도를 만들어 세상을 다스리게 된 것이라 주장하였다. 사람의 본성이 선하다고 예의 같은 도덕규범 등 여러 가지 제도를 당장 없애버린다면, 세상은 곧바로 혼란에 빠져 망할 수밖에 없다는 것이 순자의 논리이다.

사람이 태어나면서부터 고유한 것을 '자연적인 욕망'이라고 생각하였다. 예를 들면 사람은 배가 고프면 배부르게 먹을 것을 생각하고, 추우면 따뜻이 하고자 하며, 피로하면 쉬기를 원하고, 이익을 좋아하고 손해를 싫어한다. 이것은 인간이 나면서부터 가지고 있는 것이며, 다른 사람의 가르침을 기다릴 필요도 없이 자연적으로 그러한 것이다.[204]

---

204 『荀子』, 「榮辱」, 凡人有所一同 飢而欲食 寒而欲煖 勞而欲息 好利而惡害 是人之所生而有也 是無待而然者也.

동양고전의 윤리의식과 도덕적 인물

순자는 사람의 타고난 것을 '본성'이라고 하고, 배워서 할 수 있고 노력해서 이룰 수 있는 것을 '인위(위僞)'라고 하였으며, 사람의 타고난 본성은 악하며, 그것이 선하게 된 것은 인위에 의해서만 가능하다고 보았다.[205] 따라서 인간의 본성 속에는 선한 요소가 전혀 들어 있지 않다는 것을 다음과 같이 설명한다.

첫째, 사람은 태어나면서부터 이익을 좋아하는 성질이 있기 때문에 이것을 그대로 따르면 자연히 남과 싸워 빼앗으려는 마음이 생기게 되고 사양하는 마음이 없어진다.

둘째, 사람은 태어나면서부터 남을 질투하고 미워하는 성질이 있기 때문에 이것을 그대로 따르면 자연히 남을 해롭게 하는 마음이 생기게 되고 충성과 믿음이 없어진다.

셋째, 사람은 태어나면서부터 이목의 욕심이 있기 때문에 그대로 따르면 자연히 감각적 욕망인 음란한 마음이 생기므로 예의와 법규는 사라진다. 그래서 그는 "인간의 본성은 타고난 그대로 방치해두면 자연히 그 질박함을 떠나 나중에는 그것을 아주 잃어버리게 되고 만다. 이것을 보아 인간의 본성은 악한 것이 분명하다"[206]라고 주장한다.

그리고 이러한 주장을 구체적으로 설명하기 위해 첫째, 맹자가 인간의 본성이 선하지만 그 본성을 상실했기 때문에 악하게 된다고 한 것은 잘못이라고 하였다. 순자는 "지금 사람의 본성대로 내버려둔다면 질박함이 없어져버리고 좋은 자질도 떠나버려 선한 것을 반드시 상실할

---

205 같은 책, 「性惡」, 人之性惡 其善者僞也.

206 같은 책, 「性惡」, 今人之性 生而有好利焉 順是 故爭奪生而辭讓亡焉 生而有疾惡焉 順是 故殘賊生而忠信亡焉 生而有耳目之欲 有好聲色焉 順是 故淫亂生而禮義亡焉 然則從人之性 順人之情 必出於爭奪 合於犯分亂理而歸於暴.

것이다. 그러므로 사람의 본성이 악하다는 것은 분명한 일이다"[207]라고
하였다.

둘째, 사람의 본성이 선하다면 학습이나 수신은 말할 필요가 있겠
느냐고 하였다. 순자는 "예의라는 것은 성인이 만들어낸 것으로 사람이
이것을 배우면 행할 수 있고, 노력하면 이룰 수 있는 것이다"[208]라고 하
여, 사람의 본성이 악하기 때문에 이를 교화시키기 위해 성인이 예의를
제정하고 사람들이 이것을 배우고 익힌다고 보았다.

셋째, 사람의 본성이 선하다면 성왕의 도나 예의가 무슨 소용이
있겠느냐고 하였다. "지금 진실로 사람의 본성이 태어나면서부터 도리
에 들어맞도록 공정하게 처리할 수 있는 것으로 보는가? 그렇다면 성왕
의 도가 무슨 소용이 있으며 예의는 무슨 소용이 있겠는가?"[209]라고 하
였다.

넷째, 사람들이 선하여지고자 하는 것은 본성이 악하기 때문이다.
얇으면 두터워지기 바라며 흉하면 아름다워지기 바라고 가난하면 부자
되기를 바라고 천하면 귀해지기를 바라는 것은 사람의 본성이 악하기
때문이다.[210]

마지막으로 사람의 본성이라는 것은 요임금과 순임금, 걸왕 같은
폭군과 도척 같은 도적도 본성에 있어서는 한 가지인 것이다. 사람들이

---

207 같은 책, 「性惡」, 孟子曰 今人之性善 將皆失喪其性故也 曰 若是則過矣 今人之性 生而
離其朴 離其資 必失而喪之 用此觀之 然則人之性惡明矣 其善者偏也.

208 같은 책, 「性惡」, 禮義者 聖人之所生也 人之所學而能 所事而成者也.

209 같은 책, 「性惡」, 今誠以人之性固正理平治邪 則惡用聖王 惡用禮義矣哉.

210 같은 책, 「性惡」, 凡人之欲爲善者 爲性惡也 夫薄願厚 惡願美 狹願廣 貧願富 賤願貴 無
之中者 必求於外 故富而不願財 貴而不願埶 有之中者 必不及於外 用此觀之 人之欲爲善
者 爲性惡也.

동양고전의 윤리의식과 도덕적 인물

요임금과 순임금이나 군자를 귀하게 여기는 것은 그들이 힘써서 그 본성을 교화하였기 때문이다.[211]

이처럼 인간의 본성은 악하기 때문에 그대로 따라가면 자연스럽게 사회와 국가가 반드시 혼란해진다. 이 때문에 순자는 이를 바로잡을 수 있는 스승이나 성인이 필요하여 예의 지도와 학습을 통하여 사회질서를 바로잡아야 한다고 말한다. "그러므로 반드시 스승에 의한 규범의 강화나 예의에 의한 지도를 받아야만 비로소 타인에게 서로 양보하게 되어 사회적 조리도 지켜지게 되고 마침내 국가가 평화롭게 다스려지는 것이다. 이렇게 볼 때 인간의 본성은 분명히 악한 것이다. 선한 것은 후천적이고 인위적인 결과이다"[212]라고 하였다.

따라서 사람은 사회적 동물이기 때문에 자연 그대로의 순수한 바탕으로 생활할 수 없고 이성을 통해 학습과 수양을 통해 도덕적인 생활을 영위해야 한다. 그러므로 순자는 "인간의 본성은 악하다"라고 말하고, 이어서 "본성을 변화시켜 인위를 일으켜야 한다(화성기위化性起僞)"고 강조한 것이다.

4. 본성을 변화시켜 인위를 일으켜야 한다

순자가 말하는 본성은 자연적인 욕망으로, 인간의 생명이 형성될

---

211 같은 책, 「性惡」, 凡人之性者 堯舜之與桀跖 其性一也 君子之與小人 其性一也 今將以禮義積僞爲人之性邪 然則有曷貴堯禹 曷貴君子矣哉.

212 같은 책, 「禮論」, 故必將有師法之化 禮義之道 然後出於辭讓 合於文理而歸於治 用此觀之 然則人之性惡明矣 其善者僞也.

때 선천적으로 부여받은 성질이다. 「성악」편 첫머리에 "인간의 본성은 악하다. 선한 것은 인위적으로 된 것이다"[213]라는 말이 이를 증명한다. 순자에 의하면 선은 인위(僞)에서 나오는 것이지 본성에서 나오는 것이 아니다. 따라서 그가 말하는 위僞는 허위, 거짓, 날조의 위가 아니라 인위人僞를 가리킨다. 사람의 본성이란 소박한 본질이다. 그러나 인위란 형식과 무늬가 융성된 것이다. 본성이 없다면 인위가 가해질 곳이 없고 인위가 없다면 본성은 스스로 아름다워질 수 없다. 본성과 인위가 합쳐진 다음에야 성인이란 이름과 천하를 통일하는 공이 이루어진다.[214]

그렇다면 본성과 인위는 어떻게 구분되는가? 본성이란 선천적으로 이루어진 것으로 배워서 되는 것도 아니요, 노력해서 되는 것도 아니다. 그러나 예의란 성인이 만든 것으로 인간이 배워서 알 수 있는 것이며 노력해서 이룰 수 있는 것이다. 배우지 않고 일을 하지 않아도 그대로 있는 것을 '본성'이라고 하고, 배우고 노력해야 되는 것을 '인위'라고 한다. 이것이 본성과 인위의 구분이다.[215]

또 눈은 아름다운 색을 좋아하고, 귀는 좋은 소리를 좋아하며, 입은 맛있는 것을 좋아하고, 마음은 이익을 좋아하며, 육신은 편안함을 좋아한다. 이는 모두 인간의 본성에서 나온 것이다. 외물과 감응하여 저절로 그렇게 되는 것일 뿐 노력해서 생기는 것이 아니다. 외물과 감응해도

---

213 같은 책, 「性惡」, 人之性惡 其善者僞也.

214 같은 책, 「禮論」, 性者 本始材朴也 僞者 文理隆盛也 無性則僞之無所加 無僞則性不能自美 性僞合 然後成聖人之名 一天下之功 於是就也.

215 같은 책, 「性惡」, 凡性者 天之就也 不可學 不可事 禮義者 聖人之所生也 人之所學而能 所事而成者也 不可學 不可事 而在人者 謂之性 可學而能 可事而成之在人者 謂之僞 是性僞之分也.

동양고전의 윤리의식과 도덕적 인물

저절로 될 수 없고 반드시 노력함으로써 비로소 그렇게 되는 것을 인위라고 한다. 이것이 본성과 인위가 나온 근거이며, 그 둘이 다르다는 증거이다.[216]

순자는 사람이 자연적인 욕망을 가지고 있기 때문에 이 자연적인 욕망을 충족하기 위해 의식적이든 무의식적이든 행위를 할 수밖에 없다고 보았다. 가공하지 않은 재목이 본성이라면 그 재목을 가공하는 것이 인위이다. 재목(성性)이 없으면 가공(위僞)할 필요가 없겠지만 가공이 없으면 재목은 스스로 아름다워질 수 없다. 재목에 가공을 합한 연후에야 성인에 이름을 이룬 것이다.[217] 성의 측면에서 말하면 성인과 보통사람은 다를 바 없다.

그러나 '인위'의 관점에서 보면 다르다. 성인이 보통사람들과 다르지 않은 것은 본성이 같기 때문이요, 성인이 보통사람들보다 뛰어난 것은 인위적인 노력 때문이다.[218] 사람의 본성도 이와 마찬가지로 본래 악한 것이지만 반드시 인위의 학습과 교화를 거친 뒤에야 선하게 될 수 있다. 사람의 본성은 악하지만 반드시 성왕의 다스림과 예의의 교화를 받은 후에야 비로소 다스려지고 선에 부합된다.[219]

이와 같이 예의도덕은 성인이 만든 사회적 산물이기 때문에 인위적인 것이고, 사람은 누구나 이러한 예의도덕을 행할 수 있으므로 선해

---

216 같은 책, 「性惡」, 若夫目好色 耳好聲 口好味 心好利 骨體膚理好愉佚 是皆生於人之情性者也 感而自然 不待事而後生之者也 夫感而不能然 必且待事而後然者 謂之生於僞 是性僞之所生 其不同之徵也.

217 같은 책, 「禮論」, 性者 本始材朴也 僞者 文理隆盛也 無性則僞之無所加 無僞則性不能自美 性僞合然後成聖人之名.

218 같은 책, 「性惡」, 故聖人之所以同於衆 其不異於衆者 性也 所以異而過衆者 僞也.

219 같은 책, 「禮論」, 今人之性惡 必將待聖王之治 禮義之化 然後皆出於治 合於善也.

질 수 있다. 따라서 성인은 인간의 본성이 악함을 알았기 때문에 본성을 변화시켜 인위를 일으키고 예의와 법도라는 것을 만들어낸 것이다. 이 것을 '본성을 변화시켜 인위를 일으킨다(화성기위化性起僞)'고 하는 것이다. 인간의 본성은 일종의 근원적인 질박한 재료이고, 인위는 예의도덕을 이용하여 가공한 것이다. 굽은 나무는 반드시 댈 나무를 대고 쪄서 바로잡은 뒤에야 곧아지며, 무딘 쇠는 반드시 숫돌에 간 뒤에라야 날카로워지듯이 지금 사람의 본성이 악한 것은 반드시 스승과 성인의 예의법도의 가르침이 있은 뒤에라야 다스려진다.[220]

사고 작용을 통하여 선택되고 조정된 것, 학습을 통하여 얻어진 것 모두가 인위이다. 인위에 의해 인간의 본성이 바뀔 수 있고, 인위를 통해 본성이 변해야만 완전한 인간다움을 찾을 수 있다. 그러므로 스승의 올바른 가르침[사법師法]이 있는 것은 인간의 큰 보배요, 사법이 없는 것은 인간의 큰 재앙이다. 인간에게 사법이 없으면 본성이 융성해지고, 사법이 있으면 배워 익힌 것이 융성하게 된다. 사법이란 배워 익혀서 축적된 것일 뿐 본성에서 얻어진 것이 아니다. 본성은 (예의 · 사법의 교화 없이) 독립적으로 (본성 자신을) 다스릴 수 없다.[221] 본성의 욕구에 그대로 맡겨두면 '본성이 융성하여' 결국 자연적인 욕망에 따라 악해질 수밖에 없고, '배워 익힌 것이 융성하게 된다'는 것은 배워 익힌 것을 축적하여 선

---

220 같은 책, 「性惡」, 故枸木必將待檃括 烝 矯然後直 鈍金必將待礱 厲然後利 今人之性惡 必將待師法然後正 得禮義然後治.

221 같은 책, 「儒效」, 故有師法者 人之大寶也 無師法者 人之大殃也 人無師法 則隆性矣 有師法 則隆積矣 而師法者 所得乎積 非所受乎性 性不足以獨立而治. '所得乎積'의 積 자는 원래 '情'(性) 자로 되어 있는데, 楊倞은 '積' 자의 誤記라고 하였다. 이에 근거하여 이 책에서는 '積' 자로 바꾸었다. 원래 '性不足以獨立而治'에는 '性' 자가 없는데, 王念孫의 견해에 근거하여 '性' 자를 넣었다.

으로 변화시키는 것을 말하며, 이것은 후천적인 인위에 의하여 도덕적 행위가 가능하다는 것을 의미한다.

　　이처럼 인간의 본성은 악하기 때문에 반드시 스승의 가르침이 있은 후에 바르게 되고, 성인의 예의로 교화를 받은 후에 다스려진다. 만약 스승이 없다면 편벽되고 음험하여 부정해질 것이요, 예의가 없다면 도리에 어긋나고 난폭해져서 다스리지 못할 것이다. 성인은 인간의 본성이 악하기 때문에 편벽되고 음험하여 바르지 못하고, 도리에 어긋나며 난폭해져서 다스려지지 않는다고 보았다. 그래서 성인이 예의를 일으키고 법도를 제정하여 인간의 본성을 교정시켜 바르게 하였고, 인간의 본성을 유순하게 변화·계도해감으로써 비로소 본성이 다스림 속에서 나오게 하고 도에 부합되게 하였다.[222]

　　사법과 예의는 둘이면서 하나이다. 그래서 "예의란 몸을 바르게 해주는 것이며, 스승이란 예법을 바르게 해주는 사람이다"[223]라고 하였다. '본성을 변화시키는(화성化性)' 도는 스승의 가르침을 통해 예의로 돌아가는 것이다. 이처럼 순자의 '화성'은 행위의 방향을 이끌고 전환시키며, 본성을 다스려서 선에 부합되도록 한다. 화성기위化性起僞는 안으로는 생각에 의거하고 밖으로는 예의에 의거하는 것을 의미한다. 생각은 선택하고 판단하는 작용만 할 뿐 행동할 수는 없다. 그러나 예의는 외부에 있는 객관적인 것으로 행위의 규범이 되기 때문에 따라야 한다. 이와 같이 선악은 행위의 동기에서 나누어지지 않고 행위의 결과에 나타

222　같은 책, 「性惡」, 今人之性惡 必將待師法然後正 得禮義然後治 今人無師法則偏險而不正 無禮義則悖亂而不治 古者聖王以人之性惡 以爲偏險而不正 悖亂而不治 是以爲之起禮義 制法度以矯飾人之情性而正之 以擾化人之情性而導之也 使皆出於治 合於道者也.

223　같은 책, 「修身」, 禮者 所以正身也 師者 所以正禮也.

난다. 행위의 결과가 천하에 안정과 평화를 가져다주면 선이고, 이와 반대로 행위의 결과가 천하에 어지러움을 일으키면 악이다. 따라서 인간의 본성에 맡겨 그대로 행한 행위는 천하의 패란을 일으킬 수 있기 때문에 순자는 성악설을 주장한다.

순자는 인간의 본성이 선하다는 맹자의 주장에 대해 본성을 제대로 알지 못한 것이라고 비판하였다. 사람이 날 때부터 타고난 '자연적인 성'과 후천적인 교육과 학습으로 변화시킨 '인위'를 구분하지 못하고 있다는 것이다. 맹자는 인의의 도덕관념이 선천적으로 타고나는 것으로 본 반면에 순자는 그것을 인간의 인위적인 노력에 의해 만들어지는 것이라고 보았다. 자연적 욕망에만 맡겨두면 인간은 이기적이기 때문에 예의염치를 모르게 된다. 마치 어떤 사람이 배가 고플 때 자신의 가족을 제쳐놓고 자신이 먼저 먹으려고 하는 현상이 일어나지만, 사람이 후천적인 교육과 학습을 통해 자연적인 욕망이 교정되면 비로소 사양하는 일이 일어난다. 바로 이러한 행위가 선인데, 이는 교육 또는 수양의 결과로 일어난다. 덕을 갖추었으면서도 뽐내지 않고 자기의 선함을 한결같이 추구한다면, 그를 성인이라 할 수 있다. 뽐내지 않기 때문에 천하에는 그와 능력을 다투려는 이가 없고, 훌륭한 것을 받아들여 그가 하는 일에 응용하게 된다. 다 지니고 있으면서도 지니지 않는 듯 행동하기 때문에 천하의 존귀한 존재가 된다.[224]

---

224 같은 책, 「君子」, 備而不矜 一自善也 謂之聖 不矜矣 夫故天下與爭能 而致善用其功 有
而不有也 夫故爲天下貴矣.

동양고전의 윤리의식과 도덕적 인물

5. 윤리적인 근거로서의 예

　　순자는 정의롭고 바람직한 사회와 국가를 형성하기 위해서는 성인이 만든 예의를 삶의 가치기준으로 삼아야 한다고 강조한다. 그가 예의를 강조한 데는 성악설 때문이다. 인간은 출생부터 타고난 자연적 욕구가 있는데, 이러한 욕구는 일정한 도량이나 한계가 없으므로 항상 갈등과 대립이 일어난다. 갈등과 대립이 일어나면 다투게 되고, 다투게 되면 세상이 혼란해지고, 세상이 혼란해지면 곤궁하게 된다. 그러므로 선왕이 그 혼란을 싫어하였으므로 예의를 제정하여 직분을 정함으로써 사람들이 살아가기 위한 일용할 물건들의 욕망을 충족시켜주고, 사람들의 욕구하는 것을 공급하였다. 그리하여 욕망으로 하여금 반드시 물질에 궁해지지 않도록 하고, 물질은 반드시 욕망에 부족함이 없도록 하여 이 두 가지가 서로 견제하며 발전하도록 하였는데, 이것이 예가 생겨난 이유이다.[225]

　　예의 근원은 사람들의 욕구를 충족시켜 '사회의 혼란을 평정'하기 위한 사회적 합의이다. 사람은 삶의 기본적인 욕구가 있기 때문에 그 목적을 성취하기 위해 노력하고, 다른 사람보다 더 크고, 더 많고, 더 좋은 것을 갖기 위해 생존경쟁을 할 수밖에 없다. 그러므로 선왕이 예의를 제정하여 욕망을 조절하게 하는 한편, 사람들로 하여금 일정한 제도에 복종하게 한 것이다. 예란 사람들의 욕망을 적절히 조절하기 위해 성립된 것이고, 사람의 욕망은 자연적인 속성으로 끊임없이 추구하는 성

225　같은 책, 「禮論」, 禮起於何也 曰人生而有欲 欲而不得 則不能無求 求而無度量分界 則不能不爭 爭則亂 亂則窮 先王惡其亂也 故制禮義以分之 以養人之欲 給人之求 使欲必不窮乎物 物必不屈於欲 兩者相持而長 是禮之所起也.

질을 가지고 있다. 그래서 군자는 이미 자신의 욕망을 충족시켰다면 분별을 좋아한다. 분별에는 귀하고 천한 등급이 있고, 어른과 아이의 차별이 있고, 빈부와 경중이 있어 모두 알맞게 어울리고 있음을 뜻하는 것이다.[226] 즉 예는 윤리적인 질서, 경제적인 가치를 부여하여 사회와 국가를 안정시키는 역할을 한다. 사람들의 욕구가 충족되면 자연히 사회적인 신분의 분별이 요구된다. 이러한 분별을 질서와 규범으로 그 내용을 삼는 제도가 바로 예이다.

또 예에는 세 가지 근본이 있다. 천지는 생명의 근본이고, 선조는 인류의 근본이며, 군주는 다스림의 근본이다. 천지가 없는데 어떻게 생명이 존재할 수 있겠으며, 선조가 없는데 어떻게 인류가 나올 수 있겠으며, 군주가 없는데 어떻게 다스림이 있겠는가? 이 세 가지 중 하나라도 없다면 인간은 편안하게 살 수 없다. 그러므로 예는 위로는 하늘을 받들고 아래로는 땅을 받들며, 선조를 존중하고 군주를 받드는 것이다. 이것이 예의 세 가지 근본이다.[227] 예에는 하늘과 땅, 선조, 군주, 이 세 가지 근본이 있다. 이 세 가지를 바탕으로 한 인간관계의 서열을 통하여 질서가 이루어진다. 이러한 인간의 구별이나 서열은 그 자신의 행동에 바탕이 된 것이므로 지극히 자연스러운 것이다.

그렇다면 그 질서와 규범은 어떻게 만들어졌으며 누가 제정한 것인가? 순자는 "성인은 본성을 변화시켜 인위를 일으키며, 인위는 예의

---

226 같은 책, 「禮論」, 故禮者 養也 君子其得其養 又好其別 曰 貴賤有等 長幼有差 貧富輕重 皆有稱者也.

227 같은 책, 「禮論」, 禮有三本 天地者 生之本也 先祖者 類之本也 君師者 治之本也 無天地 惡生 無先祖 惡出 無君師 惡治 三者偏亡 焉無安人 故禮事天下事地 尊先祖而隆君師 是 禮之三本也.

동양고전의 윤리의식과 도덕적 인물

를 낳게 한다. 예의가 생겨서 법과 제도가 제정된다. 그러므로 예의나 법도는 성인이 만든 것이다"[228]라고 주장한다. 예의는 화성기위를 이룬 성인에 의해 제정된 것이다. 즉 성인도 일반 사람과 마찬가지로 악한 본성을 가지고 태어났지만, 인위적으로 본성을 변화시킨 인물임을 알 수 있다. 따라서 순자는 모든 사람이 성인이 될 수 있는 가능성을 열어놓았다. 노끈은 곧은 것의 지극함이고, 저울은 평형의 지극함이고, 동그라미 자와 네모 자는 원과 네모의 지극함이다. 예란 인간 도리의 지극함이다. 그런데도 예를 본받지 않고, 예를 충족시키지 못하면 이를 방정함이 없는 백성이라 한다. 예를 본받고 예를 충족시키면, 이를 일러 방정한 선비라고 한다. 성인이란 도의 극치이다. 그러므로 학자는 본래 배워서 성인이 되는 것이지, 단지 배워서 방정함이 없는 백성이 되는 것이 아니다.[229]

예가 인간 도리의 가치규범이기 때문에 사람이 이를 본받아야 함을 알 수 있다. 또 학자는 본래 배워서 성인이 되는 것이기 때문에 배워서 방정함이 없는 백성도 없다. 그러므로 예를 충족시키는지 아닌지의 여부를 가지고 성인과 범인의 경계를 확연하게 나눌 수 있음을 설명한다.

순자는 성인이 제정한 예를 구체적으로 설명하기 위해 인간이 사회를 떠나서는 살 수 없는 사회적 동물이라고 정의하고, 그 구체적인 덕

---

228 같은 책, 「性惡」, 聖人化性而起僞 僞起而生禮義 禮義生而制法度 然則 禮義法度者 是聖人之所生也.

229 같은 책, 「禮論」, 故繩者 直之至 衡者 平之至 規矩者 方圓之至 禮者 人道之極也 然而不法禮 不足禮謂之無方之民 法禮足禮 謂之有方之士 …… 聖人者 道之極也 故學者 固學爲聖人也 非特學爲無方之民也.

목이 바로 분별이라고 한다. 인간이 어떻게 사회를 이룰 수 있는가? 분별이 있기 때문이다. 그러면 분별은 어떻게 해서 이루어지는가? 예의로 이루어진다. 그러므로 예의를 가지고 분별하면 조화로워지고, 조화로워지면 하나가 된다. 하나가 되면 힘이 더해지고, 힘이 더해지면 강해지며, 강해지면 사물을 이길 수 있다. 그러므로 집을 지어 거할 수 있고, 사시의 순서에 맞게 만물을 길러 천하를 다 함께 이롭게 할 수 있다는 것은 다른 이유가 없다. 분별과 예의가 있기 때문이다.[230]

물과 불은 기운은 있으나 생명이 없고, 풀과 나무는 생명은 있으나 지각이 없고, 새와 짐승은 지각은 있으나 의로움이 없다. 그러나 사람에게는 기운도 있고 생명도 있고 지각도 있고, 그리고 의로움도 있다. 그래서 천하에서 사람이 가장 존귀하다. 또 힘은 소보다 못하고 달리는 것은 말보다 못한데도 사람이 소와 말을 부릴 수 있는 것은 서로 협동하며 여럿이 사회생활을 해나가기 때문이다.[231]

사람을 사람이라 할 수 있는 근거는 단지 두 다리를 가지고 있고 털이 나지 않는 동물이라는 특징에 있는 것이 아니라 바로 분별함이 있기 때문이다. 새와 짐승에게도 아비와 아들은 있지만 아비와 아들 사이의 친밀한 윤리는 없으며, 암컷과 수컷이 있기는 하지만 남자와 여자를 분별하는 윤리는 없다. 그러나 사람의 도에는 어디에나 분별함이 있다.[232]

---

230 같은 책, 「王制」, 人何以能群 曰分 分何以能行 曰以義 故義以分則和 和則一 一則多力 多力則彊 彊則勝物 故宮室可得而居也 故序四時 裁萬物 兼利天下 無它故焉 得之分義也.

231 같은 책, 「王制」, 水火有氣而無生 草木有生而無知 禽獸有知而無義 人有氣 有生 有知 亦且有義 故最爲天下貴也 力不若牛 走不若馬 而牛馬爲用 何也 曰人能群 彼不能群也.

232 같은 책, 「非相」, 故人之所以爲人者 非特以其二足而無毛也 以其有辨也 夫禽獸有父子

동양고전의 윤리의식과 도덕적 인물

인간은 무생물·생물·동물처럼 기운과 생명 그리고 지각능력을 가지고 있을 뿐 아니라 그 위에 저들이 가지고 있지 않은 의로움과 분수와 분변分辨하는 능력을 가지고 있는데, 예의는 이 기능들 중에 가장 잘 발휘된 것이다. 사람들이 사회생활을 하다 보면 자연적인 욕망은 한계가 없고, 그 자연적 욕망을 충족시켜줄 수 있는 자원은 턱없이 부족하기 때문에 자연 상태로 놓아두면 사람들은 더 많은 것을 소유하기 위해 투쟁한다. 순자는 이런 문제 상황을 해결할 수 있는 방안이 있어야 한다고 생각했는데, 그 해결책이 바로 분별심이고 예의라고 보았다.

그런데 사회는 항상 변하는 것이고, 예는 언제나 구체적이며 현실적이어야 한다. 사회가 바뀌면 여기에 따라 구체적인 예의제도도 바뀌어야 한다. 순자는 예의가 시대에 따라 바뀐다는 사실을 인정하였다. 이러한 생각의 핵심은 현실을 중시한다는 그의 의도에서 찾아볼 수 있다. 당시는 변법이 행해지던 사회였고, 변법의 생명은 그 이전의 제도와 예법을 지키는 데 있는 것이 아니라 현실에 맞아야 한다는 시의성 여부에 달려 있다. 어떠한 훌륭한 제도도 현실에 맞지 않는다면 그 정당성을 잃을 수밖에 없다.

6. 도덕수양의 방법

사회와 국가는 예의가 광범위하게 행해지는 과정 속에서 하늘이 생성한 만물이 완성될 수 있고, 하늘의 기능 또한 온전할 수 있다. 천지

而無父子之親 有牝牡而無男女之別 故人道莫不有辨.

의 기능은 만물을 낳는 데 있으며, 천지가 낳은 만물은 예의를 통해 그 가치를 완성시키는 데 있다. 만약 천지가 만물을 낳는 것을 방임하고 인간이 예의를 통해 그것을 다스리지 않는다면, 천지가 생성한 만물이 넘쳐나 무질서하게 되고 만물을 생성하는 기능 역시 해를 입게 된다. 따라서 예의로써 그것을 절제한 후에야 비로소 만물은 그 가치를 확인할 수 있다. 이처럼 성인 혹은 군자는 자신이 할 수 있고 마땅히 해야 할 일이 무엇이며, 자신이 할 수 없고 또 해서는 안 되는 일이 무엇인지를 알 수 있는 사람이다. 성인 혹은 군자는 만물을 다스릴 수 있을 뿐만 아니라 천지만물을 지배·이용할 수 있는 능력을 지닌 사람이다.

그런데 예라는 것은 성인의 작위에 의해 생겨나는 것이지 본래 사람의 본성에서 생겨나는 것은 아니다. 옹기장이가 진흙을 반죽하여 질그릇을 만드는데, 질그릇은 옹기장이의 작위에서 생겨나는 것이지 본래 사람의 본성으로부터 생겨나는 것은 아니다. 또 목수가 나무를 깎아 그릇을 만드는데, 그릇은 목수의 작위에 의해 생겨나는 것이지 본래 사람의 본성으로부터 생겨나는 것은 아니다. 성인이 생각을 쌓고 작위를 오랫동안 익혀 법도를 제정한 것이다. 그러므로 예의와 법도는 성인의 작위에 의해 생겨나는 것이지 사람의 본성으로부터 생겨나는 것은 아니다.[233]

하늘과 사람의 구분을 분명히 하는 사람이 지인至人이다. 하지 않아도 이루어지고, 구하지 않아도 얻어지는 것이 하늘의 직분이다. 이런

---

233 같은 책, 「性惡」, 凡禮義者 是生於聖人之僞 非故生於人之性也 故陶人埏埴而爲器 然則器生於工人之僞 非故生於人之性也 故工人斲木而成器 然則器生於工人之僞 非故生於人之性也 聖人積思慮 習僞故以生禮義而起法度 然則禮義法度者 是生於聖人之僞 非故生於人之性也.

동양고전의 윤리의식과 도덕적 인물

일을 인간의 생각이 깊더라도 첨가할 수 없고, 인간의 능력이 크다 하여도 할 수 없고, 인간의 관찰이 정밀해도 살필 수 없으므로 지인은 하늘과 더불어 그 직분을 다투지 않는다.[234]

　순자는 하늘과 더불어 그 직분을 다투지 않는 도덕수양의 방법으로 불확실하고 애매한 근거를 가진 인식은 잘못이라고 생각하였다. 사물의 관찰이나 판단을 정확히 하기 위해서는 반드시 일정한 기준이 있어야 한다. 사람에게는 대상을 정확히 인식할 수 있는 능력이 있고 대상은 사람들에게 정확히 인식될 수 있다. 대상을 객관적으로 인식할 수 있는 것은 인간의 본성이고, 객관적으로 인식될 수 있는 것은 사물들의 이치라고 생각한 것이다.[235]

　인식의 성립은 인간의 인식기관이 외부의 사물이나 사건들과 서로 접촉했을 때 이루어진다. 순자는 인간의 인식기관을 감각기관과 사유기관으로 나누었다. 대상을 인식하는 첫 단계는 감관이 외부 사물들과 접촉할 때이다. 이러한 감관기관으로는 귀·눈·입·코와 형체인 몸, 다섯 가지를 들고 이를 천연의 기관인 자연으로부터 주어진 기관이라고 하여 천관天官이라고 하였다. 이러한 기관은 서로 접촉함이 있으나 서로 그 기능을 대신하여 일할 수 없기 때문에 천관이라고 부른다.[236] 각각의 감관기관은 대상을 접촉하는 기능을 각각 가지고 있으나 서로 상대방의 역할을 대신할 수는 없다. 감관기관이 외계 사물들과 서로 접촉함으로써 감각을 얻는데, 이는 인식의 첫걸음이다.

234 　같은 책,「天論」, 故明於天人之分 則可謂至人矣 不爲而成 不求而得 夫是之謂天職 如是者 雖深其人不加慮焉 雖大不可能焉 雖精不可察焉 夫是之謂不與天爭職.

235 　같은 책,「解蔽」, 凡以知 人之性也 可以知 物之理也.

236 　같은 책,「天論」, 耳目口鼻形能 各有接而不相能也 夫是之謂天官.

인식의 두 번째 단계는 마음으로서 사유를 진행시키는 것이다. 마음은 오관을 통제하고 오관이 받아들인 감각자료를 분석하고 검증하고 종합하는 기능을 한다. 순자는 마음이 형체인 몸의 군주이고 신명의 주체로 보았다. 이런 이유 때문에 명령은 내리지만 다른 어떤 것으로부터 명령은 받지 않는다. 예컨대 마음은 형체인 몸의 군주이며 정신의 주인이다. 그러므로 입으로 하여금 억지로 말을 시킬 수도 있고 침묵하게 할 수도 있으며, 몸도 억지로 구부리거나 펴게 할 수 있지만 마음은 억지로 그 뜻을 바꾸게 할 수 없어서 옳으면 받아들이고 나쁘면 받아들이지 않는다. 마음이 분산되면 알 수 없고 편견에 빠지면 정밀할 수 없다.[237] 마음은 천관을 주재하는 것이므로 다른 기관에 의해 좌우될 수 없다. 순자는 감관기관을 천관이라 부르면서 사유기능을 가진 마음을 천군天君이라고 하였다. 마음은 몸 가운데 텅 빈 곳을 차지하여 감관기관들을 지휘 · 감독 · 통솔하는 기능을 가지고 있기 때문에 천군[238]이라고 부른다.

또한 마음은 감관에 의해 얻은 감각재료들을 분류하고 검증하고 종합하여 확실히 인식하는 기능을 가지고 있다. 순자는 이를 '징지작용徵知作用'이라고 하였다. 마음에는 징지작용인 인지능력이 있다. 이러한 인지능력으로 귀를 통해 소리를 알 수 있고, 눈을 통해 형체를 알 수 있다. 마음의 분별 작용은 감각기관이 담당하는 대상과 접촉한 후에야 비로소 일어난다. 인지능력은 반드시 천관이 물건이나 사건의 여러 가지

---

237 같은 책, 「解蔽」, 心者形之君也 而神明之主也 出令而無所受令 自禁也 自使也 自奪也 自取也 自行也 自止也 故口可劫而使墨云 行可劫而使詘申 心不可劫而使易意 是之則受 非之則辭 故曰 心容 其擇也無禁 必自見 其物也雜博 其情之至也不貳.

238 같은 책, 「天論」, 心居中虛 以治五官 夫是之謂天君.

동양고전의 윤리의식과 도덕적 인물

종류들을 주관해 정리하기를 기다린 연후에야 가능하다.[239] 감각에 의
존하는 사유는 감각이 일어난 후에야 '분별작용'을 진행할 수 있다. 그
러나 사유는 감각보다 고차원이어서 마음의 분별작용이 없고, 마음이
작용하지 않으면 백과 흑이 앞에 있어도 보이지 않고, 천둥소리가 옆에
서 울려도 들리지 않는다.[240]

　이처럼 감각기관이 지식을 획득하는 출발점이지만, 감각에만 의
존하면 착각을 일으킬 수 있다는 점도 지적하여 사유와 도덕실천의 문
제를 거론한다.[241] 순자는 마음의 병폐를 "모든 사람의 최대 병폐는 한
쪽으로 치우친 것에 가리어 큰 이치가 어둡다는 데 있다. 잘 다스리면
곧 정상으로 되돌아오지만, 옳은 것과 그른 것을 다 의심하면 미혹될 것

239　같은 책, 「正名」, 心有徵知 徵知 則緣耳而知聲可也 緣目而知形可也 然而徵知必將待天
　　　官之當簿其類然後可也.

240　같은 책, 「解蔽」, 心不使焉 則白黑在前 而目不見 雷鼓在側 而耳不聞.

241　예컨대 밤길을 홀로 가는 사람이 가로놓인 바위를 보고서 엎드려 있는 호랑이라고 생
　　　각하고, 서 있는 나무가 마치 사람이 서 있는 것으로 보일 수 있으니, 이는 어둠이 시력
　　　을 가리기 때문이다. 또 술 취한 사람이 백 발자국의 큰 수로를 건너고서는 반 발자국
　　　의 도랑이라고 생각하고, 몸을 구부리고 성문을 나와서는 조그만 문이라고 생각하는
　　　것은 술이 그의 정신을 어지럽혔기 때문이다. 눈을 손으로 꾹 누르고 물건을 보면 한
　　　개가 두 개처럼 보이고, 귀를 힘껏 막고 소리를 들으면 조용한 소리가 시끄러운 듯이
　　　들리는 것은 형세가 그의 감관을 어지럽혔기 때문이다. 또 산 정상에서 산 아래의 소를
　　　바라보면 작은 양처럼 보이는데, 양을 찾는 사람이 내려가 그것을 끌고 가려 하지 않는
　　　것은 먼 거리가 큰 모양을 가렸기 때문이다. 산 밑에서 위의 나무를 바라보면 열 길이
　　　나 되는 나무가 젓가락처럼 보이는데, 젓가락을 찾는 사람이 올라가 꺾으려 하지 않는
　　　것은 높이가 그 길이를 가렸기 때문이다(같은 책, 「解蔽」, 冥冥蔽其明也 醉者越百步之
　　　溝 以爲跬步之澮也 俯而出城門 以爲小之閨也 酒亂其神也 厭目而視者視一以爲兩 掩耳
　　　而聽者 聽漠漠而以爲哅哅 勢亂其官也 故從山上望牛者若羊 而求羊者不下牽也 遠蔽其
　　　大也 從山下望木者 十仞之木若箸 而求箸者不上折也 高蔽其長也).

이다"[242]라고 하였다. 마음이 치우치는 이유는 자기만을 아는 편견이나 선입견 때문에 생기고, 이는 그릇된 생각으로 남의 올바른 것을 듣거나 보려 하지 않는 데서 일어난다. 만물은 모두 서로 다른 양면을 지니고 있는데, 어느 한쪽에만 집착하면 마음이 가려지므로 그러한 집착을 버려야 한다. 이러한 무지에서 벗어나려면 사유기능을 잘 발휘하여 도를 인식해야 한다. 사물이나 사건들은 보편적인 이치를 가지고 있기 때문에 이 보편적인 이치를 규명하는 것이 필요하다.

　　순자는 참되게 인식하였다면 행하지 못할 것이 없기 때문에 안다면 반드시 행동으로 실천되어야 한다고 보았다. 지식의 결과가 실천에 있음을 말한 것이다. 높은 산에 올라가 보지 않으면 하늘이 얼마나 높은지를 알지 못하고, 깊은 계곡에 가까이 가보지 않으면 땅이 얼마나 두터운지를 알지 못할 것이고, 옛 성현들이 남기신 말씀을 듣지 못한다면 학문의 위대함을 알지 못한다.[243]

　　학문이 행동과 일치하는 사람은 군자이고, 그렇지 못한 사람은 소인이다. 군자는 자신을 완성시키기 위해 학문을 하고, 또 쌓은 학문을 일에 따라 적절하게 행동으로 실천하는 사람이다. 사람이 알면서도 실천하지 않는다면 아무리 많이 안다고 해도 궁지에 몰릴 수밖에 없다.[244] 안다는 것은 곧 실천한다는 것을 의미하므로 실천은 앎이 전제되어야 한다. 순자는 처음으로 실천이 보고 듣는 경험적 지식과 이를 분석·검증·종합한 사유작용의 목적으로 인식했다.

242　같은 책, 「解蔽」, 凡人之患 蔽於一曲 而闇於大理 治則復經 兩疑則惑矣.

243　같은 책, 「勸學」, 故不登高山 不知天之高也 不臨深谿 不知地之厚也 不聞先王之遺言 不知學問之大也.

244　같은 책, 「儒效」, 知之而不行 雖敦必困.

사람이 듣지 못하는 것은 듣는 것만 못하고, 듣는 것은 보는 것만 못하며, 보는 것은 아는 것만 못하며, 아는 것은 실천하는 것만 못하다. 학문은 행동으로 실천되어야 비로소 완성된다. 실천하면 밝아지고 밝아지면 성인이 된다. 성인이 인자함과 의로움에 근거하여 옳음과 그름을 판단하고 말과 행동을 한결같이 다스려 한 치의 어긋남도 없는 것은 다른 방법이 있는 것이 아니라 이를 행동으로 실천하기 때문이다.[245]

순자는 성인의 인식활동을 가장 완전한 삶과 일치하는 것으로 보았다. 듣고 보는 것에서 지식과 실천까지는 인식의 끊임없는 심화과정이다. 행동은 인식의 목적과 귀결점이며, 학문은 실천의 경지에 이르러야 비로소 인식과정이 완성된다. 인간은 배운 것을 행동으로 실천해야 사물의 이치에 밝게 되고 인식의 거짓과 진실을 검증할 수 있다. 행동으로 실천하여 밝게 되어야만 성인의 경지에 이를 수 있다. 성인이 인자함과 의로움에 근본을 두어 시비를 분명히 판단하고 언행이 일치하여 조금의 어긋남이 없는 것은 결국 몸소 행동으로 실천할 수 있는가에 달려 있다.

7. 도덕적 인물

국가의 안정과 발전을 위해서는 올바른 지도체제가 갖추어져 있

---

245 같은 책,「儒效」, 不聞不若聞之 聞之不若見之 見之不若知之 知之不若行之 學至於行之
而止矣 行之 明也 明之爲聖人 聖人也者 本仁義 當是非 齊言行 不失豪釐 無他道焉 已乎
行之矣.

어야 하며, 올바른 지도체제를 유지하기 위해서는 반드시 도덕적 인물이 군주가 되어야 한다. 군주는 국가의 통치권자이고 아버지는 가정의 가장이다. 통치자가 한 명이면 잘 통치되지만 둘이 있으면 혼란스럽게 되는 이유도 여기에 있다. 예부터 두 명의 통치자가 우위를 다투는 상태가 오래 지속된 적이 결코 없었다.[246]

국가의 통치는 도덕적인 인물 한 사람이 통치해야 한다. 한 집안에 가장이 둘이 있을 수 없듯이 유덕한 가장만이 그 가정을 화목하게 할 수 있다. 유덕한 군자이면서 나라를 어지럽게 통치하는 사람은 옛날부터 지금에 이르기까지 있지 않았기 때문에 "국가의 다스림은 군자에게서 나오고 혼란은 소인에게서 생겨난다"[247]고 한 것이다. 그리고 "군자의 학문 하는 방법은 옛 성현의 말씀을 듣고 마음으로 체득하여 온몸에 퍼지게 되고 행동으로 드러난다. 그리하여 일거일동이 모두 그대로 법칙이 된다. 그러나 소인의 학문이란 귀로 들으면 곧바로 입으로 말하고 만다"[248]고 하여, 귀로 들어 알고 있는 지식을 곧바로 입으로 말하는 것과 아는 것을 곧바로 실천하는 것이 군자와 소인의 차이점이다. 따라서 덕과 학식을 갖춘 군자가 나라를 통치하면, 직능에 따라 각자의 직분을 다한다. 농부는 그들의 경작지를 열심히 돌볼 것이며, 상인이 그들의 질 좋은 상품을 잘 팔 수 있게 되고, 수공업자가 그들의 제품을 차질 없이 능숙하게 완성시킬 것이며, 관직을 담당하는 관리들은 그들의 지

---

246 같은 책, 「君道」, 君者 國之隆也 父者家之隆也 隆一而治 二而亂 自古及今未有二隆爭重
    而能長久者.

247 같은 책, 「王制」, 君子而亂者 自古及今 未嘗聞也 傳曰 治生乎君子 亂生乎小人 此之謂也.

248 같은 책, 「勸學」, 君子之學也 入乎耳 箸乎心 布乎四體 形乎動靜 端而言 蝡而動 一可以
    爲法則 小人之學也 入乎耳 出乎口.

동양고전의 윤리의식과 도덕적 인물

위를 유덕함을 이용하여 백성에게 배려하여 아랫사람으로부터 윗사람에 이르기까지 불신과 비난이 없어 화목과 안정이 유지될 수 있다.

이런 이유로 세상은 군주 때문에 백성이 있는 것이 아니라, 오히려 백성 때문에 군주가 그 자리에 있을 수 있는 것이다.

말이 수레를 끌다가 놀라면 군자는 수레에서 안정될 수 없고, 백성이 정치에 놀라면 군자는 그의 자리가 안정되지 못한다. 말이 수레를 끌다가 놀라면 말을 안정시키는 것이 가장 좋고, 백성이 정치에 놀라면 백성에게 은혜를 베푸는 것이 가장 좋다. 어질고 유덕한 사람을 골라 쓰고, 착실하고 공경스런 사람을 등용하여 효도와 우애를 일으키고, 과부와 고아를 돌보며, 가난한 자와 어려운 자를 도와야 한다. 그러면 백성이 정치에 안심한다. 백성이 정치에 안심한 뒤에야 군자는 그의 자리에 안정되게 된다. 그러므로 "군주는 배이며, 백성은 배를 띄우는 물이다. 물은 배를 띄우기도 하지만 배를 전복시키기도 한다."[249]

정치의 핵심은 백성에게 안정된 생활을 보장하는 데 있다. 백성의 생활이 안정되려면 무엇보다도 정치가 안정되어야 한다. 정치가 안정되려면 덕망 있고 학식 있는 훌륭하고 능력 있는 인재가 벼슬을 하고, 효도와 우애 같은 예절을 교육시키며, 의지할 곳 없는 노인과 고아를 돌보고, 가난한 사람들을 구제해주어야 한다. 이처럼 정치의 근본은 백성에게 안정된 생활을 보장하는 데 있기 때문에 백성의 생활이 안정되지

---

249 같은 책, 「王制」, 馬駭輿 則君子不安輿 庶人駭政 則君子不安位 馬駭輿 則莫若靜之 庶人駭政 則莫若惠之 選賢良 擧篤敬 興孝悌 收孤寡 補貧窮 如是 則庶人安政矣 庶人安政 然后君子安位矣 傳曰 君者 舟也 無人者 水也 水則載舟 水則覆舟 此之謂也.

못하면 백성은 배를 띄우는 물이므로 군주인 배는 언제든지 전복될 수 있다.

    나라를 다스리는 군주는 백성의 근원이다. 근원이 맑으면 흐름도 자연히 맑고, 근원이 흐리면 흐름도 자연히 흐리게 된다. 그러므로 나라를 다스리고 있는 사람이 백성을 사랑하지 못하고 백성을 이롭게 하지 못하면서 백성이 자기와 친애하기를 바라는 것은 불가능한 일이다. 백성이 친하지도 않고 사랑하지 않는데도 그들이 자기를 위하여 일하고 자기를 위하여 죽기 바란다는 것은 불가능한 일이다.[250]

    나라를 다스리는 군주는 백성의 근원이기 때문에 백성의 소리에 귀를 기울여야 한다. 물이 솟아나는 샘물이 맑으면 자연히 흐르는 물이 맑을 수밖에 없다. 군주가 올바르면 백성이 잘 살게 되어 군주를 존경하게 된다. 즉, 백성이 군주를 위해 일하고 군주를 위해 죽을 수 있어야 나라가 부강하고 안정될 수 있다. 나라가 부강하기 위해서는 상공인을 줄이고, 농부를 늘리며, 도적을 엄금하고, 간악한 자를 제거하는 것이 백성을 잘 양육하는 방법이다.[251]

    순자는 이러한 도덕적 인물을 대유大儒라고 하였고, 대유는 선왕을 본받고 예의를 숭상하며 제도를 하나로 통일하여 작은 나라를 소유하면서 천하를 조화롭게 일치시키고 난폭한 것을 제어할 수 있는 인물로 표현하였다.[252] 그러면 그런 구체적인 도덕적 인물은 과연 누구인가?

---

250 같은 책,「君道」, 君者 民之原也 原淸則流淸 原濁則流濁 故有社稷者 而不能愛民 不能利民 而求民之親愛己 不可得也 民不親不愛 而求其爲己用 爲己死 不可得也.

251 같은 책,「君道」, 省工賈 衆農夫 禁盜賊 除奸邪 是所以生養之也.

252 같은 책「儒效」, 用百里之地 而不能以調一天下 制强暴 則非大儒也.

동양고전의 윤리의식과 도덕적 인물

그가 곤궁에 처하면 속유들이 비웃지만, 그가 통하면 영웅호걸도 그에게 감화를 받는다. 괴이한 행동을 하던 사람들은 도망가고, 사악한 학설을 부르짖던 사람들은 그를 두려워하며, 일반 사람들은 부끄러워한다. 통하면 천하를 통일하고, 궁하면 홀로 고귀한 명성을 세상에 떨치니, 하늘도 그를 죽일 수 없으며 땅도 그를 묻을 수 없다. 걸왕과 도척이 살던 무도한 세상이라도 그를 더럽힐 수 없으니, 대유가 아니면 그와 같은 명성을 세울 수 없다. 공자와 자공이 그런 사람이다.[253]

대유는 세상의 속유나 영웅호걸, 괴이한 행동을 일삼는 사람, 이단과 일반 사람들 등 모든 사람들이 그가 수립한 도덕 인격 때문에 감히 대적할 수 없다. 그의 명성이 백세에 빛나기 때문에 하늘도 감히 그를 죽일 수 없으며, 땅도 감히 그를 묻을 수 없어 천지와 함께할 수 있다. 그런 대표적인 인물을 바로 공자와 자공으로 보았다.

또 주공을 예로 들어 대유의 업적과 효험을 설명했다.

그러므로 분가分家의 신분인 주공이 종가의 장자 성왕을 대신한 것(주공이 천자의 지위에 오른 것)은 월권이 아니며, 동생으로서 형을 죽인 것(주공이 관숙을 죽인 것)은 잔학한 행동이 아니며, 군주와 신하의 자리를 바꾼 것(먼저 주공이 성왕을 물러나게 하여 천자의 지위에 오르고, 나중에 천자의 지위를 성왕에게 돌려주고 신하의 위치에 돌아간 것)은 예법을 따르지 않은 것이 아니다. 이것은 천하의 평화에 근거를 두고 문왕과 무왕의 업적을 완수

---

253 같은 책, 「儒效」, 其窮也 俗儒笑之 其通也 英傑化之 寇瑰逃之 邪說畏之 衆人愧之 通則一天下 窮則獨立貴名 天不能死 地不能埋 桀跖之世不能汙 非大儒莫之能立 仲尼 子弓是也.

하며 분가와 종가의 대의를 밝힌 것인데, 비록 이러한 변화가 있었지만 천하는 여전히 평온했다. (이와 같은 거대한 변화 속에서도 변화에 올바로 대처한 것은 이른바 의로써 변화에 응하고 시의적절하게 변화하여 백성을 안락하게 하는 데 중점을 두는 조치를 취했기 때문에 변했지만 변하지 않은 것과 같다.) 성인이 아니고서는 이렇게 할 수 없으니, 이를 가리켜 대유의 효험이라고 한다.[254]

무왕이 죽은 후, 아들 성왕이 나이가 어렸으므로 제후들은 주나라를 배반하려는 마음을 갖게 되었다. 주공은 천하가 주나라를 배반하는 것을 원하지 않았으므로 동생으로서 형의 대를 이어 천자가 되어 어린 성왕을 대신하였다. 관숙(주공의 형)은 주공이 장차 성왕을 대신하여 천자가 되는 것을 의심하여 무경(주왕의 아들)과 연합하여 반란을 일으켰다. 주공이 난을 평정하고, 어린 성왕을 대신하여 섭정을 했다. 성왕이 성년이 되자 천자의 직위를 성왕에게 돌려주어 문왕과 무왕의 덕업을 계승토록 하고, 자신은 신하의 신분으로 되돌아갔다. 이것은 신하로서 임금을 거역할 수 없다는 뜻이다. 그러므로 주공은 성왕에게 천자를 물려준 것(선위禪位)이 아니며, 성왕 또한 주공에게서 천자의 지위를 되찾아온 것이 아니다. 즉, 변화하는 시세와 왕위의 서열에 맞도록 조치한 것이다.

---

254 같은 책, 「儒效」, 故以枝代主而非越也 以弟誅兄而非暴也 君臣易位而非不順也 因天下之和 遂文 武之業 明枝主之義 抑亦變化矣 天下厭然猶一也 非聖人莫之能爲 夫是謂大儒之效.

동양고전의 윤리의식과 도덕적 인물

제3부

도가의 윤리의식과
도덕적 인물

제1장

『노자』에 나타난
윤리의식과 도덕적 인물

1. 노자의 생애

　　유가학파를 세운 공자는 요순의 이상적인 정치와 도덕철학의 중심인 중용의 도를 가장 가치 있는 세계관으로 간주하였다. 특히 주나라의 문물제도와 주공이 창제한 예를 흠모하여 꿈속에서도 주공을 만날 정도였다. 이와 같이 공자의 윤리사상 형성에 요순의 중용의 도와 주공의 예문화가 가장 큰 지주가 되었다. 그가 시서詩書를 산정하고 춘추春秋를 저술한 동기도 중용과 예의 정신에 입각한 것이다.

　　유가사상이 공자로 시작하여 맹자가 계승하여 '공맹철학'이라고 불러지듯이 도가사상의 중심사상을 이루는 것이 '노장철학'이다. 도가사상은 유가사상과 함께 동양사상의 표리表裏를 이루고 있으며, 도가사상은 유가사상과 서로 다른 상대적인 논리를 지니고 있다. 특히 전국시대에 유가와 묵가 이념의 상이점, 유가사상에 대한 도가사상의 비판적이고 냉소적인 이론異論, 유가사상에 대한 법가의 비판 등으로 이어진 수많은 논쟁은 진한秦漢시대를 거치면서 정리과정에 들어간다. 평등과 박애정신을 강하게 내세웠던 묵가는 거의 자취를 감추었고, 유가는 법가 등 여러 학파의 이론을 흡수하면서 정치의 지배이념으로 자리를 잡았다.

사상을 분별하는 제자백가는 전국시대의 상황을 반영하는 사회적 · 정치적 문제들과 관련되어 있음을 알 수 있다. 사상사적인 관점에서 노자의 『도덕경』은 주로 유가, 묵가 그리고 다른 제자백가들의 사상을 비판하는 데서 출발하고 있으며, 고도의 추상적이고 초현실적인 철학적 개념으로 일관하고 있다. 그러나 노자라는 인물의 생존연대와 현존하는 『노자(혹은 도덕경)』에 관해서도 아직 정론이 없다. 왜냐하면 『노자』의 내용이 역사적인 사건이나 인물에 대한 언급은 없고 극히 추상적이며 신비스럽기 때문이다. 노자라는 인물에 대해서도 그가 공자보다 조금 앞선 시대의 '노담老聃' 또는 공자와 동시대의 '노래자老萊子', 전국시대의 태사인 '담'(儋: 기원전 4세기)이라는 설이 있다.[1]

사마천은 노자를 신선에 비유하기도 하였다. 주나라가 쇠약해지

---

1 노자는 楚나라 고현, 여향, 곡인리 사람이다. 성은 이씨, 이름은 耳, 자는 聃으로 주나라 문서보관실의 사관이다. 공자가 주에 가서 노자에게 예를 묻고자 하였다. …… 어떤 이는 노래자 또한 초나라 사람이요 15권의 책을 지어 도가의 효용을 말했으며, 공자와는 같은 시대였다고 한다. 대개 노자는 160여 세, 혹은 200세를 살았다 한다. …… 공자의 사후로부터 129년 뒤에 주나라 태사인 담이 진나라 헌공을 만나 뵈었다고 역사책에 적혀 있다. …… 어떤 이는 담이 곧 노자라 하고, 어떤 이는 아니라고 한다. 세상 사람들은 그런지 아닌지를 알지 못한다. 노자는 은둔한 군자이다(老子者 楚 苦縣 厲鄕 曲仁里人也 姓李氏 名耳 字聃 周守藏室之史也 孔子適周 將問禮於老子 …… 或曰 老萊子 亦楚人也 著書十五篇 言道家之用 與孔子同時云 蓋老子百有六十餘歲 或言二百餘歲 自孔子死之後百二十九年 而史記周太史聃見秦獻公 …… 或曰 卽老子 或曰 非也 世莫知其然否 老子 隱君子也). 『史記』 권63, 「老莊申韓子列傳」 第三 참조.

동양고전의 윤리의식과 도덕적 인물

자 노자가 직책을 사임하고 길을 떠나게 되었는데, 도중에 관문의 책임자인 윤희를 만나 도덕에 관한 책 상·하편을 지었다는 이야기가 『사기』에 언급되어 있다. 기원전 약 350~200년경 중국의 변방 함곡관 성문을 지키는 감독관 윤희는 아침 일찍 성문 밖으로 나갔다가 성문 쪽으로 검은 소가 다가오는 것을 보았다. 소가 윤희한테 점점 가까이 다가오자 한 노인이 그 소의 잔등에 타고 있음을 알았다.

노인은 도와 덕을 닦아 스스로 숨어서 이름이 드러나지 않도록 힘쓰는 데 목표를 둔 노자였다. 주나라에 오랫동안 있다가 주나라가 쇠약해지는 것을 보고는 곧 그곳을 떠나 관소를 통과하는 중이었다. 노인은 윤희를 보고 소에서 내려 공손히 인사를 하고 관소를 통과할 것을 청하였다. 그러나 윤희는 노인을 통과시키지 않았다. 처음에는 노인이 도망 중인 범죄자가 아닐까 생각했지만, 노인의 예의바르고 정중한 언행과 자태를 보고 예사 사람이 아닌 것 같아 그의 관소로 노인을 초대하였다. 차를 대접하면서 윤희는 노인에게 다른 나라로 갈 수 없다는 것을 설명하였다.

그러자 노인은 이렇게 말했다. "내가 다른 나라로 간다고요? 확실히 나는 세상을 떠날 겁니다. 나는 세상을 떠날 것이므로 이 죽간竹簡이 들어 있는 자루를 당신에게 드리겠습니다. 이것은 당신이 나에게 베풀어주신 차 한 잔에 대한 사례입니다. 나는 이 관소 건너편에 있는 산기슭에 도착하자마자 소를 놓아주려고 합니다. 나는 이제 소도 필요하지 않으니까요"라고 한 다음, 노인은 윤희에게 자루를 건네주었다. 자루 속에는 아무것도 씌어 있지 않은 죽간이 들어 있었다. 자루를 건네받은 윤희는 크게 감격하였고, 자신의 행동이 경솔하였다고 생각했다. 그래서 윤희는 노인을 잠시 동안만이라도 자기 곁에 머물게 하려고 "존경하

옵는 어르신, 만약 당신이 지금 생각하고 계시는 것을 써주시지 않으신 다면 저는 당신을 놓아드리지 않겠습니다"라고 말하였다. 노인은 잠시 탄식하였지만 곧 윤희의 청을 받아들여 5천여 단어의 글을 죽간에 써서 건네주고는 홀연히 검은 소를 타고 떠났다. 건너편 산기슭에 도착한 노인은 소를 놓아주고 종적을 감추었다.[2]

당대唐代에는 황실의 성이 이씨이므로 마침내 도교의 '노군老君'과 종宗을 연결시켰다. 당 태종정관太宗貞觀 11년 조서에 이렇게 선포하였다. "짐의 본래 세계世系는 주사柱史(노자)에서 나왔다"[3]라고 명하여 도선후불道先後佛 정책은 당나라 황실의 기본방침이 되었다. 또 노자를 높이기 위해 시호를 추존하는 일까지 여러 번 있었다.[4] 노자는 당 왕조의 시조가 되었고, 도교 및 종사자들은 당 왕실에서 호의적인 예우를 받게 되었다. 전국에 무려 1,687개의 도관道觀이 있었고, 도사는 776명, 여관女冠은 988명[5]이나 되었을 정도로 한 시대를 풍미하였다.

<hr>

2 『史記』, 「老莊申韓子列傳」, 老子脩道德 其學以自隱無名爲務 居周久之 見周之衰 迺遂 去 至關 關令尹喜曰 子將隱矣 彊爲我著書 於是老子迺著書上下篇 言道德之意五千餘言 而去 莫知其所終.

3 『廣弘明集』 25, 「混元聖紀」 8, 朕本系出於柱史.

4 高宗 乾封 元年(666)에는 노자에게 '太上元元皇帝'라는 칭호를, 中宗 神龍 元年(705) 에는 '태상원원황제'의 칭호를 그대로 사용하고, 玄宗 天寶 元年(742)에는 '태상원원 황제'의 칭호에다 2년(743)에 이르러 '大聖祖'라는 칭호를 내리게 하였다. 또 8년에는 '大聖祖大道元元皇帝', 13년에는 다시 '大聖高上大道金闕元元皇帝'라는 칭호를 내렸 다(『唐會要』 권50, 乾封元年 三月二十日 追尊老君爲太上元元皇帝 至永昌元年 卻稱老 君至神龍 元年二月四日 依舊號太上元元皇帝 至天寶二年正月十五日 加太上元元皇帝 號爲大聖祖元元皇帝 八載六月十五日 加號爲大聖祖大道元元皇帝 十三載二月七日 加 號大聖高上大道金闕元元皇帝).

5 『舊唐書』 권48, 百官志, 天下觀一千六百八十七 道士七百七十六 女冠九百八十八.

지금까지 『노자』를 지은 사람이 누구인지 노자가 어떤 사람인지 정확히 알 수는 없지만, 『도덕경』·『장자』·『주역』을 '삼현三玄'이라 하여 심오한 이치를 담고 있는 경전으로 높이고 있다. 『노자』를 『도덕경』이라고도 부르는데, 지금 전해지는 「하상공본」은 '상경上經'과 '하경下經'의 두 권으로 나뉘어 있고, '상경'이 37장, '하경'이 44장, 도합 81장으로 이루어져 있다. 「왕필본」에는 1장에서 37장까지 '상편'을 '도경道經'이라 하고, 38장에서 마지막 81장까지 '하편'을 '덕경德經'이라 하여 『노자』를 『도덕경』이라고 부르게 된 것도 이처럼 '도경'과 '덕경'이라고 붙인 왕필의 주석으로 말미암은 듯하다.

상편인 '도경'에는 우주의 근본원리인 '도'에 관한 설명이 많이 보이고, 하편인 '덕경'에는 도의 작용 또는 도에 따르는 행위를 뜻하는 '덕'에 관한 설명이 많이 보인다. '도경'에는 도가의 우주론 또는 본체론에 속하는 설명이 많고, '덕경'에는 인생에 관련된 정치 설명이 많이 보인다. 도가에서는 우주의 근본원리를 뜻하는 절대적이고 영원한 '도'를 중시하기 때문에 '도경'을 더 중시하여 앞에 놓은 것이다.

이처럼 『노자』는 그 내용이 의미심장하여 이에 관한 연구는 중국 고대에서부터 꾸준히 진행되어 『노자』의 원전에 해당되는 문헌만도 수백 종에 달하며, 그에 관한 주석서들은 그 수를 헤아릴 수 없을 정도이다. 한나라 초에 황로사상이 유행할 때 노자는 전설 속의 인물인 황제와 함께 신선으로 받들어졌으며, 『노자』·『황제서』와 함께 경전으로 존숭을 받았다. 한나라 이후에 『노자』는 도가사상이나 민간의 주술적 신앙과 결합한 도교뿐만 아니라 유학자들에게도 많은 영향을 미쳤고, 당나라 때에 와서는 도가와 도교를 병칭해서 도교로 사용하여 금세기까지 중국사회의 최대 종교가 되었다.

2. 도덕의 근원으로서의 도

'도'라는 글자는 중국 고대철학에서 나온 최고의 개념으로, 최초의 의미는 사람이 걸어 다니는 길로 사통팔달四通八達의 뜻을 지니고 있다. 이러한 뜻이 후에 확대되어 일을 하는 과정이나 방법 또는 원칙 등으로 사용되고, 다시 거기에 철학적 의미가 더해져 진리나 보편성의 뜻을 가지게 되어 도의 의미는 매우 다양하고 폭넓게 쓰이게 되었다. 공자와 맹자는 사람이 지켜야 할 규범, 즉 인륜이라 했고, 노자는 도라는 개념에 새로운 의미를 부여하여 철학의 최고 범주로 삼았다. 그의 학파를 '도가', 학문을 '도학'이라고 부르는 까닭도 여기에 있다. 즉, 도를 우주만물 생성의 시원 혹은 근본원리로 보아 절대성을 지닌 개념으로 생각하였다. 송대의 유학자들은 도학을 '성인의 도를 전하는 학문'의 의미로 사용하는가 하면, 한편 이학理學 개념으로 발전하여 윤리 원칙을 우주 본체와 보편 규율로까지 승화시켜 진리와 같은 개념으로 사용하게 되었다.

노자는 도를 천지자연의 절대적인 법칙 또는 자연적인 존재법칙으로 설명한다. 천도는 춘추시대에 천체가 운행하는 데 절대적인 규율을 가리키는 말로 쓰이다가 점차 인생의 길흉화복을 주관하는 규범으로 확대되어 쓰이기 시작하였다. 노자는 도와 천도의 일반적인 의미를 수용하여 사물의 생성과 변화의 보편적인 원리로 삼았다. 도가 우주와 만물의 근원이 되는 것이며, 우주와 만물을 존재하고 변화하게 하는 최고 실재이기 때문에 사람의 인식능력으로 도의 실체를 파악하기 힘들고, 유한한 인간의 언어나 글로써 올바로 표현하고 전달할 수 없는 한계를 지니고 있다. 단지 노자의 입장에서 도의 개념을 분석하면 아래와 같다.

동양고전의 윤리의식과 도덕적 인물

첫째, 노자는 도를 창조의 시원으로 보았다.

뒤섞여 생긴 어떤 것이 있는데 하늘과 땅보다 먼저 생겼다. 그것은 고요
하여 텅 빈 듯하지만 홀로 서 있어도 영원히 변치 않으며 두루 행해지
면서도 위태롭지 않으니, 천지만물의 어머니라고 할 수 있다. 나는 그의
이름을 알지 못하므로 억지로 그것을 도라고 이름 지었고, 문자화하여
그것을 이름하여 대大라고 부르려 한다.[6]

하늘과 땅이 생기기 전에 존재하는 혼돈되고 미분화된 어떤 것이
있는데, 그것은 소리도 없고 형체도 없고, 묘하여 모양도 없었다. 또 홀
로 존재하지만 소멸되지도 않고, 순환하여 움직이지만 닳아 없어지지
도 않고, 끊임없이 만물을 생성하는 천지의 생산자라고 할 수 있으나 그
이름을 몰라 억지로 '도'라고 하고 문자화하여 '대'라고 했다는 것이다.
인간이 말이나 글로 표현할 수 있는 것은 인간이 인식할 수 있는 것을
표상하는 것이지, 인식을 초월한 절대적인 실체에 대해서는 구체적으
로 어떤 것이라고 표현할 수 없는 것이 이성의 한계이다.
　그리고 도의 본체는 공허하다. 그러나 그 작용은 항상 무궁무진하
다. 도는 심오하여 잘 알 수 없다. 그러나 만물을 생육하고 화성하여 마
치 만물의 근본인 종주처럼 보인다. 도는 소리 없이 깊이 숨어 보이지
않는다. 그러나 만물을 생육하고 화성함으로써 태고 때부터 영원히 있
는 것 같다. 그래서 노자는 "나는 도가 어디에서 나온 것인지 알지 못하

6　『道德經』25장, 有物混成 先天地生 寂兮寥兮 獨立而不改 周行而不殆 可以爲天地母 吾
　　不知其名 强字之曰道 强爲之名曰大.

지만 상제보다 앞서 있었던 것 같다"[7]고 하였다. 도는 인간의 인식을 초월한 실재이지만 없는 듯이 공허하고, 깊이 숨어서 보이지 않는다. 그러나 도는 영원불변하게 우주운행과 천지만물의 시원으로 그 작용은 무궁무진하기 때문에 만물의 종주이다. 또한 도는 천도와 인사의 결정자로 통했던 상제보다 앞서 있다.

둘째, 노자가 말한 도는 언어나 문자로써 정의할 수 없다.

도라고 말할 수 있는 도는 영원한 도가 아니며, 이름으로 불릴 수 있는 이름은 영원한 이름이 아니다. 무는 도가 하늘과 땅의 시초라는 것을 나타내며, 유는 도가 만물의 어머니라는 것을 형용한다. 그러므로 항상 무로써 도의 오묘함을 보아야 하며, 항상 유로써 광대무변한 도의 운용을 살펴야 한다. 무와 유는 한 근원에서 나와서 이름을 달리하니, 모두 현묘하다고 말한다. 현묘하고 또 현묘하니 모든 도리나 일체 변화의 근본이 되는 문이 된다.[8]

도는 사물을 표현하는 언어와 문자로써 묘사되거나 이름 지어 부를 수 없다. 언어와 문자로써 표현될 수 있는 있는 도는 영원한 것이 아니며, 개념으로써 정의될 수 있는 것은 영원한 이름이 아니다. 그래서 '현묘하다'고 말한다. 도가 세계의 만물을 생성시키고 결정하는 위대하

---

7   같은 책, 4장, 道沖 而用之或不盈 淵兮似萬物之宗 …… 湛兮似或存 吾不知誰之子 象帝
     之先.
8   같은 책, 1장, 道可道 非常道 名可名 非常名 無名天地之始 有名萬物之母 故常無 欲以
     觀其妙常有 欲以觀其徼 此兩者 同出而異名 同謂之玄 玄之又玄 衆妙之門 無名天地之始
     有名萬物之母.

동양고전의 윤리의식과 도덕적 인물

고 신묘한 작용을 하면서도, 한편으로는 감관으로 파악되거나 언어나 문자로 표현될 수 없기 때문에 '무'라고 표현할 수 있다. 도는 무형의 실체이기 때문에 시간과 공간을 초월한 절대자이다. 시간과 공간의 제약을 받는 현상계의 사람이 도의 실체를 파악한다는 것은 불가능하다. 왜냐하면 도는 형상이 없으므로 눈으로 볼 수도 없고(이夷), 소리가 없으므로 귀로 들어도 들을 수 없으며(희希), 형체가 없으므로 손으로 만질 수도(미微) 없다. 이 세 가지는 본래 섞여서 하나로 되어 있다. 이와 같이 도는 그 무엇도 아니므로 다만 무라고 하는 것이다. 그것은 형상이 없는 형상이며 소리 없는 소리이다. 따라서 있는 것 같기도 하고 없는 것 같기도 하여 인간의 인식능력으로는 알 수 없으므로 황홀하다고밖에는 말할 수 없다.[9]

셋째, 도는 현상계의 형상만을 볼 때 바로 '스스로 그러한', '저절로 그러한' 자연의 순수상태로서 무목적이고 무의식적이다.

> 큰 도는 넓고 넓어 좌로도 우로도 갈 수 있다. 만물이 그것에 의지하여 생성되고 있지만 그것을 내세워 얘기하지 않으며 공을 이루더라도 자기 이름을 내세우지 않는다. 만물을 입혀주고 길러주고 하면서도 주인 노릇을 하지 않는다. 항상 욕심이 없으니 작다고 이름을 부를 수 있고 만물이 이것으로 하나로 돌아오되 주인이 되지 않으니, 이름하여 대大라고 할 만하다. 그것이 끝내 스스로 대라고 하지 않으니, 진실로 그 대를 이루어내는 것이다.[10]

---

9   같은 책, 14장, 視之不見 名曰夷 聽之不聞 名曰希 搏之不得 名曰微 此三者不可致詰 故混而爲一 …… 是謂無狀之狀 無物之象 是謂惚恍.

10 같은 책, 34장, 大道泛兮 其可左右 萬物恃之以生 而不辭 功成而不有 存養萬物而不爲

도는 광범위한 것이어서 없는 곳이 없으며, 만물은 도에 의지해 살고, 도는 만사를 이루지만 스스로 공을 갖기 위함이 아니다. 그것은 도가 만물 앞에서 주인 행세를 하거나 주재하려고 하지 않고, 만물을 내 것이라고 주장하거나 소유하지도 않기 때문에 가능하다. 따라서 우주·천지·만물은 도가 더없이 크기 때문에 귀속되어 저절로 그러한 상태를 유지할 수 있다. 그러면서도 도는 신이 갖고 있는 의지나 주재 작용을 갖고 있지 않는 무목적이고 무의식적인 것이 특징이다.

이러한 도의 근원이 무엇인가에 대해 궁금증을 자아낸다. 그에 대한 답을 노자는 "사람은 땅을 본받고 땅은 하늘을 본받고 하늘은 도를 본받고 도는 자연을 본받는다"[11]라고 하였다. 노자가 말하는 '자연'은 사물의 형상을 의미하는 자연이나 자연계를 지칭하는 것이 아니다. 말 그대로 '저절로 그러하다', '스스로 그러하다'는 뜻으로 도의 상태와 성질을 나타낸 말이다. "도는 늘 아무 일도 하지 않는다. 그러나 하지 않는 것이 없다"[12]고 하여 도의 본원은 인위적인 조작이 없기 때문에 아무 일도 하지 않으면서도 어떠한 큰일이라도 이루지 못하는 것이 없다.

도는 형태가 없으면서도 엄청나게 큰 힘을 가지고 있다. 그렇다고 도는 어떤 의지를 가진 존재도 아니다. 다만 자연의 힘으로 모든 만물을 생성발전하게 한다. 바로 도의 작용 때문이다. 그런데 노자가 도의 작용을 말할 때 언급한 '아무것도 하지 않는다'는 것은 자체의 힘으로 모든 만물을 주재한다는 것으로 완전히 행동을 정지하거나 실제로 아무것도 하지 않음을 의미하는 것이 아니다. 단지 그 모든 작용이 무목적

主 常無欲 可名于小 萬物歸焉而不爲主 可名爲大 以其終不自爲大 故能成其大.

11 같은 책, 25장, 人法地 地法天 天法道 道法自然.

12 같은 책, 37장, 道常無爲而無不爲.

동양고전의 윤리의식과 도덕적 인물

이고 무의식적이어서 자연적임을 의미한다.

　이와 같이 도는 모든 존재의 가능근거라고 할 수 있다. 그것은 세계를 구성하는 근원적 존재이며, 우주가 생겨나는 힘이고, 만물을 운동 변화하게 하는 법칙이며, 인간행위의 준칙이 된다. 이러한 도의 내용을 물질적인 측면에서 보면 세 가지로 설명할 수 있다. 시간적으로는 초시간적 존재이며, 공간적으로는 보편성인 초공간적 존재이며, 그것 자체로 볼 때는 늘 독립해서 항상 존재한다.

　노자철학에 있어서 우주와 천지의 존재근거로서 도는 그 무엇으로서 규정하여 구체적으로 설명할 수 없다. 다만 도가 천지만물을 낳을 뿐만 아니라 천지만물이 생성하고 발전하는 것도 결정한다. 노자는 만물의 생성과정을 다음과 같이 설명하고 있다. "도가 하나를 낳고, 하나는 둘을 낳고, 둘은 셋을 낳고, 셋은 만물을 낳는다"[13]라고 하여 도에서 '음양이기'가 분화되어 나오고, '음양이기'가 서로 교감하고 화합함으로써 점차 만물이 생겨났다고 보았다. 이렇게 인식할 수 없는 무형의 도에서 만물이 저마다 스스로 있는 현상계로 나타나고 있으므로 있다고 하는 현상계의 형상만을 볼 때 도는 바로 '스스로 그러한', '저절로 그러한' 자연의 순수상태로서 유지된다.

3. 도의 공효로서의 덕

　도가 우주운행과 천지만물의 시원이라면 이러한 도의 진실을 품

13　같은 책, 42장, 道生一 一生二 二生三 三生萬物.

수한 것이 덕이다. 도가 만물을 생겨나게 한다면 덕은 그들을 키워서 비로소 그 모습을 이룰 수 있게 한다. 도가 만물을 낳는다고 한다면 이것을 길러 만물답게 하는 것은 바로 덕이다. 또 덕을 얻는다는 것은 도로부터 얻어짐을 의미한다. 도를 따르고 도를 지키는 것이 덕의 본연의 모습이다.

> 도가 만물을 생성하고, 덕은 만물을 양육한다. 만물이 음양의 기로 형성되고, 자연의 힘이 자라게 한다. 그러므로 만물은 도를 존중하고 덕을 귀중하게 여긴다. 도를 존중하고 덕을 귀중하게 여김은 남이 강요하는 것이 아니고, 언제나 스스로 그렇게 되게 마련이다. 따라서 도가 만물을 생성하고, 덕이 만물을 양육하며, 자연의 도가 만물을 성장시키고 화육하며, 성숙케 하고 또 키우며 보호한다. 도는 만물을 낳고도 소유하지 않고, 모든 것을 이룩되게 하고도 자랑하지 않고, 자라게 하고도 주재하지 않는다. 따라서 현묘한 덕이라 한다.[14]

도가 만물을 생성하는 본원이라면, 그 도에 순응하여 생육하고 변화하게 하는 역할을 하는 것이 바로 덕이다. 도는 무위자연하면서도 이루지 않는 것이 없듯이 덕도 도에 따라 언제나 자연스럽게 무위하지만 여러 가지 현상과 변화, 즉 생장케 해주되 소유하지 않으며 그렇게 해주되 자신의 공을 내세우고 지배하지 않기 때문에 도와 덕을 '현묘하다'고 표현한다. 만물은 도가 창조했지만 덕으로서 만물이 제대로 자라서 제

---

14 같은 책, 51장. 道生之 德畜之 物形之 勢成之 是以萬物莫不存道而貴德 道之尊 德之貴
夫莫之命而常自然 故道生之 德畜之 長之育之 亭之毒之 養之覆之 生而不有 爲而不恃
長而不宰 是謂元德.

동양고전의 윤리의식과 도덕적 인물

자리를 잡게 해준다. 덕이란 만물이 각각 그 성질을 얻어서 만물이 만물이게끔 해주는 원동력이다. 노자는 만물의 성장과정을 다음과 같이 설명하였다.

첫째, 만물은 도에서 나온다. 둘째, 도는 만물 속에 내재하여 있으므로 만물의 본성은 바로 도를 따르게 마련이고, 만물은 바로 도의 분화된 형상이다. 무형의 도가 형상화된 것을 덕이라고 한다. 셋째, 만물은 각자의 본성과 형상에 따라 독특한 존재로 있게 마련이다. 넷째, 만물은 자연의 환경이나 영향력에 따라 저마다 다르게 생육하고 화성한다.

이상과 같이 도라는 원리에 입각하여 형상화하는 덕의 상호작용, 즉 도덕은 어떠한 타의 힘에 의해 지배되는 것이 아니다. 오직 스스로 그렇게 되는 자연적인 것이다. 그러면서 소유하거나 자만하거나 지배하지 않는 것이 특징이다. 이처럼 도가 현묘하듯이 덕도 따라서 현묘하다. 즉, 만물을 생육하되 자기의 소유로 하지 않으며 만물에 생명력을 공급하여 주되 힘을 다했다고 여기지 않으며 만물의 우두머리가 되어도 그것을 주재하려고 하지 않는다. 이것을 현덕玄德이라 한다.[15]

노자가 말하는 덕은 사람이나 사물을 통하여 발휘되는 도의 실질적인 모습이다. 따라서 덕이란 도의 효능이기 때문에 도에 대한 개념이 곧 덕을 결정하게 된다.

위대한 덕의 모습은 오직 도를 따라 변한다. 도는 오직 황홀하여 (구체적인 형태로) 나타나지 않는다. 황홀하지만 그 가운데 형상이 있다. 황홀하지만 그 가운데 실재 물이 있다. (도는) 막연하고 어두운 것이지만 그 가

---

15 같은 책, 51장, 生而不有 而不恃 而不宰 謂玄德.

운데 생명력이 있다. 그 생명력은 참으로 진실하니, 그 가운데 믿음이 있다. 옛날부터 지금까지 그 이름(도라는 이름)은 영원히 없어지지 않고 있으니, 그 사실로부터 사물의 시초를 인식할 수 있다. 우리가 무엇으로 만물의 근원의 실상을 알 수 있겠는가? 바로 도를 통해 알 수 있다.[16]

도는 비록 구체적인 사물의 형상을 가지고 있지는 않지만 그것은 형태가 있는 것이나 상징되는 모든 것을 구성하는 기초이다. 이 때문에 그것은 갖가지 형태가 있는 사물을 형성하는 가능성을 포함하고 있다. 그러므로 그 가운데는 일체의 사물을 낳을 수 있는 무한한 잠재력을 가지고 있게 된다. 따라서 위대한 덕의 모습은 오직 도를 따라 변하는 것이다.

여기서 도와 덕의 관계를 구성해보면 아래와 같다.

첫째, 도는 무형적 실재이지만 반드시 유형적으로 나타나서 그 효능을 발휘하는 것이 특징이다. 유형적으로 발휘된 현상이 덕이다.

둘째, 모든 만물은 도에 의해 생성되고 살 수 있다. 따라서 도는 형상화된 만물을 통해 여러 가지 속성을 나타낸다. 도의 속성이 구체적으로 나타난 것이 덕이다. 그러므로 도와 덕은 떨어질 수 없는 관계이다.

셋째, 인간의 가치평가도 덕에 의해 결정된다. 그것은 인간이 도를 따라 행동하고 실천하여 그 좋은 결과나 결실을 얻었으면 덕의 가치평가는 이상적일 수 있다. 도는 전체적 입장에서 만물을 조화시키고 변화시키는 원리이다. 그러므로 인간의 덕성이 크다 또는 작다는 의미는 전

---

16 같은 책, 21장, 孔德之容 惟道是從 道之爲物 惟恍惟惚 惚兮恍兮 其中有象 恍兮惚兮 其中有物 窈兮冥兮 其中有精 其中有信 自古及今 其名不去 以閱衆甫.

체적 입장에 따라 달라진다. 전체보다는 자신의 욕심을 취하고, 순수한 정신을 버리고 오직 물질만을 좇는 이기심, 또 영원한 시간을 망각하고 오직 현세나 순간만을 추구하는 사람은 소인이 되고, 그런 사람의 덕은 아주 작아 많은 사람으로부터 지탄을 받는다.

노자는 덕을 '으뜸가는 덕행자'와 '저속한 덕행자'로 구분하여 설명하고 있다.

으뜸가는 덕행자는 스스로 덕을 의식하지 않기 때문에 덕이 있을 수 있다. 저속한 덕행자는 덕을 잃지 않으려고 애쓰기 때문에 덕이 없기 마련이다. 으뜸가는 덕행자는 무위자연을 따라 작위를 하지 않는다. 그러나 저속한 덕행자는 작위를 하고 인위적으로 꾸며서 행위 하려는 목적이 있다. 으뜸가는 인자仁者는 어진 덕을 베풀지만 행위를 의식하지 않는다. 으뜸가는 의인義人은 의를 실천하면서도 행위를 의식한다. 으뜸가는 예의 실천자는 그러한 행위를 하면서 상대방이 호응하지 않으면, 팔을 잡고 강제적으로 끌어당기면서 예를 지키게 한다. 그러므로 무위자연의 도를 잃은 다음에 덕이 드러나고, 덕을 잃은 다음에 인이 드러나고, 인을 잃은 다음에 의가 드러나며, 의를 잃은 다음에 예가 드러나는 것이다. 대체로 예라는 것은 충실함과 신의가 얇아짐으로써 나타난 것이며 혼란의 시작인 것이다. 이른바 남보다 먼저 안다는 것은 도의 화려한 겉모습이요 남을 우매하게 만드는 시원이다. 그러므로 대장부는 두터운 도에 처신하고, 얇은 인위적인 예를 지키지 않으며, 실질적인 열매를 맺게 하고 허망한 꽃을 피우게 하지 않는다. 그런 까닭에 인위적인 조작을

버리고 무위자연을 취한다.[17]

노자는 무위의 관점에 근거하여 높은 덕을 지닌 사람은 무위·무욕하면서 스스로 덕이 있다고 생각하지 않는다. 그렇기 때문에 그의 행동은 무목적적이고 무의식적이다. 그러나 덕이 낮은 사람은 혹시나 덕을 잃지나 않을까 전전긍긍하기 때문에 결과적으로는 덕이 없게 된다. 최상의 덕을 지닌 사람은 덕을 얻고자 애쓰지 않고 그것을 바깥으로 자랑하려 하지 않음에 반해 낮은 덕을 가진 사람은 덕을 얻고자 애쓸 뿐만 아니라 그것을 바깥에 나타내어 남에게 과시하려 애쓴다.

이처럼 도가 쌓이면 덕의 공이 있게 되므로 덕이란 도의 공효이다. 덕은 인간의 행위와 관계되는 것으로, 곧 도가 사람들의 행위를 통하여 발휘되는 것이 바로 덕이다. 그래서 공에 내실이 있으면 그 내실에 빛이 있게 된다. 또 최고의 덕을 지닌 사람이 곧 본래 사람의 모습이라고 했는데, 그 사람은 갓난아이와 흡사하다. 가장 참되고 훌륭한 성인이란 알고 보면 갓난아이처럼 순수하고 욕심이 없는 사람을 의미한다. 아무리 착하고 좋은 일이라도 그 일을 의식적으로 행하면 덕이 있는 사람으로 보기 힘들다. 그래서 노자는 사람들에게 어떤 인위적인 지식도 가지지 말라고 하였다. 갓난아이는 어떤 작위적인 지식도 가지고 있지 않기 때문이다.

---

17 같은 책, 38장, 上德不德 是以有德 下德不失德 是以無德 上德無爲而無以爲 下德無爲
而有以爲 上仁爲之而無以爲 上義爲之而有以爲 上禮爲之而莫之應 則攘臂而扔之 故失
道而后德 失德而后仁 失仁而后義 失義而后禮 夫禮者 忠信之薄 而亂之首 前識者 道之
華 而愚之始 是以大丈夫處其厚 不居其薄 處其實 不居其華 故去彼取此.

동양고전의 윤리의식과 도덕적 인물

4. 자연스러운 삶

도는 만물을 낳고도 소유하지 않고, 모든 것을 이룩되게 하고도 자랑하지 않고, 자라게 하고도 주재하지 않는 것이 특징이다. 즉, 하지 않는 일이 없는 것처럼 모든 일을 하면서도 어떤 작위作爲도 없이 자연스럽게 스스로 그렇게 된 것처럼 만든다. 따라서 작위를 주로 하는 사람들은 도의 위대한 작용을 인식할 수 없다. 도가 아무런 작위도 가하지 않고 이루어지게 하는 것을 '무위'라 하고, 그러한 상태를 '자연'이라고 부른다. 도가를 이른바 '무위자연사상'이라고 부를 수 있는 근거가 여기에 있다.

노자는 이런 자연스러운 삶을 "도는 언제나 아무 일도 하지 않으면서 하지 못하는 일이 없다"[18]라고 말하는가 하면, "상덕上德은 아무 일도 하지 않으면서 하지 못하는 일이 없다"[19]고 말한다. 도가 '하지 못하는 일이 없다'라고 하는 말은 도가 만물을 구성하는 기초로 천지만물을 낳으며, 모든 사물의 생성과 변화 또한 도의 작용이라는 뜻이다. 그러나 그것은 결코 어떤 주재의식을 가지고 세계 만물을 형성하고 발전하게 하는 것을 말하지 않는다. 또 도가 '아무 일도 하지 않음이 없다'고 한 말은 행동을 정지하거나 아무것도 하지 않음을 의미하는 것이 아니라 모든 작용이 무목적적이고 무의식적이어서 아주 자연스럽다는 것을 의미한다. "도는 언제나 아무 일도 하지 않으면서 하지 못하는 일이 없다"는 무위자연의 도를 잘 지킬 수 있다면, 만물도 스스로 잘 생성·화육할

---

18 같은 책, 37장, 道常無爲 而無不爲.

19 같은 책, 38장, 上德無爲而無不爲.

수 있다. 노자는 진실로 소박한 무명의 도를 가지고 욕구를 누르고자 했다. 진실로 소박한 무명의 도로 욕구를 누르면 만물도 장차 무욕하게 된다. 욕심을 일으키지 않고 허정하면 천하가 스스로 안정될 수 있다.[20]

무위자연의 도는 의식적이거나 자의적인 작위를 하지 않고, 만물은 도를 따라 스스로 변화한다. 즉, 스스로 살고 스스로 자란다. 그런데 인간사회에서는 모든 것을 인위적으로 조작하고 나의 주장, 나의 힘을 남에게 강요하여 강압적으로 타인을 억누른다. 이것이 사사로운 욕심이고, 과욕에 의해 자연의 도를 어기고 자연스럽지 않은, 즉 인위적으로 스스로 변화하는 것을 파괴하고 방해하는 것을 의미한다. 그래서 "도와 덕을 존귀하게 여기는 까닭은 저들이 만물을 간섭하지 않고 항상 스스로 그러하게 내버려두기 때문이다"[21]라고 하여, 도와 덕은 만물로 하여금 스스로 생장과 발전을 도모하면서 간섭과 명령은 하지 않는 데 있다. 따라서 도와 덕의 자연스러움을 강조한 것이다.

노자가 말하는 자연은 본연의 세계, 즉 본래의 모습을 말하는 것으로 '스스로 그러하다'와 '저절로 그러하다'는 도의 상태와 성질을 나타낸 말이다. 도가 다른 어떤 것에 의존하거나 다른 것에 영향을 받는 것이 아니며, 또한 신이 가지고 있는 의지나 목적을 갖고 있는 것이 아니라 '저절로 그러하거나 스스로 그러하다'고 하는 자연스러운 삶의 의미를 가지고 있다.

노자는 자연스러운 삶을 강조하면서 무위를 행위의 최고 원칙으로 삼을 것을 강조한다. 인간은 자연의 질서를 알고 '저절로 그러하거

---

20 같은 책, 37장, 道常無爲而無不爲 侯王若能守之 萬物將自化 化而欲作 吾將鎭之以無名 之樸 無名之樸 夫亦將無欲 不欲以靜 天下將自定.

21 같은 책, 51장, 道之尊 德之貴 夫莫之命而常自然.

나 스스로 그러한' 삶의 상태를 유지하는 것이 가장 이상적인 생활임을 말하고 있다. 부질없이 인위나 조작을 가하는 것은 오히려 자연과 인간 사이의 상생과 균형, 조화를 깨뜨린다고 보았다.

> 도가 크고, 하늘도 크고, 땅도 크고, 또한 사람도 크다. 이 세계에는 큰 것이 네 개가 있는데, 그중에는 사람도 한몫을 차지한다. 사람은 땅을 법도로 삼고 따르며, 땅은 하늘을 법도로 삼고 따르며, 하늘은 도를 법도로 삼고 따르지만, 도는 자연을 따라 스스로 그렇게 된 것이다.[22]

우주의 본원이 도이며, 이 도는 자연을 본받는다. 도가 자연을 본받는다는 것은 도가 고유한 자연법칙에 따라 운행하여 조작하는 바가 없는 것으로, 곧 무위를 본받는 것이다. 또 사람이 땅을 본받는다는 것은 그 시원을 따지자면 인간이 도를 본받고 자연을 본받는다는 말이다.

노자의 자연은 '인문'이라는 개념에 대한 상대적인 의미를 가지고 있는데, 노자가 볼 때 인문은 인위조작의 세계이고, 이런 세계는 여러 가지 문제들을 파생시킨다. 인문은 교묘한 꾸임과 허위로 변할 수 있고, 예라는 규범으로 형식화되어 나타나기도 한다. 본래 인문에 의한 인위조작이나 예의규범이 형식화되기 이전, 사람들은 자연스러운 삶에 충실하여 서로 친애하고 평등하였다. 그런데 사람들이 자연스러운 삶에서 먹고살 만한 것보다 더 많은 소유가 생기자 재산의 소유권을 둘러싸고 신분제도가 등장하고, 이런 신분제도의 질서를 원만히 유지하기 위

---

22 같은 책, 25장, 故道大 天大 地大 人亦大 域中有四大 而人居其一焉 人法地 地法天 天法道 道法自然.

하여 국가가 탄생하게 된다. 국가의 제도가 생겨 예라는 규범과 질서가 생기고 인위적인 인문의 세계가 도래하였다. 그래서 노자는 "인위적인 분별지의 지식을 없애면 걱정도 없어진다"[23]고 하여, 인위적인 지식에 대하여 부정하였다.

> 학문을 하면 날로 할 것이 많아지고, 도를 행하면 날로 할 것이 줄어든다. 줄어들고 또 줄어들어서 하는 일이 없기 때문에 이를 수 있다. 함이 없으면서도 하지 않음이 없다.[24]

노자는 참다운 지식, 곧 도나 덕에 관한 앎이 아닌 일상적이고 감각적인 분별이나 인식 혹은 지식이나 학문 등은 모두 참다운 것이 아니라고 하여 부정하였다. 그러나 도에 종사하면 부단히 유위有爲를 잊고 지식을 감소시켜 무위에 이르게 된다. '무위'란 자연스럽게 되는 것이지 의지나 목적을 갖고 행동해서 되는 것이 아니다.

그는 유가에서 중시하는 인의나 충효 같은 덕목인 인의도덕을 부정하였다. 이러한 덕목을 강조하는 것은 순수한 도와 덕, 곧 대도가 없어졌기 때문이다. 백조는 매일 목욕하지 않아도 희고, 까마귀는 매일 물들이지 않아도 검고, 하늘은 저절로 높고, 해와 달은 저절로 빛나는 것이 자연의 모습이다. 도는 '저절로 그러한', '스스로 그러한' 자연을 본받는 것인데, 다시 인의의 덕목을 말할 필요는 더더욱 없다.

---

23 같은 책, 20장, 絶學無爲.

24 같은 책, 48장, 爲學日益 爲道日損 損之又損 以至于無爲 無爲而無不爲.

동양고전의 윤리의식과 도덕적 인물

큰 도가 없어지니 인이니 의니 하는 것이 생기게 되고, 지혜가 나오면 큰 거짓이 생긴다. 육친이 화목하지 못하기 때문에 효도니 자애니 하는 것이 있게 되고, 국가가 혼란해졌기 때문에 충신이 나오게 되었다.[25]

무위자연의 도는 의식적이거나 자의적인 작위를 하지 않고, 만물은 도를 따라 스스로 변화하여 스스로 살고 스스로 자란다. 그런데 인간사회에서는 모든 것을 자위적自爲的으로 조작하여 자신의 주장과 자신의 힘을 남에게 강요하여 갈등과 대립을 일으킨다.

자연은 도가 아닌 다른 어떤 것도 전제되지 않은 순수한 것으로, 그 안에는 일체의 대립이 없고 오직 자발적인 순수 생동만이 있는 것을 형용한 것이다. 자연은 한정적인 유위의 개념을 넘어서 있다. 자연은 결코 물리적 자연세계가 아닌 순수한 본연을 가리킨다. 노자는 인류나 자연계 모두 자연을 가치규범으로 삼고 무위를 활동의 준칙으로 삼아야 한다고 생각하였다.

도는 인위를 부정함으로써 드러나는 것이기 때문에 도를 무라고 한다. 노자는 먼저 인간의 큰 폐단이 유위, 조작, 소유, 간섭 그리고 무질서하게 나온 이론과 행동 등에 있다고 보았다. 따라서 성인은 이 상대성의 원리를 인식하고 상대성을 초월한 입장에서 무위자연을 실천한 사람을 의미하며, 이때의 무위자연은 행위의 최고 경지이다.

---

25   같은 책, 18장, 大道廢 有仁義 智慧出 有大僞 六親不和 有孝慈 國家昏亂 有忠臣.

5. 자연으로 되돌아가야 한다

노자는 사람의 의지나 사고로 만들어진 모든 존재는 소박하고 순수한 자연적인 것일 수 없다고 생각했다. 우주가 영원할 수 있는 까닭은 의식적이거나 작위적이지 않기 때문에 처음부터 자연스럽게 운동하여 영원하다. 자기 자신의 삶만 귀하게 여기면 자기 삶밖에 모르게 되고, 반대로 자기 삶과 마찬가지로 상대방에 대한 관심과 배려가 있으면 상생할 수 있다.

노자의 사상은 반문명 · 반문화적이다. 그가 생각하는 무위하고 자연스런 삶이란 세속의 때가 묻지 않은 순수하고 소박한 상태에 가깝다. 인위적인 지식조차 부정하고 나면 세상에 대한 욕심이 없어지고 결국 집착도 없어지게 된다. 그래서 '인의예지' 등은 모두 작위적인 것들이라고 보았다. "무릇 예라고 하는 것은 충과 신의 겉치레이며 예는 어지럽게 하는 데 으뜸이다"[26]라고 하여 그 당시 통치계급이 표방하고 있던 인의도덕의 허위성과 기만성을 폭로하였다.

노자사상의 특징은 일반적인 세상의 모든 상대적인 가치판단이 절대적인 것이 되지 못한다고 부정하는 데 있다. 세상에는 절대적으로 긴 것이나 짧은 것, 또는 절대적으로 좋은 것이나 나쁜 것 등이 있을 수 없는데도 사람들은 상대적인 그러한 가치를 믿고 추종하는 데서 불행이 생겨난다. 그것은 모든 것의 기본 원리인 도가 언제나 근본으로 되돌아가고 있다는 성격을 올바로 인식하지 못했기 때문이다. 이 세상에 존재하는 모든 만물은 언젠가는 모두 변하여 제자리로 가버리기 때문에

---

26   같은 책, 38장, 夫禮者 忠信之薄 而亂之首.

덧없는 것이다. 그런데 오직 도만은 만물과 함께하면서도 만물을 초월하여 변함이 없다.

　통치자는 무위무욕하고 어떤 인위적인 행위도 하지 말아야 한다. 그렇게 함으로써 백성의 자연스러운 생활을 고양시킬 수 있고, 욕망과 다투는 마음을 버리고 무엇을 추구하거나 경쟁하지 않아 자연히 사회의 혼란을 극복할 수 있다. 이것으로 본다면 노자의 도는 '자연을 본받는다' 혹은 '근본으로 돌아간다' 같은 철학적 관점을 인간의 삶의 문제에 적용한 것임을 알 수 있다. 도의 작용이 '되돌아가는 것'에 있다는 사실을 인식한다면, 세상의 구부러져 있는 것은 온전해지고, 굽으면 곧아지고, 비면 곧 채워지고, 낡으면 곧 새로워지고, 적게 가진 자는 곧 얻게 되고, 많은 것을 가진 자는 곧 미혹에 빠지게 된다[27]는 것을 알 수 있다.

　노자가 주장한 '근원으로 돌아가자'는 이론은 사회의 발전을 되돌리자는 것이 아니라 '저절로 그러한', '스스로 그러한' 자연 상태로 돌아가자는 것을 의미한다. 그는 '인의예지신'이 없어서 세상이 어지러운 것이 아니며, 또 무엇을 하지 않아서 어지러운 것이 아니라 자연 그대로 도에 가까운 것을 억지로 자신의 이해에 따라 왜곡하였기 때문에 세상이 어지럽다고 보았다. 즉, 자연의 본성을 잃어버린 작위적인 사회로부터 본래 자연의 본성을 지키며 살았던 각자가 그 근본으로 돌아가자는 것이다.[28] 이것이 바로 자연으로 돌아가야 한다는 '복귀자연'이고, 그 대표적인 것이 "갓난아이로 돌아가자"[29]이다.

　노자는 "복귀하는 것이 도의 운동이고, 유약한 것은 도의 쓰임이

27　같은 책, 22장, 曲則全 枉則直 窪則盈 敝則新 少則多 多則惑.

28　같은 책, 16장, 各復歸其根.

29　같은 책, 28장, 復歸於嬰兒.

다"³⁰라고 하여, 도는 복귀와 유약을 통해 자신의 모습을 나타내게 되며, 복귀와 유약은 무위자연의 구체적인 모습이다. 그래서 도의 궁극적 작용의 원리인 복귀와 유약을 갓난아이에 비유하였다. 즉, 정기를 전일하게 하고 지극히 부드럽게 하여 갓난아이와 같이 할 수 있어야 한다.³¹ 갓난아이는 마치 지극히 순수한 자연이 만물을 온전하게 할 뿐만 아니라 유약한 인간의 본성을 회복하는 무위의 상태와 같이 묘사하고 있다. 이러한 복귀와 유약이 인생에 실현되면 강함을 이기게 된다. 장차 움츠리고자 하면 반드시 먼저 펴야 하고, 약하게 하고자 하면 먼저 강하게 해주어야 한다. 쓰러뜨리고자 하면 먼저 일으켜주어야 하며, 장차 빼앗으려 하면 먼저 주어야 한다. 이것을 일러 미명微明이라 하니, 부드럽고 약한 것이 강한 것을 이긴다.³²

달도 차면 기울고, 그릇에 물이 가득 차면 넘치듯이, 만물도 극성하면 반드시 되돌아가는 것이 자연의 순리이다. 이처럼 자연은 인위나 억지로 꾸미지 않고 만물이 그 본성을 회복하여 유약한 태도를 지니도록 한다.

후덕한 덕을 품은 것은 갓난아이에 비유되는데, 무지하고 무심하기 때문에 독충도 쏘지 않고, 맹수도 덤벼들지 않고, 독수리도 발톱을 대지 않는다. 뼈는 약하고 살갗은 부드러우나 쥐는 것은 단단하고, 심지어 암수의 교합에 대해서도 알지 못하나 온전히 자라는 것은 정精이 지극하

---

30 같은 책, 40장, 反者 道之動 弱者 道之用.

31 같은 책, 10장, 專氣致柔 能嬰兒乎.

32 같은 책, 36장, 將欲歙之 必固張之 將欲弱之 必固强之 將欲廢之 必固興之 將欲奪之 必固與之 是謂微明 柔弱勝剛强.

동양고전의 윤리의식과 도덕적 인물

기 때문이요, 자연과의 조화가 최고로 유지되어 있어서 하루 종일 울어도 목이 쉬지 않는다.[33]

최고의 도덕을 지닌 사람이 곧 본래 사람의 모습이라고 했는데, 그 사람은 갓난아이와 흡사하다. 가장 참되고 훌륭한 성인이란 알고 보면 갓난아이처럼 순수하고 작위가 없는 사람을 의미한다. 아무리 착하고 좋은 일이라도 그 일을 의식적으로 행하면 덕이 있는 사람으로 보기 힘들다. 그래서 노자는 사람들에게 어떤 인위적인 지식도 가지지 말라고 하였다. 갓난아이는 어떤 의식적인 지식도 가지고 있지 않기 때문이다.

두 번째는 "무극에 돌아가자"[34]는 것이다. 무극이란 끝이 없다는 무궁무진함을 말하고, 한편으로는 천지간에 아직 만물이 생기기 전의 시초인 도, 즉 우주의 근원인 도를 뜻한다. 결국 도에 돌아가자는 의미이다. 도는 세계 만물을 낳고 결정하는 최고의 실재이지만 그 작용에는 도가의 사상을 결정짓게 하는 이유가 있다.

노자는 그 이유로 "되돌아감은 도의 움직임이요, 약함은 도의 쓰임이다"[35]라고 하였다. 따라서 세상의 질서는 '되돌아가는 것'이 바로 도의 운동이다. 그러므로 재앙 속에 행복이 깃들어 있고, 행복 속에 재앙이 숨어 있으며, 정상이 비정상으로 돌아가고, 경사스러운 일이 재앙

---

33 같은 책, 55장, 含德之厚 比于赤子 毒蟲不螫 猛獸不據 攫鳥不搏 骨弱筋柔而握固 未知牝牡之合而全作 精之至也 終日號而不嗄.

34 같은 책, 28장, 復歸於無極.

35 같은 책, 40장, 反者道之動 弱者道之用.

으로 돌아가는 것이다.[36] 사람들은 상대적인 가치판단을 기준으로 하여 화복과 길흉을 판단하고, 인위적으로 복과 선을 추구하려 들지만 그러한 상대적인 판단은 절대적인 것으로 믿을 수 있는 것이 아니다.

도는 만물을 생성하여 변화시키고 발전시킨다. 이때 만물의 생성 변화는 반드시 극한에 이르면 다시 자연의 본래 상태로 되돌아가는 성질이 있다. 이 세상에 존재하는 모든 사물에는 영원불변하게 발전하고 성장하는 것이란 있을 수 없다. 생물은 탄생이 있으면 자라서 늙고 죽음으로써 다시 본래의 상태로 돌아가는 것이 자연의 섭리이다.[37] 어떤 사물이든지 생성하면 반드시 변화하고 발전하는 것이 자연의 순리이고, 변화하고 발전하여 꼭짓점에 이르면 다시 본래의 상태로 되돌아가는 것이 이 세상 생성의 법칙이다.

> 만물이 아울러 생겨나고 있지만, 우리는 그 모두가 그 근원으로 되돌아감을 본다. 만물이란 번성하고 있지만 제각기 그 근원으로 되돌아가고 있는 것이다. 근원으로 되돌아가는 것을 고요함이라 말하는데, 그것은 운명에 따라 되돌아가는 것을 말한다. 운명에 따라 되돌아간다는 것은 영원불변하는 법칙을 두고 말하는 것이다.[38]

자연 속에 존재하는 만물은 한결같은 모양을 유지할 수 없고, 항상 그 모양이 변화하는 것이 자연의 속성이다. 이런 자연의 상태는 결국 만물을 그 근원으로 되돌아가게 하는 데 그 의의가 있다. 또 자연의 변

---

36 같은 책, 58장, 禍兮福之所倚 福兮禍之所伏 孰知其極 其無正也 正復爲奇 善復爲妖.

37 같은 책, 25장, 吾不知其名 字之曰道 强爲之名曰大 大曰逝 逝曰遠 遠曰反 故道大.

38 같은 책, 16장, 萬物竝作 吾以觀其復 夫物芸芸 各復歸其根 歸根曰靜 是謂復命 復命曰常.

동양고전의 윤리의식과 도덕적 인물

화는 모두가 무위한 것이고, 그 실질적인 작용은 '고요함'을 위주로 하기 때문에 사람의 인지능력으로 인식할 수 없다. 그리고 그것이 '스스로 그러한', '저절로 그러한' 그 자체이기 때문에 언제나 일정한 법칙을 가지고 운행하는 것이다.

세 번째는 "소박함으로 돌아가자"[39]이다. 박樸은 인위적 조작이 들어가지 않은 자연 상태를 말한다. 노자는 도로부터 만물이 생성하고 변화하는 과정을 통나무에 비유한다. "통나무를 절단하여 그릇을 만드는데, 성인이 이러한 도를 써서 백관百官의 가장 존경받는 어른이 된다"[40]고 하였다. 통나무는 온갖 그릇을 만들 수 있는 가장 기본적인 자연물이다. 이러한 통나무의 성질을 잘 활용하지 못한다면 세상에 있는 수많은 그릇의 형태가 제한적일 수밖에 없다. 통나무는 자연의 본성을 지닌 것으로 참된 도는 항상 이름이 없어 마치 통나무와 같다.[41]

노자에게 있어서 통나무는 자연의 본성을 의미하는 것으로 무위이며 도를 따르고자 하는, 스스로 그러한 상태를 의미한다. 즉, 인간이 추구해야 할 자연적인 본성은 통나무와 같이 인위조작이 없는 소박한 생활을 추구해야 한다. 만약 인간이 소박함을 잃고 인위적인 부귀영화만 추구한다면, 결국 자연의 본성인 도를 따를 수 없어 멸망한다는 것이 노자의 주장이다.[42] 따라서 '소박함으로 돌아가자'는 노자의 주장은 인간의 본성은 통나무처럼 소박하므로 자연의 본성에 복귀하라는 말이다.

---

39 같은 책, 28장, 復歸於樸.

40 같은 책, 28장, 復歸於樸 樸散則爲器 聖人用之 則爲官長.

41 같은 책, 32장, 道常無名 樸.

42 같은 책, 30장, 不道早已.

이와 같이 갓난아이, 무극, 통나무의 상태로 복귀할 것을 주장하는 것은 모두 자연적 본성을 비유한 것으로서 도를 상징적으로 표현한 것들이기 때문이다. 이러한 비유 등은 모두 그 자체가 유약하고 유순하고 소박하다. 그러므로 노자의 자연으로 되돌아가야 한다는 복귀자연復歸自然은 인간이 본래 가지고 있던 자연적 본성으로 돌아갈 것을 요구하는 것이라고 볼 수 있다.

6. 도덕적 인물

노자가 도를 갓난아이나 물, 통나무에 비유하는 것은 이들이 작위하지 않고 순수하고 소박한 모습을 드러내지만, 또한 하지 못하는 것이 없는 능력을 지니고 있기 때문이다. 따라서 노자가 생각하는 도덕적인 인물이란 갓난아이나 물, 통나무와 같이 순수하여 무위를 실천하는 사람을 말한다.

> 성인은 무위하게 일에 처신하며, 말하지 않고서 가르침을 행한다. 만물을 생성케 하면서도 말하지 않으며, 생겨나게 하면서도 소유하지 않으며, 그렇게 되도록 하고서도 그것에 의지하지 않으며, 공로를 이룩하고서도 그것을 자랑하지 않는다. 그들은 스스로 공로를 자랑하지 않기 때문에 공로가 그에게서 떠나지 않게 된다.[43]

---

43 같은 책, 2장, 是以聖人處無爲之事 行不言之敎 萬物作焉而不辭 生而不有 爲而不恃 功成而弗居, 夫唯弗居 是以不去.

동양고전의 윤리의식과 도덕적 인물

성인은 무위하게 일을 처리하기 때문에 생겨나게 하고서도 소유하지 않고 자신의 공로를 과시하지 않고 모든 일을 이룩하게 하는 사람이다. 마치 말 없는 도가 만물을 생육하고 화성하는 것과 같다. 성인은 주인 행세도 하지 않고 모든 것을 소유하고도 지배하지 않는 것이 특징이다. 성인이 도를 따라 행동하므로 무위할 수 있고 무사할 수 있고 무욕할 수 있다. 그 때문에 성인은 그 자신을 뒤로 미루지만 자신이 앞서게 되며, 그 자신을 도외시하지만 자신이 생존하게 된다.[44] 또 성인은 심한 일을 하지 않으며, 사치한 일도 하지 않으며, 교만한 일도 하지 않고, 사람과 만물을 위해 이로운 일만 하는 사람이다.[45] 그렇기 때문에 "성인은 하는 바가 없으므로 패함도 없다"[46]고 하였다. 하는 바가 있으면 반드시 언젠가는 실패가 있기 마련이지만, 성인은 하는 바가 없으므로 실패할 것도 없다.

노자는 성인을 이상적인 인간의 모습으로 표현했으며, 때로는 온전한 도를 터득한 사람, 완전한 덕을 갖춘 사람으로 인용하였다. 노자가 말하는 성인이란 추상적이고 가공적인 인물이 아니라 현실적으로 '온전한 도를 터득한 사람'이거나 '완전한 덕을 실현한 사람'을 말하는 것으로, 물의 작용과 같다.

최상의 선은 물과 같다. 물은 만물에게 좋게 베풀고 이롭게 해주지만, 다투지 않고, 언제나 모든 사람들이 싫어하는 비천한 곳에 처해 있다. 그러므로 물의 속성은 도에 가깝다. 물의 특성을 닮은 성인은 몸을 비천

---

44 같은 책, 7장, 是以聖人後其身 而身先 外其身 而身存.
45 같은 책, 29장, 是以聖人 去甚 去奢 去泰.
46 같은 책, 64장, 聖人無爲 故無敗.

한 곳에 두고, 마음은 연못처럼 고요하고, 더불어 사귐에 인자하고, 말이 믿음직하고 바르므로 잘 다스려지고, 일에 능력이 있으며, 움직임에 때를 잘 맞춘다. 오직 물이나 성인은 다투지 않으므로 허물이 없다.[47]

노자는 최상의 선은 물과 같다고 하여, 물의 특성을 세 가지로 정의했다. 첫째는 만물을 이롭게 해주는 것이고, 둘째는 다투지 않는 것이고, 셋째는 남이 싫어하는 낮은 곳에 있다고 보았다. 즉 무위자연의 도를 따라 허정한 마음으로 언제나 유약柔弱 · 처하處下 · 부쟁不爭하면서 남의 것을 빼앗으려 하지 않고, 만물을 이롭게 해주어야 바로 상선上善의 경지에 들 수 있다. 물은 모든 것이 높은 곳을 향해 피나는 노력을 할 때도 늘 아래로 흘러감으로써 시내와 강들을 받아들여 바다를 이루고, 그 스스로도 어느 것보다 깊어져서 모든 것을 감싸고 어떤 무거운 배도 띄워 올린다. 또 생명이 있는 모든 것에 생명수가 되어 모두를 이롭게 한다. 부드럽고 유약하지만 세상 만물을 살아 움직이게 한다는 점에서 그 어느 것보다 강하다.

문을 나서지 않고서도 천하의 일을 알고, 창밖을 내다보지 않고서도 하늘의 도를 볼 수 있다. 그가 밖으로 나가는 것이 멀수록 바르게 아는 것이 적게 마련이다. 그러므로 도를 터득한 성인은 아무 데도 가지 않으면서도 알게 되며, 보지 않으면서도 올바로 식별하고, 작위를 하지 않으면서도 일을 성취하게 된다.[48]

---

47 같은 책, 8장, 上善若水 水善利萬物而不爭 處衆人之所惡 故幾於道 居善地 心善淵 與善仁 言善信 正善治 事善能 動善時 夫唯不爭 故無尤.

48 같은 책, 47장, 不出戶知天下 不窺牖見天道 其出彌遠 其知彌少 是以聖人不行而知 不

참다운 지식이란 현상계나 감각세계에서 얻어지는 것이 아니라, 마음속의 허정한 상태에서 얻어진다. 인간적인 경험이나 지식을 버리고 무위자연의 도에 복귀했을 때 가능하다. 그래서 성인은 무위하면서도 모든 일을 알 수 있기 때문에 올바로 판단하고 일을 성취시키는 사람이다.

그러면 백성의 통치자로서의 성인은 어떤 방식으로 정치를 하는 것일까? 첫 번째는 낮게 처신해야 한다.

강과 바다가 모든 계곡의 왕자가 될 수 있는 까닭은 그것이 낮은 자리를 잘 차지하고 있기 때문이다. 그래서 모든 계곡의 왕자가 될 수 있는 것이다. 그러므로 백성의 윗자리에 있으려 한다면 반드시 말을 함에 있어 자신을 낮추어야 한다. 백성의 앞자리에 있으려 한다면 반드시 자신을 그들 뒤로 미루어야 한다. 그러므로 성인은 윗자리를 차지하고 있어도 백성을 중히 여길 줄 알며, 앞자리를 차지하고 있어도 백성을 해롭게 하지 않는다. 그렇기 때문에 온 천하가 그를 추대하면서도 미워하지 않는다. 그는 남과 다투지 않기 때문에 천하에 그와 다툴 수 있는 사람이 없는 것이다.[49]

강이나 바다는 낮은 곳에 처해 있으므로 모든 골짜기의 물이나 냇물이 자연스럽게 흘러들어 모든 물을 통합하는 왕자가 될 수 있다. 나

見而名 不爲而成.

49 같은 책, 66장, 江海之所以能爲百谷王者 以其善下之 故能爲百谷王 是以聖人欲上民 必以言下之 欲先民 必以身後之 是以聖人 上而民不重 處前而民不害 是以天下樂推而不厭 以其不爭 故天下莫能與之爭.

라를 다스리는 왕도 낮게 처신하고 언행을 겸손하게 하면 백성이 자연스럽게 모여들어 훌륭한 통치자가 될 수 있다. 그렇게 하기 위해서 반드시 자신보다 백성을 먼저 생각하면, 백성이 미워하고 시기하지 않기 때문에 다툼이 일어나지 않아 추앙을 받게 된다.

두 번째는 나보다는 남을 먼저 배려해야 한다.

성인은 재물을 축적하지 않는다. 그것을 모두 남을 위해 쓰지만 자기는 더욱 많이 갖게 된다. 그것을 모두 남에게 주지만 자기는 더욱 많아진다. 하늘의 도는 이롭게 해주지만 해치지 않고, 성인의 도는 행하기는 하지만 다투지 않는다.[50]

성인은 오직 남을 이롭게만 한다. 그렇게 하기 위해서는 소유하지 않아야 한다. 그러면 어느 누구하고도 명리를 다투지 않는다. 사람들과 적을 만들면 반드시 다툼이 생기기 마련이다. 그러나 세상에 적이 없으면 반목과 대립도 없어져 자연스럽게 남에 대한 배려가 일어나게 된다. 오직 다투지 않으면, 적이 생길 리가 없기 때문에 마음이 편할 수밖에 없다. 그러나 정치를 잘못하면 어떤 폐해가 생길까?

백성이 굶주리는 것은 그들을 다스리는 사람들이 거두는 세금이 많기 때문이다. 백성을 다스리기가 어렵게 되는 것은 그들을 다스리는 사람들이 인위적인 다스림을 하기 때문이다. 백성의 죽음을 가볍게 여기는

---

50   같은 책, 81장, 聖人不積 旣以爲人己愈有 旣以與人己愈多 天之道 利而不害 聖人之道
     爲而不爭.

것은 그들을 다스리는 사람들이 생활의 풍족함을 추구하기 때문이다.[51]

　백성을 굶주리지 않게 하기 위해서는 먼저 부과하는 세금을 가볍게 해야 하고, 또 군주는 인위적인 일을 하지 않아야 한다. 한 번 해놓은 일은 다시 원래의 상태로 되돌리기가 쉽지 않기 때문이다. 노자가 보기에도 그 당시 혼란은 군주들의 지나친 욕심 때문에 너무 많은 일을 하려고 하는 데 있었으며, 백성은 군주의 욕망에 비례하여 엄청난 고통을 겪어야 한다.

　성인은 일정한 마음을 갖지 않고 백성의 마음으로써 자기 마음을 삼는다.[52] 이것이 바로 인위적인 정치가 아니라 자연스럽게 다스려지는 정치형태이다. 이러한 성인의 모습은 마치 갓난아이 혹은 물과 같다. 노자가 생각한 무위 · 무욕 · 무사한 성인의 모습은 맑고 고요하고 공허하기 때문에 아무 작위도 없는 순진무구한 갓난아이 혹은 물과 같다. 노자는 도덕적이고 이상적인 인물을 선인善人, 유도자有道者, 대장부 등으로 부르기도 한다.

51　같은 책, 75장, 民之飢 以其上食稅之多 是以飢 民之難治 以其上之有爲 是以難治 民之
　　輕死 以其上求生之厚 是以輕死.

52　같은 책, 49장, 聖人無常心 百姓心爲心.

제2장

『장자』에 나타난
윤리의식과 도덕적 인물

1. 장자의 생애

장자는 전국시대 중기인 기원전 369년경 송나라 몽蒙이라는 마을에서 태어나 기원전 289년경에 죽었다고 전해진다. 그의 가계와 생애는 잘 알려져 있지 않다. 장자의 이름은 주周이고, 자는 자휴子休이다. 장자는 젊어서 지금의 하남성 상구현 부근 지역인 몽현에서 칠원리漆園吏를 지냈다. 칠원리는 옻나무 동산을 관리하는 하급관리였다. 송나라는 본래 주나라에 정복된 이전 왕조인 상商나라 자손들의 나라이다. 이 피지배민족은 춘추시대 이후 초나라의 침입을 받아 점차 초나라의 속국으로 변하여 망국의 무력감으로 인해 자긍심이 한층 저하된 상태였다.

한비자는 이러한 송나라 사람들을 비유하여 '수주대토守株待兎'라하여 조금은 모자라고 어리석은(우원迂遠) 사람의 전형으로 보았다. 이런 무기력함과 어리석음이 오히려 지극히 자연스러운 생활이 되어 후에 장자가 주장하는 사상이 되었는지도 모른다. 아니면 춘추전국시대에 다른 제자백가들은 제후에게 발탁되어 자신의 이상을 현실정치를 통해 실현해보려고 애쓰고 있을 때, 오히려 초연하게 자연에 파묻혀 유유자적하게 참된 삶의 정도를 찾으려고 애썼는지도 모른다.

장자의 생애는 양梁의 혜왕(B.C. 370~319 재위)이나 제齊의 선왕(B.C. 319~301 재위)과 같은 시대였고, 그의 학문은 박학했으며, 그 근본은 노자의 설에 귀착하고 있다. 따라서 그가 지은 10만여 자의 저술은 대체로 우언寓言으로 이루어져 있다. 또 「어부」나 「도척」 편 등을 지어 공자와 그 문하를 비방함으로써 노자의 사상을 밝히려 했다.

그러나 장자의 생애에 대해서는 더 이상 확실한 기록이 없다. 노자의 생애보다는 그 근거가 확실한 듯이 보이지만, 그것도 대략 맹자(B.C. 372~289)와 비슷한 연배였으리라는 추측 이상은 불가능하다. 그 시대의 제자백가들 중에서도 이들 두 사람은 가장 특출하고 서로 대립을 이루었던 사상가임에도 불구하고 그들의 저서에 상대방의 이름이 보이지 않는다는 점이 이상할 정도이다.

장자는 글을 아주 잘 지었는데 세상 사람들이 이해하고 따르기에는 거리가 있었으며, 세상의 현실적인 문제보다는 출세간出世間에 관해 관심이 많았기 때문에 현실에 관심이 많은 유가와 묵가를 공격하는 사상이 되었다. 그래서 그 당시에 학문이 뛰어났던 학자라 할지라도 장자의 논변에 대해 스스로 반박할 수 없었다. 왜냐하면 그의 사상은 큰 바다와 같이 측량할 수 없을 만큼 심원하였고, 또 자유분방하여 스스로 원하는 대로 하여 자신의 생활에 만족하였기 때문에 제후나 대부들도 그를 마음대로 할 수 없었다.

사마천은 장자의 생존연대와 사상에 대해 다음과 같이 기술하였다.

장자는 몽 지역의 사람인데, 이름은 주이다. 그는 몽의 칠원의 관원이었고, 양 혜왕(B.C. 370~319 재위)과 제 선왕(B.C. 319~301 재위)과 동시대 사람이다. 그의 학문은 엿보지 않은 것이 없을 정도로 포괄적이었지만, 그 학문의 요체와 근본은 노자의 말에 귀착된다. 그가 지은 책은 십여만 언의 글자로 이루어져 있는데, 대부분 우언寓言의 형태를 따랐다. 「어부」, 「도척」, 「거협」을 지어서 유가를 비판하고 노자의 학술을 밝혔다. 「외루허」나 「항상자」에 실려 있는 내용들은 모두 사실에 근거하지 않은 말들이다. 그러나 그는 글을 잘 짓고 문장을 잘 엮었고, 사실을 가리켜 실정을 유추해냄으로써 유가와 묵가를 공격했다. 그래서 비록 당시의 원숙한 학자들이라고 할지라도 그의 비판으로부터 벗어날 수 없었다. 장자의 말은 광대하고 심원하지만 그는 스스로 자유분방하게 말하는 것으로 만족하였기 때문에 왕공과 대인들은 그를 등용해서 쓸 수 없었다.[53]

장자가 태어난 몽이란 곳은 당시 송나라에 속해 있었고, 지금은 하남성 상구시 동북지역이다. 출신지역과 달리 장자의 생존연대는 분명하지 않다. 당시 관직에 있지 않은 사람의 경우 그 사람의 생존연대를 추정할 근거가 없기 때문이다. 다만 그의 생존연대를 간접적으로 추론해볼 수밖에 없다. 그는 양 혜왕, 제 선왕과 동시대 인물이다. 또 그의 친구 혜시(B.C. 약 370~약 310)는 양 혜왕 밑에서 관직을 수행했던 인물이

---

53 『史記』, 「老子韓非列傳」, 莊子者 蒙人也 名周 周嘗爲蒙漆園吏 與梁惠王 齊宣王同時 其學無所不闚 然其要本歸於老子之言 故其著書十餘萬言 大抵率寓言也 作漁父 盜跖 胠篋 以詆 孔子之徒 以明老子之術 畏累虛 亢桑子之屬 皆空語無事實 然善屬書離辭 指事類情 用剽剝儒墨 雖當世宿學不能自解免也 其言洸洋自恣以適己 故自王公大人不能器之.

　　　　　　　　　　　　　동양고전의 윤리의식과 도덕적 인물

다. 이와 같은 사실로부터 장자가 대략 기원전 355~275년경에 살았던 인물이라고 추정할 수 있다.[54] 또 사마천이 장자는 한때 칠원漆園을 담당하는 관리였다고 하는데, '칠원'은 옻나무가 많았던 왕이나 귀족의 사냥터가 아니었나 추측된다. 이 칠원에서 관리로 있으면서 그는 『장자』 전편에 나오는 조수나 초목에 대한 방대한 지식을 얻었던 것 같다.

　　그가 초연하면서 유유자적하게 자연적인 삶을 얼마나 즐겼는지 살펴보자. 초나라 위왕이 장자가 능력 있고 현명하다는 소문을 듣고, 재상으로 삼기 위해 사자를 보내 후한 예물로 그를 맞이하도록 했다. 그런데 장자는 단지 강함을 가지고 약함을 강탈하는 전쟁의 참화를 뼈저리게 체험했기 때문에 명분이 없는 무력 전쟁을 극력 반대했다. 초나라의 위왕이 월나라를 침공하려 하자 왕을 찾아가서 침략을 단념하도록 설복시켰다. 이에 장자의 재능을 인정한 위왕이 장자를 재상으로 등용하기 위해 두 사람의 사신으로 하여금 장자를 찾아가서 천금의 선물을 주고 초빙해오도록 한 것이다. 두 사신들이 석 달 동안 찾아 헤맨 끝에 장자를 만났다. 그때 장자는 복수라는 곳에서 낚시를 하고 있었는데, 돌아보지도 않고 웃음을 머금으면서 초나라의 사신에게 말했다.

　　천금이라고 하면 실로 대단히 큰 재물입니다. 대신과 재상이란 지위는 정말 높은 관직입니다. 그렇지만 당신은 교외에서 하늘에 제사지낼 때 희생 제물로 쓰이는 소를 본 적이 있습니까? 그 소는 여러 해 동안 맛있는 사료를 잘 먹고 잘 길러지다가 어느 날 아름답게 수를 놓은 비단옷을 입고 조상의 사당에 들여보내지는데, 그때서야 비로소 평범한 돼지

54　　이강수, 『노자와 장자』, 도서출판 길, 1997, 111쪽.

로 태어났으면 이런 희생으로 죽음을 당하지 않을 텐데 하고 후회를 해 보아도 아무 소용이 없는 일이지요. 이런 사실을 아신다면 더 이상 나를 더럽히지 말고 빨리 돌아가 주시오. 당신의 얼굴을 보면서 얘기만 하고 있어도 왜 그런지 더러운 것에 전염되는 것 같은 기분입니다. 나는 왕에 게 포로가 되느니 차라리 아주 더러운 시궁창 속에서 뒹굴고 있을 때가 가장 즐겁습니다. 내가 즐거워하고 있는데, 무엇 때문에 국가의 통치자 에게 얽매일 필요가 있겠습니까? 한평생 죽을 때까지 이렇게 시골에서 벼슬하지 않으면서 내 뜻대로 사는 것이 나의 간절한 소망입니다.[55]

장자는 자유분방하고 반정치적인 인물이다. 일체의 세속적 가치 는 자칫하면 집착이 없는 자신의 삶을 파멸시킬 수도 있기 때문이었다. 이런 세속적 가치에 맞서서 그는 스스로의 즐거움을 선택한다. 「추수秋 水」편에서는 자신을 재상으로 모시겠다는 위왕의 말을 전하는 사신에 게 장자는 다음과 같이 말했다.

"내가 들은 바에 의하면 초나라 조정에서는 죽은 지 3천 년이 지난 성스 러운 거북 등껍질이 있다지요. 당신들의 임금께서는 그것을 비단보로 아주 정성스럽게 포장하여 종묘에 모셔두고 정성스럽게 제사를 지낸다 는 소리를 들었습니다. 그런데 그 거북이 죽어서 높이 사람들에게 받들 어지기를 바라겠습니까? 아니면 살아서 흙탕물 속에서 마음대로 꼬리

---

55 『史記』,「老莊申韓列傳」, 楚威王聞莊周賢 使使厚幣迎之 許以爲相 莊周笑謂楚使者曰 千金 重利 卿相 尊位也 子獨不見郊祭之犧牛乎 養食之數歲 衣以文繡 以入太廟 當時之 時 雖欲爲孤豚 豈可得乎 子亟去 無汚我 我寧遊戲汚瀆之中自快 無爲有國者所覇 終身不 仕 以快吾志焉.

를 질질 끌면서 다니기를 바라겠습니까?" "그야 살아서 마음대로 꼬리를 끌고 다니기를 바라지 않겠습니까?" 그러자 장자가 기다리고 있었다는 것처럼 말했다. "자, 그러니 이만 돌아가 주십시오. 나도 흙탕물 속에서 마음대로 꼬리를 끌며 살고 싶소."⁵⁶

이 말을 들은 사신은 장자가 더 이상 세속의 일에 관심이 없다는 것을 깨닫고 초나라로 돌아갔다. 장자는 예나 다름없이 사회적 구속에서 벗어나 오로지 무위자연을 추구하면서 강에서 낚시와 짚신을 엮어 호구를 해결하면서 유유자적하게 살았다고 한다. 그는 당시 자신의 능력과 이상을 알아주는 군주를 찾아 발바닥이 닳도록 중국 천하를 헤매고 다녔던 그 당시의 다른 제자백가 사상가들과는 분명히 다른 삶을 살았다.

장자의 사상은 『장자』에 잘 나타나 있다. 이 책은 모두 33편으로 되어 있으며, 수많은 비유와 우화로 가득 차 있다. 또 당나라 현종 때는 장자를 '남화진인南華眞人'이라 부르고, 『장자』는 『남화진경南華眞經』이라 부르도록 조명詔命을 내렸다. '남화'란 말은 장자가 조주의 남화산에 숨어 산 일이 있는 데서 유래한 것이다. 『장자』가 쓰인 당시에는 분량이 약 10만 자에 달하고 모두 52편으로 이루어져 있었다. 그러나 현재 우리가 알고 있는 『장자』는 진나라 곽상주본郭象注本으로 그 분량은 본래 분량의 절반밖에 안 되고 편수도 대폭 줄어들었다. 또 그나마 절반 정도가 문인들의 후기이거나 다른 학자들이 고쳐 쓴 것이어서 장자 자신

56　『莊子』, 「秋水」, 莊子釣於濮水 楚王使大夫二人往先焉 曰 願以境內累矣 莊子持竿不顧
　　曰 吾聞楚有神龜 死已三千歲矣 王以巾笥而藏之廟堂之上 此龜者 寧其死爲留骨而貴乎
　　寧其生而曳尾於塗中乎 二大夫曰 寧生而曳尾塗中 莊子曰 往矣 吾將曳尾於塗中.

의 저술은 불과 4분의 1 정도에 불과하다. 더구나 문인들이 고쳐 쓰거나 이어 쓴 부분은 그 내용이 장자의 본래 의도와는 다른 부분이 많다는 것이 정설이다.

2. 도덕에 관한 이해

장자철학은 노자철학과 다르지만, 장자가 논한 도와 덕에 관한 이론은 거의 차이가 없다고 할 수 있다. 도는 천지만물 생성의 시원이고, 사물이 있으면 반드시 도가 있다. 따라서 도는 존재하는 모든 것이나 존재하지 않는 그 무엇에도 없는 곳이 없다.

> 도는 사실 작용도 있고 믿을 수 있는 증거가 있으나 작위도 없고 형체도 없다. 또 그것은 마음으로 전할 수 있으나 말로 전달받을 수는 없다. 또한 마음속으로 체득할 수는 있지만 눈으로 볼 수는 없다. 스스로 근본이 되고 스스로 뿌리가 된다. 따라서 천지가 생기기 전의 옛날부터 진실로 존재해 있었다. 그것이 귀신과 상제를 신령스럽게 하고 하늘과 땅을 생성하였으며, 태극보다 위에 있으면서 높다고 하지 않고 육극六極(사방과 상하, 곧 우주)의 아래에 있으면서도 깊다고 하지 않으며, 천지보다 먼저 생겼으면서도 오래되었다고 하지 않고, 먼 옛날보다 오래되었으면서도 늙었다고 하지 않는다.[57]

---

57 같은 책, 「大宗師」, 夫道 有情有信 無爲無形 可傳而不可受 可得而不可見 自本自根 未有天地 自古以固存 神鬼神帝 生天生地 在太極之上而不爲高 在六極之下而不爲深 先天地生而不爲久 長於上古而不爲老.

그에 따르면 도는 천지보다 아주 오랜 옛날부터 스스로 독립적으로 존재하고 있었으면서도 늙지도 않았다는 것이다. 도는 곧 자연이어서 인간의 힘을 초월해 있기 때문에 인간의 의지나 노력으로는 어떻게 할 수 없는 우주적 의지이다. 그래서 도는 분명히 체득할 수 있는 것이지만 보아도 그 형상을 볼 수도 없고 감각으로 느껴 알 수도 없다. 도는 천지를 낳고 귀신과 상제가 그 작용을 드러나게 하여 믿을 수 있는 확실한 존재이기도 하다. 그런데 도는 시작도 없고 끝도 없고 다함도 없으며, 존재하지 않은 때가 없고 존재하지 않는 곳이 없다.

도는 무한히 광대하고 끊임없이 전달되고 있으나, 그것은 구체적으로 형체도 없고 상태도 없기 때문에 주고받지는 못한다. 그러나 영원히 존재하기 때문에 세계 만물이 도에 의존할 수밖에 없다. 도는 우리의 감각적 인식을 초월한 것이지만, 다른 것에 의지함이 없이 스스로 영원히 존재하며, 하려고 하는 의지도 없이 천지만물을 생성·변화시키는 근원적 존재로서 만물 속에 내재되어 있다.

장자는 "보아서 보여질 수 있는 것은 형체와 빛깔이다. 들어서 들을 수 있는 것은 이름과 소리이다. 슬프다! 세상 사람들이 형체와 빛깔, 이름과 소리를 가지고 참모습을 얻었다고 여기는구나!"[58]라고 하였다. 감관에 드러나는 형체와 빛깔, 이름과 소리 등은 그 원인인 사물의 참모습을 인식할 수 없다. 인간이 인식할 수 있는 것은 감각일 뿐 참된 실재의 원인인 도는 파악할 수 없다.

이와 같이 사물의 시작과 종말도 나타난 현상으로 알 뿐이지 그렇

---

58   같은 책, 「天道」, 視而可見者 形與色也 聽而可聞者 名與聲也 悲夫 世人以形色名聲爲足 以得彼之情!.

게 된 참된 원인은 알 수 없다. 즉, 만물의 성장함은 알 수 있으나 그 뿌리를 본 사람은 없다. 출현함은 있으나 그 출입문을 본 사람은 없다.[59] 또 만물을 변하게 하는 것은 있는 듯하지만, 그것들을 옮겨 변하게 하는 것을 알지 못하므로 그의 종말과 시원을 알 수 없다.[60]

도는 모든 존재의 근본원리이기 때문에 모든 존재와 더불어 존재한다. 그러므로 존재하지 않는 곳이 없고 존재하지 않는 때가 없다. 또한 도는 자연을 떠나서 존재하지 않고 만물은 도를 떠나서 존재하지 않는다. 이것이 도의 절대성이고 보편성이고 무한성이다. 그 이유로 도는 스스로 그러한 자연을 본받았기 때문이다. 그리고 무위의 원칙으로써 행하는 것을 자연(천天)이라 하고,[61] 만물이 그것을 얻어서 생겨나는 것이 덕이다.

> 태초에는 무만 있었고 유가 없었기 때문에 이름도 없었다. 이 무에서 하나가 생겼고, 그 하나가 있었지만 아직 형체는 없었다. 만물이 그것을 얻어서 생겨나는 것이 덕이다. 덕 역시 형체는 없었지만 이미 도에서 나누어진 것이다. 그러나 본질적으로 도와 덕은 분별이 없다. 이것을 명이라 한다. 그것(정기精氣)이 유동하면 구체적인 사물이 생성된다. 구체적인 사물이 생성되어 일정한 속성(이理)이 생긴 것을 형체라고 한다. 형체가 정신을 보유했을 때, 각기 그 법칙을 따르는 것이 사물의 본성이다. 본성을 닦으면 덕으로 돌아오고 덕이 지극하면 태초와 같아진다.[62]

---

59 같은 책, 「則陽」, 萬物有乎生而莫見其根 有乎出而莫見其門.

60 같은 책, 「山木」, 化其萬物而不知其禪之者 焉知其所終 焉知其所始.

61 같은 책, 「天地」, 無爲爲之之謂天.

62 같은 책, 「天地」, 泰初有无无有无名 一之所起 有一而未形 物得以生 謂之德 未形者有分

동양고전의 윤리의식과 도덕적 인물

장자도 노자와 마찬가지로 도와 덕은 본질적으로 분별이 없다고 보았다. 태초에 무가 있었는데, 그 무가 도이다. 그 무는 존재도 이름도 없었는데, 그것으로부터 하나가 생겨났다. 만물이 도를 얻어서 생겨나는 것이 덕이다. 존재근거로서 도와 밀접한 관계를 지니고 있는 것이 바로 덕이다. 도가 만물을 생겨나게 하는 시원이라면 덕은 비로소 그 모습을 이룰 수 있게 한다. 도를 무라고 하면 덕을 소유한 것이 만물이다.

> 형체는 도가 아니면 생겨나지 않고 생겨난 것은 도가 아니면 분명하지 않다. 형체를 보존하고 생을 다하여 덕을 세우고 도를 밝히는 것은 큰 덕을 가진 이가 아니면 할 수 없다. 아득하게 갑자기 나타났다가 급히 움직여 만물이 따르는 것을 큰 덕을 가진 사람이라고 한다."[63]

덕이란 만물이 각각 그 성질을 얻어서 만물이 만물이게끔 해주는 원동력이다. 도는 만물을 생겨나게 하고 덕은 만물을 이루어지게 한다.

> 도와 덕은 실상은 같고 이름만 다를 뿐이다. …… 존재할 수 없는 것을 도라고 하고, 그 도를 자기가 얻은 것을 덕이라 한다. 즉 도란 사람들이 공통으로 따른 것이고, 덕이란 각자가 얻은 것이다. 물로써 비유해보자. 호수와 바다의 깊은 물과 마당 웅덩이의 고인 물은 진실로 다르나, 물이라는 사실만은 다르지 않다. 장강과 황하의 물은 유유히 흐르지만, 도

且然无間 謂之命 留動而生物 物成生理 謂之形 形體保神 各有儀則 謂之性 性修反德 德至同於初.

63 같은 책, 「天地」, 故形非道不生 生非德不明 存形窮生 立德明道 非王德者邪 蕩蕩乎 忽然出 勃然動 而萬物從之乎 此謂王德之人.

랑과 개울의 물은 부딪쳐 튀어 오르는데, 이는 저마다 얻은 바가 그렇기 때문이다. 이것이 곧 실상(물)은 같고 이름(장강, 황하, 도랑, 개울)만 다르다는 말인데, 어찌 진실이 아니겠는가?[64]

도와 덕은 실상은 같지만 이름만 다르다. 즉 강이나 바다, 냇물 등 물이라는 실상은 같지만, 장강, 바다, 개울, 웅덩이 등 물이 흐르거나 고여 있는 명칭은 다르다. 도란 만물이 공통으로 말미암은 것이고, 덕이란 각 사물이 얻은 것을 일컫는다. 이것을 인간이 살아갈 수 있는 생활에 적용하면 다음과 같다.

예부터 대도에 밝은 자는 먼저 하늘을 밝힌 뒤에 도덕을 그다음으로 했고, 도덕이 이미 밝혀지면 인의를 그다음으로 했으며, 인의가 이미 밝혀지면 분수를 그다음으로 했고, 분수가 이미 밝혀지면 형명形名을 그다음으로 했으며, 형명이 이미 밝혀지면 인임因任(능력에 따라 직책을 임명하는 일)을 그다음으로 했고, 인임이 밝혀지면 원성原省(조사하고 살피는 것)을 그다음으로 했으며, 원성이 이미 밝혀지면 시비를 그다음으로 했고, 시비가 이미 밝혀진 다음에는 상벌을 그다음으로 했다. 상벌이 이미 밝혀져서야 어리석은 자와 지혜로운 자가 그 마땅한 자리에 처할 수 있고, 귀한 자와 천한 자가 제 위치에 있을 수 있으며, 인현仁賢과 불초不肖가 제 실정에 따를 것이다.[65]

64　焦竑, 『老子翼』, 道德實同而名異 …… 無所不在之謂道 自其所得之謂德 道者 人之所共由 德者 人之所自得也 試以水爲喻 夫湖海之涵浸 與坳堂之所畜 固不同也 其爲水有異乎 江河之流注 與溝澮之湍激 自其所得如是也 謂之實同名異 不信然.

65　『莊子』, 「天道」, 是故古之明大道者 先明天 而道德次之 道德已明 而仁義次之 仁義已明

　　　　　　　　　　동양고전의 윤리의식과 도덕적 인물

도는 인간과 관통하는 도덕으로 이어진다. 이 도덕의 구체적인 관계가 군신·부자·형제·장유·남녀·부부 사이이다. 이러한 관계를 유지시키는 덕목이 인의이고, 인의가 밝혀졌으면 그다음에 분수를 가지고 사회적 책임을 다해야 한다. 분수를 지키면 형명을, 형명이 밝혀지면 능력에 따라 직책을 임명하여 사안에 따라 옳고 그름을 조사하고 살펴서 잘한 사람에게는 상을, 잘못한 사람에게는 그에 상응하는 벌을 주어야 한다. 이렇게 비로소 어리석은 사람과 지혜로운 사람이 제자리에 서야 본인의 자리를 알게 되어 윤리강상이 서게 된다.

3. 『장자』 속에 나타난 장주의 모습

『장자』에서 장자와 관련된 내용을 장자의 후학들이 구성했는데, 「내편」을 제외하면 모두 12가지가 등장한다. 그중에서 특이하게 장자를 선생에 대한 존칭인 '자子'가 붙지 않은 '장주莊周'라는 명칭으로 사용하는데, 그 내용을 소개하려고 한다. 장주는 누구한테도 구속받지 않고 자유롭게 살아가는 생활을 하다 보니 자연히 가난하여 먹을 양식이 없었다. 그래서 하루는 부유한 제후 감하후에게 쌀을 얻으러 갔다.

"돈이 생기는 대로 갚을 테니 얼마간의 양식거리를 융통해주십시오."

장주가 이렇게 정중하게 부탁하자, 감하후는 장주에게 돈을 빌려

而分守次之 分守已明 而形名次之 形名已明 而因任次之 因任已明 而原省次之 原省已明
而是非次之 是非已明 而賞罰次之 賞罰已明 而愚知處宜 貴賤履位 仁賢不肖襲情.

주더라도 어차피 돌려받기 어렵다고 생각하고 이렇게 핑계를 댔다.

"지금은 없네. 하지만 사나흘 후면 식읍^{食邑}에서 세금이 올라오니 그땐 300금 정도를 빌려줄 수 있을 테니 기다리게나."

이 말을 듣고 상대방의 꼼수를 알아차린 장주는 심기가 불편하여 아주 재미있는 우화를 들어 감하후를 우회적으로 비난하였다.

"말만 들어도 고맙습니다. 하지만 그땐 소용이 없을 것 같습니다. 아까 제가 이리로 오고 있는데, 누군가가 소리쳐 부르지 뭡니까? 그래서 돌아다 보니, 수레 자국에 고여 있는 물에 붕어 한 마리가 제게 애걸했습니다. 그 붕어는 곧 말라 죽게 되었으니 물을 좀 퍼다 달라는 겁니다. 저는 귀찮은 생각이 들어 이렇게 말했지요. '내가 사나흘 후면 오나라로 유세를 떠나는데, 그대에게 서강의 물을 철철 넘치게 길어다줄 테니 기다리게.' 그러자 붕어는 화를 버럭 내며 '나는 당장 조금의 물만 있으면 살 수 있는데 당신은 기다리라고 하니 이젠 틀렸군요. 만일 그것이 당신이 말할 수 있는 전부라면, 당신은 나중에 건어물가게에 와서 죽은 나를 찾는 것이 나을 것입니다' 하고는 눈을 감지 않겠습니까?"⁶⁶

모든 것은 현실적인 상황에서 문제를 해결해야 한다. 현실적인 상황이란 그때의 시간과 공간 그리고 그에 맞는 조건과 해결을 의미한다. 현실적으로 물 한 바가지로 붕어의 생명을 구할 수 있는 것은 시간과 공간이라는 조건과 상황이 구비되어 있을 때, 비로소 붕어가 자신의 처지

---

66 같은 책, 「外物」, 莊周家貧 故往貸粟於監河侯 監河侯曰 諾 我將得邑金 將貸子三百金 可乎 莊周忿然作色曰 周昨來 有中道而呼者 周顧視車轍中 有鮒魚焉 周問之曰 鮒魚來 子何爲者邪 對曰 我東海之波臣也 君豈有斗升之水 而活我哉 周曰諾 我且南遊吳越之土 激西江之水 而迎子可乎 鮒魚忿然作色曰 吾失我常與 我无所處 吾得斗升之水然活耳 君乃言此 曾不如早索我於枯魚之肆.

를 절박하게 요구할 수 있는 것이다. 장주가 가난하여 먹을 양식거리가 당장 급해서 양식을 빌리러 갔을 때, 감하후가 사나흘 후에 세금이 오면 300금을 빌려주겠다는 것은 현실적인 급박한 상황을 떠나 미래에 있을 수도 없을 수도 있는 일을 대입한 것과 같다. 즉 한 바가지의 물이 없어 사경을 헤매는 붕어에게 멀리 '서강의 물을 떠다주기'를 기다린다면 시간, 공간과 조건의 한계 때문에 결국 붕어는 목숨을 부지할 수 없다.

장자는 감하후와의 대화를 통하여 수레바퀴 자국에 고인 물속에서 고생하는 붕어의 말로 자기에게 처해진 현실이 과연 어떤 상황인가를 직시해볼 필요가 있음을 비유한 것이다. 이른바 철부지급轍鮒之急 또는 학철지어涸轍之魚라는 고사성어의 출처 대목이다. 먼 곳에 있는 물은 가까운 불을 끄지 못한다는 뜻으로, 몹시 위급하거나 옹색한 형편을 비유하는 말이다.

이와 같은 일은 장자가 칠원의 관리를 내던진 후의 일로, 자신의 딱한 처지를 붕어에 비유하면서 감하후에게 지금 처해진 현실 상황을 직시할 것을 권하고 있는지 모른다. 또 그는 권력과 부를 따라 철새처럼 움직이는 동시대의 지식인들과는 달리 자연스러운 삶을 살아간다는 것이 얼마나 고통스러운지 몸소 체험했던 것이다. 이런 고난의 삶은 그가 우화 속에 등장하는 인물들의 소재로 면면히 반영되고 있다. 이들을 통해 위선과 기만으로 무장한 통치자들과 지식인들을 비난하였고, 다른 한편으로 '저절로 그러한' 자연의 경지에서 인간의 삶을 깨닫고 세속적인 삶이나 지위 그리고 명예, 영리를 초월한 자유로움을 풍자적인 우화로 표현하고자 했는지 모른다. 그의 생활은 자연에서의 유희였다. 이런 자연 속의 유희는 진정한 삶에서 발견한 해탈이기도 했다.

그리고 실제로 이러한 사상으로 삶을 살았던 인물이 바로 장자이다. 장자는 전국시대에 입신출세하기 위해 여러 나라의 조정을 돌아다니던 다른 제자백가들과는 달리 인생의 대부분을 향리에서 자연 속에 묻혀 자연과 함께 가장 사람답게 살았던 인물이다. 장자가 비록 다 떨어진 베옷을 입고 향리에서 세속을 피해 가난하게 살았지만 당시에 유행했던 많은 학설을 두루 통달하였기 때문에 현실을 직시하는 시대정신을 가지고 당시의 학설을 비판할 수 있었다.

두 번째 장주가 등장하는 "조릉의 이야기"이다. 이 이야기를 통해 장자가 철학적으로 문제 삼고 있는 것이 무엇인지 짐작할 수 있게 된다.

> 장주가 어느 날 조릉이라는 밤나무 숲의 울타리에서 놀다가 한 마리 이상한 까치가 남쪽으로부터 날아오는 것을 보았다. 그 까치는 날개의 넓이가 칠 척이나 되고 눈동자의 직경이 한 치나 되었는데, 장주의 이마를 스치고 날아가 밤나무 숲에 가 앉았다. 장주는 마음속으로 "이것은 어떤 새인가? 그렇게 큰 날개를 가지고도 높이 날지 못하고 그렇게 큰 눈을 가지고도 (나를) 보지 못하는구나"라고 하면서, 바지를 걷어 올리고 재빨리 걸어가 까치를 잡기 위해 화살을 잡아 활에 끼웠다. 그때 살펴보니 한 마리 매미가 기분 좋게 나무 그늘에 앉아 멍하니 있었다. 그리고 그 곁에는 한 마리 사마귀가 나뭇잎에 숨어 (자신이 얻을) 이익 때문에 자신이 노출되었다는 사실을 잊고 있었다. 그런 그 곁에는 그 이상한 까치가 기회를 틈타 이 사마귀를 잡으려고 눈독을 들이느라 자신도 장주에게 잡히는 것을 모르고 있었다. 장주는 이런 모습을 보고 소스라치게 놀라면서 말했다. "아, 사물은 본질적으로 서로에게 연루되어 있고, 이해관계는 서로 얽혀 있구나." 아니나 다를까 그가 자신의 활을 버리고 돌아왔을 때, 밤나무 숲을 지키고 있던 주인이 장주가 밤을 따가려는 도둑

동양고전의 윤리의식과 도덕적 인물

인 줄 알고 욕을 하면서 쫓아왔다. 장주는 집으로 돌아와서 석 달 동안 집 밖으로 나오지 않았다. 그러자 제자인 인차가 물었다. "선생님께서 무엇 때문에 요사이 밖으로 나오시지 않으십니까?" 그러자 장주가 대답했다. "나는 지금까지 외물에 마음을 빼앗겨 나 자신을 잊고 있었다. 나는 탁한 물을 보다가 맑고 깨끗한 연못을 잊고 있는 격이었다. 게다가 나는 선생님으로부터 이미 '다른 풍속으로 들어가서는 그곳에서 통용되는 풍속을 따르라'고 하였는데, 지금 내가 조릉에서 놀다가 나 자신을 잊고, 그 이상한 까치는 내 이마를 스치고 지나가 밤나무 숲에서 놀다가 정신을 잃었고, 밤나무 숲을 지키는 사람은 나를 밤을 따가는 도둑으로 여기어 내가 치욕을 당했다. 이것이 내가 밖으로 나가지 못하고 있는 이유이다."[67]

장자는 밤나무 숲을 통해 자신이 깨달은 세상의 이치를 제자인 인차에게 설명해주고 있다. 세상의 살아있는 생물들은 자신의 생명을 유지하기 위해 자신의 욕구를 충족하려는 충동으로 항상 외물에 빠지게 된다. 이런 외물에 대한 욕구 때문에 삶과 죽음이 결정되는 것도 잊는 경우가 허다하다. 즉 밤나무 숲에서 매미를 호시탐탐 노리는 사마귀, 그 사마귀를 엿보는 이상한 까치, 그리고 그 까치를 활을 쏘아 잡으려는

---

67 같은 책, 「山木」, 莊周遊於雕陵之樊 覩一異鵲自南方來者 翼廣七尺 目大運寸 感周之顙 而集於栗林 莊周曰 此何鳥哉 翼殷不逝 目大不覩 蹇裳躩步 執彈而留之 覩一蟬 方得美 蔭而忘其身 螳蜋執翳而搏之 見得而忘其形 異鵲從而利之 見利而忘其眞 莊周怵然曰 噫 物固相累 二類相召也 捐彈而反走 虞人逐而誶之 莊周反入 三月不庭 藺且從而問之 夫子 何爲頃間甚不庭乎 莊周曰 吾守形而忘身 觀於濁水而迷於淸淵 且吾聞諸夫子曰 入其俗 從其令 今吾遊於雕陵而忘吾身 異鵲感吾顙 遊於栗林而忘眞 栗林虞人以吾爲戮 吾所以 不庭也.

장자, 장자를 엿보는 밤나무 숲의 주인 등이 서로 외물에 마음을 빼앗겨 자신을 잊어버린 채 각자 이해가 얽히고설킨 위험한 현실세계의 모습을 종합적으로 묘사하고 있다.

장자는 조릉에서의 깨우침을 통해 다음과 같은 사실을 규명할 수 있었다. 첫째는 세상에 존재하는 모든 것은 독립적으로 존재하는 것처럼 보이나 사실은 보이지 않게 서로 밀접하게 연관되어 있다는 것이다. 둘째는 이런 보이지 않는 관계성은 '청연' 같은 맑고 깨끗한 마음이 회복되었을 때 비로소 진정한 자신의 모습을 볼 수 있다.

장자를 존숭하게 되는 이유는 그가 세계를 모두 품을 수 있을 것 같은 자유로운 정신으로 우리에게 세계에 대한 이해의 폭을 증진시켰다는 점이다. 그의 '천지와도 같은 넓은 정신'은 세계에 대한 참다운 이해라기보다 막힘이 없는 뻥 뚫린 열린 마음, 세계로 향한 자유로운 정신, 편견이 없는 인식, 즉 독자적이면서 작은 것에 연연하지 않고 집착하지 않는 열린 마음을 의미한다고 보아야 한다. 이렇게 열린 마음을 소유한 장자였기에 누구와도 단절 없이 소통할 수 있는 자유를 지니게 된다. 장자의 이야기가 뜬구름을 잡는 것처럼 이해하기 힘든 이유도 바로 이것과 관련되어 있다. 그런 소통을 가능하게 하는 열린 마음을 지니고 있지 않는 한 그의 이야기를 정확하게 이해하기 어려울 것이다.

4. 꿈과 현실세계

장자의 사상을 이해하기 위해서는 우리가 가지고 있는 상대적인 인식체계를 바꾸어야만 가능하다. 그에 따르면 도는 우주의 실재로서

동양고전의 윤리의식과 도덕적 인물

자연을 의미하는 것이고, 이 도를 스승으로 삼으면, 곧 자연을 따라 우주의 실재와 하나가 되는 곳에서 아무런 구속도 받지 않는 삶과 죽음도 없는 자유로운 경지가 실현된다. 그는 도를 체득하는 과정을 '잊는다'라고 설명하였다. 그 실제적인 과정으로 3일 지난 후에는 하늘과 땅의 존재를 잊게 되고, 7일 후에는 외부대상인 세계 만물의 존재를 잊게 되고, 9일 후에는 자신의 존재까지 철저히 잊어버렸을 때, 비로소 아침 햇살이 처음 이 세상을 비추는 것처럼 새로운 경지에 진입할 수 있다. 이러한 경지를 '조철朝徹'이라고 하고, 조철 이후에 모든 도를 볼 수 있는 견독見獨할 수 있다.[68]

장자는 도의 체험과정을 조철과 견독, 독유를 통해 좌망과 심재에 이르는 수행방법을 설명하여 삶과 죽음의 경계가 없는 경지에 도달할 수 있다고 보았다. 곧 그러한 경지는 구름을 타고 해와 달에 올라앉아 천지 밖에 노닐고 있기 때문에 죽음이나 삶이 아무런 변화도 주지 못한다.[69]

도의 입장에서 보면 삶과 죽음의 문제는 큰 차이가 없다. 그것은 자연의 순리이므로 없다가도 있고, 있다가도 다시 없는 곳으로 돌아간다. 장자는 삶과 죽음, 남아 있음과 없어짐, 곤궁과 영달, 가난과 부, 똑똑함과 못남, 훼손과 명예, 굶주림과 목마름, 추위와 더위 등은 상대적

---

68 같은 책, 「大宗師」, 有聖人之才 而无聖人之道 我有聖人之道 而无聖人之才 吾欲以敎之 庶幾其果爲聖人乎 不然 以聖人之道 告聖人之才 亦易矣 吾猶告而守之 三日而候能外天下 已外天下矣 吾又守之 七日而後能外物 已外物矣 吾又守之 九日而後能外生 已外生矣 而後能朝徹 朝徹而後能見獨 見獨而後能无古今 无古今而後能入於不死不生.

69 같은 책, 「齊物論」, 乘雲氣 騎日月 而遊乎四海之內 死生無變於己.

인 일의 변화이며 명命의 유행이라고 보았다.[70] 이 세상에는 옳고 그름에 항상 일정한 것이 없다. 옳고 그름이 서로 교차하듯이 세상은 고정되어 있는 것이 아니라 생성하고 변화한다. 그러므로 시비가 생기게 된다. 도는 순진하고 거짓이 없어 시비와 긍정, 부정도 초월하기 때문에 도의 세계에서 보면 평가의 기준은 상대적이고 시비는 애매한 것이다.

장자가 생각할 때 사람은 반드시 자신의 몸과 마음의 한계를 초월하여 감정이나 욕망의 고리를 벗어던졌을 때 하늘과 땅의 참다운 기운의 조화를 체득할 수 있다고 생각하였다. 그런 다음에 내심의 허정한 상태를 유지하여 삶과 죽음을 하나로 보아 어떤 압박이나 의혹에서 벗어나야만 비로소 도의 경지에 도달할 수 있다.

꿈에 술을 마시며 즐거워한 사람이 아침에 깨어나서 목 놓아 울고, 꿈에 목 놓아 울었던 사람이 아침에 사냥하며 즐거워한다. 바야흐로 꿈을 꿀 적에는 그것이 꿈인지를 알지 못한다. 꿈속에서 또 꿈을 꾸고서 깨어난 뒤에야 비로소 그것이 꿈인 줄 알게 된다. 또한 큰 깨달음이 있는 뒤에야 이것이 그의 큰 꿈인지를 알 것이다. 그러나 어리석은 사람들은 스스로 깨어 있으며 자세히 알고 있다고 생각한다. …… 나와 네가 모두 꿈이고 내가 너에게 꿈이라고 말하는 것도 꿈속에서 하는 말인지 모른다.[71]

---

70 같은 책, 「德充符」, 死生存亡 窮達貧富 賢與不肖毀譽 飢渴寒暑 是事之變 命之行也.

71 같은 책, 「齊物論」, 夢飲酒者 旦而哭泣 夢哭泣者 旦而田獵 方其夢也 不知其夢也 夢之中又占其夢焉 覺而後知其夢也 且有大覺而後知此其大夢也 而愚者自以爲覺 竊竊然知之 …… 丘也與女 皆夢也 予謂女夢 亦夢也.

동양고전의 윤리의식과 도덕적 인물

꿈은 살아있을 때 잠을 자면서 순간적으로 생시처럼 느끼는 활동이다. 그러나 광대하고 유구한 우주에서 보면 생시도 한순간에 불과할 수 있고, 사람의 일생도 하루살이처럼 순간에 불과하다. 그렇다면 현실도 꿈 같은 한순간에 불과한 것인지 모를 일이다. 큰 깨달음이 있은 뒤에야 비로소 사람들은 꿈인지를 알 수 있다. 이처럼 사람의 인식은 사람과 지역, 시대와 상황 그리고 관점에 따라 달라질 수 있을 뿐 아니라 인간의 관점에서 보아 옳은 것도 인간 이외의 사물의 관점에서 보면 옳은 것이 같은지 다른지 알 수 없다.

장자의 아내가 죽어서 혜시가 문상을 갔다. 장자가 마침 두 다리를 뻗고 앉아 질그릇을 두드리며 노래를 부르고 있었다. 혜시가 "아내와 함께 살고 자식을 키워 함께 늙은 처지에 이제 그 아내가 죽었는데 곡조차 하지 않는다면 그것도 무정하다 하겠는데, 또 질그릇을 두드리고 노래를 하다니 심하지 않은가?" 하고 질책했다. 혜시는 공손룡, 등석 등과 함께 명가를 대표하는 사상가였으며 양 혜왕 밑에서 재상을 지내기도 하였다. 그는 장자의 친구이자 둘도 없는 논적이었다. 이런 혜시의 질책을 받고 나서 장자가 대답했다.

아니, 그렇지 않소. 아내가 죽은 당초에는 나라고 어찌 슬퍼하는 마음이 없었겠소. 그러나 그 태어나기 이전의 근원을 살펴보면 본래 삶이란 없었던 거요. 그저 삶이 없었을 뿐 아니라 본래 형체도 없었소. 비단 형체가 없었을 뿐만 아니라 본래 기도 없었소. 그저 흐릿하고 어두운 속에 섞여 있다가 변해서 기가 생기고, 기가 변해서 형체가 생기며, 형체가 변해서 삶을 갖추게 된 거요. 이제 다시 변해서 죽어가는 거요. 이는 춘하추동이 서로 사철을 되풀이하여 운행함과 같소, 아내는 천지라는 커다란 방에 편안히 누워 있소. 그런데 내가 소리를 질러 울고불고 한다면 하늘의 운명을 모르는 거라 생각되어 곡을 그쳤을 뿐이오.[72]

자연이라는 순리에서 보면 추위와 더위, 있음과 없음, 삶과 죽음 등은 변화의 한 과정일 뿐이다. 유구한 자연 속에서 여름과 겨울, 삶과 죽음은 한순간의 찰나에 불과하다. 장자는 마치 계절이 순환하고 만물이 생장소멸하는 것처럼 삶과 죽음은 자연의 이치대로 운행하는 순리이기 때문에 삶을 기뻐하고 죽음을 슬퍼할 필요가 없다고 보았다. 삶이 없었다가 있게 되어 자연과 더불어 소풍하고 다시 제자리인 없음으로 돌아가는 것은 당연한 일이다. 장자가 아내가 죽자 동이를 두드리고 노래를 불렀다는 이 대목에서 오늘날 아내를 잃은 슬픔을 나타내는 숙어 고분지척鼓盆之戚 · 고분지통鼓盆之痛 · 고분지탄鼓盆之嘆이란 말이 생겨났다.

장자는 인생이란 황홀한 사이에 뒤섞여서 변하여 기가 생겨나고, 기가 변하여 형체가 생겨나고, 형체가 변하여 생명이 생겨나고, 이제 변하여 죽었으니 이것은 봄 · 여름 · 가을 · 겨울 네 계절의 운행과 서로 짝하는 것으로 보았다.[73] 삶이란 기가 모인 것이고 죽음은 기가 흩어진 것으로, 삶이 있으면 죽음이 반드시 있게 되어 사계절의 운행과도 같다고 생각하였다. 삶과 죽음뿐만 아니라 이것과 저것 등의 차별을 거부하

---

72 같은 책,「至樂」, 莊子妻死 惠子弔之 莊子則方箕踞 鼓盆而歌 惠子曰 與人居 長者 老 身死不哭 亦足矣 又鼓盆而歌 不亦甚乎 莊子曰 不然 是其始死也 我獨何能无槪然 察其始而本无生 非徒无生也 而本无形 非徒无形也 而本无氣 雜乎芒芴之間 變而有氣 氣變而有形 形變而有生 今又變而之死 是相與爲春秋冬夏四時行也 人且偃然寢於巨室 而我嗷嗷然 隨而哭之 自以爲不通乎命 故止也.

73 같은 책,「至樂」, 雜乎芒芴之間 變而有氣 氣變而有形 形變而有生 今又變而之死 是相與爲春秋冬夏四時行也.

동양고전의 윤리의식과 도덕적 인물

고 모든 사물의 현상을 도라는 큰 구도로 보았다.

　이런 상대적인 인식은 내 안에서도 나인지 내가 아닌지 불분명하다고 장자는 말한다.

　　언제인가 장주는 나비가 된 꿈을 꾸었다. 훨훨 날아다니는 나비가 된 채 유쾌하게 즐기면서 자기가 장주라는 것을 깨닫지 못했다. (그러나) 문득 깨어보니 틀림없는 장주가 아닌가? 도대체 장주가 꿈에 나비가 되었을까? 아니면 나비가 꿈에 장주가 된 것일까? 장주와 나비는 (겉보기에) 반드시 구별이 있다. (있기는 하지만 결코 절대적인 변화는 아니다.) 이러한 변화를 만물의 변화라고 한다.[74]

　사람들은 꿈속에서는 꿈이 사실인 줄 알았는데 깨고 나서는 꿈이 허위라고 생각한다. 그러므로 크게 한 번 깨닫고 보아야 인생살이가 하나의 허망한 꿈인 줄 알게 된다. 사람이나 나비나 생명의 유한은 똑같은데 다만 사람들의 불완전하고 상대적인 인식에 의하여 차별이 생겨난다. 현실이 꿈인지, 삶과 죽음의 한계는 어떤 것인지? 만약 사람이 이러한 상대적인 개념을 초월할 수 있다면 거기에는 아무런 차별도 없게 될 것이다. 상대적인 개념이 없어짐으로써 완전히 자유로워진 세계, 이것이 장자가 생각하는 이상향이다.

　장주와 나비 사이에는 피상적인 분별이나 차이는 있어도 절대적인 세계의 차이는 없다. 상대가 없는 세계, 차별이 없는 세계에서 보면

74　같은 책, 「齊物論」, 昔者 莊周夢爲胡蝶 栩栩然胡蝶也 自喩適志與 不知周也 俄然覺 則蘧蘧然周也 不知周之夢爲胡蝶與 胡蝶之夢爲周與 周與胡蝶 則必有分矣 此之謂物化.

장주가 곧 나비이고, 나비가 곧 장주라는 사실을 인식하게 된다. 이처럼 도라는 자연의 세계에서 보면 집착하거나 구속됨 없이 절대적인 자유 정신을 가질 수 있다. 따라서 옳고 그름, 긍정과 부정, 아름다움과 추함, 크고 작음, 길고 짧음 등 모든 가치의 대립이 하나로 보이게 되면 꿈도 현실이요, 인간도 나비로 물화物化되는 것이다.

5. 제물론(齊物論)

장자는 이 세상을 지배하는 절대자가 있을 것이라고 생각했고, 따라서 인간의 마음을 지배하는 절대자가 있는데, 그것이 자연이라고 보았다. 즉 인간 정신과 육체의 움직임의 배후에는 그것을 지배하는 절대자가 있는데, 그 절대자는 실정은 있으나 형상은 없어 눈으로 볼 수 없다. 그래서 인간은 자연을 자연으로서 받아들일 때 참된 자신이 된다. 생활의 일체를 곧 자연으로서 받아들일 때 사람은 그 인간적인 모든 굴레로부터 벗어날 수 있다. 그리하여 사람이라면 이 자연의 섭리를 따라 살아야 하는데, 이런 이치를 알지 못하고 부질없이 외계 사물에 유혹되어 갈등을 일으켜 자신을 헛되이 소모하고 있는 것이다.

장자는 이 넓은 자연과 비교할 때 인간이란 존재는 강가에서 풀을 뜯는 소의 꼬리 털에 붙은 벌레의 알보다 미미한 존재로 파악한다. 이 자연에 비교하면 인간의 전쟁이란 마치 달팽이 뿔에 둥지를 틀고 있는 두 나라의 싸움에 불과하다(와각지쟁蝸角之爭).[75] 그에 비해 자연은 얼마나

---

75 같은 책, 「則陽」, 有國於蝸之左角者曰觸氏 有國於蝸之右角者曰蠻氏 時相與爭地而戰

동양고전의 윤리의식과 도덕적 인물

광대하고, 그 안에 얼마나 많은 존재들이 살아가고 있는지, 그리고 인간은 자신만이 우월하다고 판단하고 있지만 자연의 유유한 품속에서 인간이나 동물이나 사물이나 다 똑같다. 어느 것 하나 잘난 것이 없다는, 즉 만물이 하나라는 제물로 설명하고 있다.

제물이란 사물들 간의 차별과 분별을 초월하여 사물과 내가 일체가 됨을 의미한다. 자연의 만물은 모두가 같은 본체에서 출발하였으나 어떤 경우에는 사람이 되고 어떤 경우에는 만물이 된다. 사람이 만물을 인식할 때 느끼는 선입견이나 편견처럼 만물이 사람을 인식할 때 느끼는 선입견이나 편견이 서로 있기 마련이다. 그러나 사람과 만물은 일체이므로 만물과 일체가 되는 존재방법을 통하여 가장 이상적인 세계에 도달할 수 있다. 이른바 좌망坐忘(조용히 앉아 우리를 구속하는 일체를 잊어버리는 것)과 심재心齋(마음을 비워서 깨끗이 하는 것)는 정신적 자유를 추구하는 수행법으로 자연과 내가 하나가 되는 절대자유의 경지인 물아일체의 경지에 들 수 있다.

이런 물아일체의 경지에 들기 위해서는 집착의 굴레에서 벗어나야 자유를 만끽할 수 있다. 소유의 집착이란 욕망이나 욕심에서 일어나는 일정한 목적에 얽매이는 것을 말한다. 사람들의 욕망은 자유롭고자 하지만 소유라는 것에 집착하면 그것을 얻기 위해 심혈을 기울이게 되고 마음이 편협하여 결국 마음도 자유롭지 못하고 욕망도 자유롭게 실현되지 못한다. 장자는 욕심을 없앨 것을 요구하지만, 그것은 소유의 욕

伏尸數萬,逐北旬有五日而後反(달팽이의 왼쪽 뿔 위에 나라가 있는데 촉씨라고 하고, 그 달팽이의 오른쪽 뿔 위에도 나라가 있는데 만씨라고 한다. 때때로 이 두 나라가 땅을 가지고 싸우는데, 전사자가 수만 명이나 되고, 패잔병을 쫓아 보름이나 걸렸다가 돌아온다고 한다).

망을 완전히 제거해버리라는 것이 아니라, 어떤 굴레에 얽매인 욕망 체계를 없애버리라는 것이다. 그러한 소유의 욕망과 욕심을 버릴 때 자유롭게 욕구할 수 있으며, 자유로운 욕망을 통해 자유로운 삶을 즐길 수 있게 된다.

이러한 삶의 태도는 안일과 타성에 빠져 있는 자신을 부단히 부정하고, 틀에 박힌 제도와 질서에서 탈피하는 삶이다. 우리를 에워싼 타성적 여건들을 성찰해보는 장자의 사고방식은 많은 점을 시사해준다.

차별적인 입장에서 볼 때 작은 것에다 견주어 그것보다 크다고 한다면 만물은 크지 않음이 없고, 큰 것에 견주어 작다고 하면 만물은 작지 않은 것이 없다. 그래서 천지가 싸라기처럼 작다는 것을 알고, 털끝이 태산처럼 크다라는 것을 안다면 크고 작은 차별이 상대적인 것을 알 수 있다."[76]

크다와 작다, 있다와 없다는 개념은 모두 상대적이다. 큰 것은 작은 것보다 크지만 그것보다 더 큰 것의 입장에서 보면 작을 수밖에 없다. 그래서 태산은 털끝보다 크지만 그보다 더 큰 것의 입장에서 보면 작은 것이 된다. 마찬가지로 털끝은 태산보다 작은 것이지만 그것보다 더욱 작은 것의 입장에서 보면 큰 것이 된다. 따라서 태산은 크고 털끝은 작다고 볼 수 없다. 항상 자기가 이 세상에서 가장 크다고 자부하는 황하의 신 하백이 홍수로 황하가 넘치는 바람에 바다로 떠밀려 내려가

---

76 같은 책, 「秋水」, 以差觀之 因其所大而大之 則萬物莫不大 因其所小而小之 則萬物莫不小 知天地之爲稊米也 知毫末之爲丘山也 則差數覩矣.

동양고전의 윤리의식과 도덕적 인물

서 북해 신인 약을 만난다.

> 하백(강의 신)이 묻기를 "천지는 크고 털끝은 작다고 해도 되는가?"라고
> 묻자 북해의 약(바다의 신)이 대답하기를 "안 된다. …… 인간이 아는 것
> 은 모르는 것과 비교가 안 되고, 살아있는 시간은 살아있지 않은 시간과
> 비교가 안 된다. 가장 작은 것(지소至小)을 바탕으로 가장 큰 것(지대至大)
> 을 궁구하기 때문에 미혹과 혼란에 빠지고 자득할 수 없게 된다. 이로써
> 보건대, 어떻게 털끝을 가장 작은 것의 극한으로 규정하기에 충분한지
> 알 수 있겠는가?"라고 했다. 하백이 묻기를 "세상의 논객은 가장 미세한
> 것은 형체가 없고, 가장 큰 것은 에워쌀 수 없다고 말하는데, 진실로 그
> 러한가?"라고 했다."[77] 또 "미세함이 극에 이르면 아무런 결이 없고, 큰
> 것이 극에 이르면 에워쌀 수 없다"고 했다.[78]

사람들이 인식하는 외부 사물은 이성의 한계로 인해 편견이나 착
각을 가져올 수 있다. 장자는 이를 염려하여 절대성을 부정하고 상대성
을 강조한다. 따라서 '가장'이나 '최고', '먼저' 또는 '최소'라는 개념은 철
저히 부정된다. 세상에서 가장 큰 것이나 가장 작은 것은 존재하지 않는
다. 스스로를 늘 크다고 생각하여 자만했던 황하의 신 하백의 자존심은
북해의 신 약 앞에서 철저히 무너져버린다. 왜냐하면 우물 안 개구리가

---

77 같은 책, 「秋水」, 河伯曰 然則吾大天地而小毫末可乎 北海若曰 否 …… 計人之所知 不
    若其所不知 其生之時 不若未生之時 以其至小 求窮其至大之域 是故迷亂而不能自得也
    由此觀之 又何以知毫末之足以定至細之倪 又何以知天地之足以窮至大之域 河伯曰 世
    之議者皆曰 至精无形 至大不可圍 是信情乎.

78 같은 책, 「則陽」, 精至於無倫 大至於不可圍.

바다에 대해 말할 수 없는 것은 사는 곳에 얽매여 있기 때문이고, 여름 벌레가 얼음에 대해 말할 수 없는 것은 시절에 묶여 있기 때문이고, 고루하고 식견이 부족한 선비가 도에 대해 말할 수 없는 것은 속된 가르침에 묶여 있기 때문이다. 또 사해가 천지 사이에 있음을 헤아려볼 때, 작은 구멍이 연못에 있는 것과 흡사하고, 중국이 사해 안에 있음을 헤아려본다면 낟알이 나라의 창고에 있는 것과 흡사하고, 사물의 수를 부르기를 만萬이라 하는데, 사람은 그 가운데 하나를 차지한다. 사람들이 살아가는 구주(九州: 옛날 중국을 구주로 나누었음)는 곡식이 자라는 곳이고 배와 수레가 통하는 곳인데, 사람은 그 가운데 한 곳에서 산다. 이것은 그가 만물과 나란히 한다는 것이니, 말의 몸에 나 있는 수많은 터럭 중의 하나에 불과한 존재와 같으므로 백이라는 사람은 왕위를 사양함으로써 이름을 얻었고, 공자는 말을 잘해서 박학하다는 소문이 났는데, 이는 그들이 자만한 것으로, 황하의 신 하백이 자신이 살던 곳에서 자만한 것과 같은 것이다.[79]

특히 장자는 유가의 권위를 부정하여 백이가 임금 자리를 사양하

---

79 같은 책, 「秋水」, 秋水時至 百川灌河 涇流之大 兩涘渚崖之間 不辯牛馬 於是焉河伯欣然 自喜 以天下之美爲盡在己 順流而東行 至於北海 東面而視 不見水端 於是焉河伯始旋其 面目 望洋向若而歎曰 野語有之曰 聞道百 以爲莫己若者 我之謂也 且夫我嘗聞少仲尼之 聞而輕伯夷之義者 始吾弗信 今我睹者之難窮也 吾非至於子之門 則殆矣 吾長見笑於大 方之家 北海若曰 井䵷不可以語於海者 拘於虛也 夏蟲不可以語於氷者 篤於時也 曲士不 可以語於道者 束於教也 今爾出於崖涘 觀於大海 乃知爾醜 爾將可與語大理矣 天下之水 莫大於海 萬川歸之 不知何時止而不盈 尾閭泄之 不知何時已而不虛 春秋不變 水旱不知 …… 計四海之在天地之間也 不似礨空之在大澤乎 計中國之在海內 不似稊米之在大倉 乎 號物之數謂之萬 人處一焉 人卒九州 穀食之所生 舟車之所通 人處一焉 此其比萬物也 不似豪末之在於馬體乎 …… 仁人之所憂 任士之所勞 盡此矣 伯夷辭之以爲名 仲尼語之 以爲博 此其自多也 不似爾向之自多於水乎.

동양고전의 윤리의식과 도덕적 인물

여 명성을 얻은 것이나 공자가 말을 잘하여 박학하다는 명성을 얻은 것은 우물 안 개구리와 여름 벌레 등과 같이 더 큰 세상을 보지 못한 상태에서 한없이 우쭐거리는 잘못을 범한 하백과 다르지 않다고 보았다. 그렇다면 사람은 어떻게 살아야 하는가? 사람은 천지간에 더할 나위 없이 보잘것없는 작은 존재이다. 따라서 실제 이상으로 자신을 과장하여 부질없이 지녀온 일체의 권위를 내려놓고 자연에 순응하는 삶을 살아야 한다.

이와 같이 사람들의 인식은 자기 경험의 범주에 매달리기 쉽다. 자신이 경험해서 얻은 인식으로 기준을 삼는 경우가 허다하다. 따라서 자기가 본 가장 큰 것을 이 세상에서 가장 큰 것으로 생각하고, 또 가장 작은 것을 작다고 생각한다. 그러나 이런 정의는 모두 상대적일 수밖에 없다. 그래서 '그 바깥에 아무것도 없는' 것이라야 가장 큰 것이라 할 수 있고, '그 안에 아무것도 없는' 것이라야 가장 작은 것이라고 할 수 있다. 털끝을 '가장 작은 것의 극한으로 규정'할 수 없고, 천지를 '가장 큰 것의 극한으로 결정'지을 수 없다.

장자는 자연이라는 공간에서 열린 마음으로 바라볼 때 세상의 진면목을 볼 수 있고, 자연스럽게 시비, 선악, 미추의 기준이 허물어질 것이라고 말한다. 만일 굳이 마음을 괴롭혀서 하나로 만들려고 하여 본래 동일한 것임을 알지 못하면, 이를 조삼朝三이라고 한다. 조삼이란 무엇인가? 원숭이를 기르는 어떤 노인이 있어 원숭이들에게 먹이를 나누어주려고 하면서 "아침에는 세 개, 저녁에는 네 개를 주겠다(조삼모사朝三暮四)"고 하였더니 많은 원숭이들이 모두 성을 내며 투덜거렸다. 그러자 이번에는 "그러면 아침에 네 개, 저녁에는 세 개를 주겠다"고 하였더니 많은 원숭이들이 모두 기뻐했다는 말이 그것이다. 이름과 실상에 다름이 없는데도 기쁨과 성냄의 작용은 달랐다. 이 또한 주관적인 판단에 그대로 맡긴 것이다. 그러므로 성인은 시비를 조화시켜 자연에 맡겨 가지런히 만든다. 이를 양행兩行, 즉 옳고 그름이 함께 통하는 경지라고 일컫는다.[80]

인간에게는 이것과 저것, 삶과 죽음, 옳음과 그름이 있지만 이는 모두 상대적으로 생각하여 생기는 것이기 때문에 무위자연인 도의 입장에서 보면 동일한 것이다. 다르다고 생각하는 사람은 조삼모사朝三暮四와 조사모삼朝四暮三을 분별하지 못하고 화내고 기뻐하는 원숭이들과 다를 바 없다는 것이 장자의 생각이다.

6. 구속된 삶에서의 해방

장자는 편협한 사고나 선입견에서 벗어나 크고 넓은 세상을 직시하라고 말한다. 사람들이 가지고 있는 고정된 의식을 변환하여 열린 마음으로 자연의 위대한 세계를 수용한다면 차별도 대립도 없는 상생과 조화를 이룰 수 있다는 것이 그의 생각이다. 즉, 외부 사물에 대한 욕망과 육체로부터 오는 일체의 속박에서 벗어나 정신적으로 절대자유를 누리는 경지가 그의 이상세계였다. 그는 마음을 만물의 근원인 도에 소요케 하여 사물을 사물로써 부리고 사물에게 자신을 사역당하지 않는

---

80 같은 책,「齊物論」, 努神明爲一 而不知其同也 謂之朝三 何謂朝三 狙公賦芧曰 朝三而暮四 衆狙皆怒 曰然則朝四而暮三 衆狙皆悅 名實未虧 而喜怒爲用 亦因是也 是以聖人和之以是非 而休乎天鈞 是之謂兩行.

생활을 추구하였다.[81] 이것이 그가 추구하는 열린 마음으로 추구하는 정신적 자유이다. 인생이 얻음과 잃음에 대한 생각에서 초탈하여 아무런 근심과 걱정이 없는 정신적 자유에 도달해야 한다고 주장하고, 이 경계를 모든 구속에서 벗어나는 '현해懸解'라고 하였다.

그 사람이 이 세상에 태어난 것은 그가 태어날 때가 되었기 때문이며, 그 사람이 죽은 것도 죽을 운명에 따른 것이다. 그러므로 때를 따라 편안하게 그 운명을 맡기면, 슬픔도 즐거움도 끼어들 수 없다. 이것이 옛날의 이른바 하늘의 속박으로부터 해방인 현해이다.[82]

인생의 여러 가지 속박은 '무엇인가에 구속되어 있음'에 비유할 수 있다. 각종 속박으로부터 벗어났을 때 비로소 절대자유의 정신적 경지를 얻게 된다. 이처럼 사람이 정신적 자유를 얻고 자연의 이치와 함께 삶을 살아가는 데 가장 장애가 되는 것은 인간의 편협한 안목으로 세상을 질서 짓는 일이다.

남곽에 사는 자기라는 사람이 책상에 기대앉아서 하늘을 쳐다보며 긴 한숨을 내쉬었다. 멍하니 앉아 있는 모습이 마치 자기 몸과 마음을 다 잃어버린 것 같았다. 그 앞에서 자기를 모시고 서 있던 제자 안성자유가 물었다.

"어찌된 일입니까? 형체는 진실로 마른 나무 같이 하시고, 마음은 진실로 식은 재와 같이 하실 줄 아시니 말입니다. 지금 책상에 기대앉아

---

81 같은 책, 「山木」, 浮游乎萬物之祖 物物而不物於物.
82 같은 책, 「養生主」, 適來 夫子時也 適去 夫子順也 安時而處順 哀樂不能入也古者謂是帝之懸解.

있는 분은 전에 책상에 기대 있던 분이 아닙니다."

"언(안성자유)아, 참 잘 보았구나. 네가 그렇게 물으니, 지금 나는 나 자신을 잊고 있었는데 네가 그것을 참으로 알 수 있었을까? 너는 사람의 음악은 들어보았겠지만, 땅의 음악은 못 들었을 것이다. 또 땅의 음악은 들었더라도 저 하늘의 음악은 듣지 못했을 것이다."[83]

내가 나를 잃어버렸거나 잊어버렸기 때문에 진정한 내가 되었다는 이야기이다. 비본래적인 나, 작은 자아에서 벗어나 본래의 자아인 '나를 비움'의 상태로 들어갔다는 것을 의미한다. 일상의 의식세계에서 벗어나 무의식의 세계인 시간과 공간의 제약을 받지 않는 탁 트인 몰아 세계를 말한다. '형체는 진실로 마른 나무 같고, 마음은 진실로 식은 재' 같이 되었다는 '고목사회枯木死灰' 이야기는 편견과 이기심에 물든 세상에서 훌훌 털고 벗어나 자유로운 삶을 구가하는 명상법으로, 불교의 지관법止觀法과 유사하다.

불교에서는 명상을 할 때 몸과 마음이 완전히 정지한 상태를 유지하라고 가르치는데, 이를 산스크리트어로 '사마타'라고 한다. 그러면 거기서 사물에 대한 직관과 통찰이 생기게 되는데, 이것을 '비파사니'라 한다. 마음과 몸이 완전히 조용하게 가라앉은 것이 정定이고, 그렇게 되어 눈이 밝아진 것이 혜慧이다. 이런 제물론의 세계에 들어간 것, 곧 일체의 대립을 초월하여 하나가 되었을 때 비로소 하늘의 소리를 들을 수 있게 된다.

이러한 세계에 들어가기 위해서는 참된 마음의 준비를 해야 한

---

83 같은 책, 「齊物」, 南郭子綦隱机而坐 仰天而噓 嗒焉似喪其耦 顏成子游立侍乎前 曰 何居乎 形固可使如槁木 而心固可使如死灰乎 今之隱机者 非昔之隱机者也 子綦曰 偃不亦善乎 而問之也 今者吾喪我 汝知之乎 汝聞人籟而未聞地籟 汝聞地籟而未聞天籟夫.

동양고전의 윤리의식과 도덕적 인물

다. 안회와 스승인 공자의 대화 내용을 보자. 안회가 "저는 더 이상 나아갈 길이 없습니다. 좋은 방법을 가르쳐주십시오"라고 하자, 공자가 "부정을 피하고 몸을 깨끗이 하라. 덧붙여 내가 너에게 이르겠는데, 그러나 하겠다는 마음을 가지고 하려고 들면 그것이 쉬운 일이 되지는 않는다. 그것이 쉽다고 생각하는 사람은 하늘이 그를 마땅치 않게 여기실 것이다"라고 했다. 그러자 안회가 "저는 집이 가난하여 술을 마시지 않고 냄새나는 채소도 먹지 않은 지가 몇 달이 되었습니다. 이만하면 재계했다고 할 수 있잖겠습니까?"라고 하자, 공자가 "그것은 제사 때의 재계는 될지언정 마음의 재계는 아니다"라고 했다. 다시 안회가 "마음의 재계란 무엇입니까?"라고 묻자, "먼저 뜻을 한데 모아 잡념을 없애야 한다. 그래서 귀로 듣지 말고 마음으로 들으며, 또 마음으로 듣지 말고 기운으로 들어야 한다. 무릇 듣는 것은 귀에서 그치고 마음은 뜻이 서로 합하는 데 그치지만, 기운은 공허해서 무엇이나 다 그대로 받아들인다. 그러므로 도는 오직 공허 속에 모이며, 이 공허가 곧 마음의 재계이다"라고 하였다. 그러자 안회가 말했다. "제가 아직 가르침을 받기 전에는 스스로 나인 줄 알았는데, 이제 가르침을 받자 그만 제가 없어졌습니다."[84]

이렇게 새로운 의식에 도달할 수 있는 방법은 무엇인가? 공자는 먼저 마음을 하나로 모은 다음 귀 대신 마음으로 듣고, 다음엔 기운으

---

84 같은 책, 「人間世」, 顔回曰 吾无以進矣 敢問其方 仲尼曰 齋 吾將語若 有心而爲之 其易邪 易之者 皡天不宜 顔回曰 回之家貧 唯不飮酒不茹葷者數月矣 如此 則可以爲齋乎 曰 時祭祀之齋 非心齋也 回曰 敢問心齋 仲尼曰 若一志 无聽之以耳而聽之以心 无聽之以心而聽之以氣 耳止於聽 心止於符 氣也者虛而待物者也 唯道集虛 虛者 心齋也 顔回曰 回之未始得使 實有回也 得使之也 未始有回也.

로 들어야 한다고 했다. 귀는 소리를 들을 수 있을 뿐이고 마음은 대상을 인지할 뿐이지만, 기운은 텅 비어 모든 것을 수용하니 텅 빈 기운으로 사물을 대하면 그 빈 곳에 도가 들어온다. 이렇게 도가 들어오도록 마음을 비우는 것, 이것이 바로 '심재心齋'라는 것이다.

　　우리의 감각작용이나 인식작용을 초월하여 텅 빈 마음이라야 도를 채울 수 있어 비로소 내가 나를 잊어버릴 수 있게 된다. 안회가 공자에게 말했다. "저는 뭔가 된 것 같습니다"라고 하자, 공자가 "무슨 말인가?"라고 물었다. "저는 인이니 의니 하는 것을 잊어버렸습니다"라고 하자, 공자가 "좋다. 그러나 아직 멀었다"라고 대답했다. 얼마 후 안회가 다시 공자를 뵙고 말했다. "저는 뭔가 된 것 같습니다." 공자가 "무슨 말인가?"라고 묻자, "저는 예니 악이니 하는 것을 잊어버렸습니다"라고 하였다. 그러자 공자가 또다시 "좋다. 그러나 아직 멀었다"라고 하였다. 얼마 후 안회가 다시 공자를 뵙고 말했다. "저는 뭔가 된 것 같습니다." 공자가 "무슨 말인가?"라고 묻자, "저는 좌망을 하게 되었습니다"라고 했다. 공자가 깜짝 놀라 물었다. "좌망이라니 그게 무슨 말이냐?" 안회가 "손발이나 몸을 잊어버리고, 귀와 눈의 작용을 떨쳐버리는 것, 곧 형체를 떠나고 앎을 버려서 위대한 도와 하나가 되는 것을 일러 '좌망'이라고 합니다."

　　"도와 하나가 되면 좋다, 싫다는 관념이 없어진다. 위대한 도에 따라 변하면 막히는 곳이 없게 된다. 너야말로 과연 어진 사람이다. 내 너의 뒤를 따르고 싶다."[85]

85　같은 책, 「大宗師」, 顔回曰 回益矣 仲尼曰 何謂也 曰 回忘禮樂矣 曰 可矣 猶未也 他日 復見 曰 回益矣 曰 何謂也 曰 回忘仁義矣 曰 可矣 猶未也 他日 復見 曰 回益矣 曰 何謂也 曰 回坐忘矣 仲尼蹴然曰 何謂坐忘 顔回曰 墮肢體 黜聰明 離形去知 同於大通 此謂坐

　　　　　　　　　　　　　동양고전의 윤리의식과 도덕적 인물

장자가 말하는 도에 이르는 길은 인의와 예악 같은 윤리의식 구조를 잊어야 한다. 관념적이고 계산적이고 논리적이고 분석적이고 합리적인 마음을 버렸을 때 가능하다. 좌망은 먼저 지체肢體 같은 외형적인 감각작용을 중단하고 나서 총명 같은 이지理智작용에서 벗어나는 것이다.

장자의 '좌망'은 선불교와 신유학 사상에 많은 영향을 끼쳤다. 선불교에서 말하는 '좌선'과 신유학에서 말하는 '정좌'가 가르치는 내용이나 수양방법은 조금씩 달라도 좌망과 연관이 있다.

또 공간을 자유롭게 왕래할 수 있는 것을 독유獨遊라고 한다. 천지 사방에 드나들고 온 나라 안을 노닐어 홀로 갔다 홀로 오는데, 이런 경지가 독유[86]이다. 독은 응대하는 것이 없는 절대적으로 자유로운 경지인데, 이것을 망忘이라고 표현한다. 외물을 잊고 하늘도 잊는 것, 그것을 이름하여 자기를 잊음이라 한다. 자기를 잊은 사람이라야 하늘이라는 무궁한 세계에 들어갈 수 있다.[87]

이러한 상태가 되어야 비로소 도의 존재를 체험하여 도와 더불어 하나가 됨을 인식하게 된다. 이것이 바로 시공을 초월하여 생사의 경계도 없어지고 자연과 하나가 되는 최상의 자유 경지이다. 이 경지에 도달하기 위해 장자는 좌망과 심재를 주장한다. 자신의 형체와 마음을 잊고 아울러 보는 것이 없고 듣는 것이 없으며, 아는 것이 없게 되면 완전히 인간세계를 초탈하여 도와 더불어 합일되는 것이라고 할 수 있다.

忘 仲尼曰 同則無好也 化則無常也 而果其賢乎 丘也請從而後也.

86 같은 책, 「大宗師」, 遊乎九州 獨往獨來 是謂獨遊.

87 같은 책, 「天地」, 忘乎物 忘乎天 其名爲忘己 忘己之人 是之謂入於天.

7. 도덕적 인물

사람이 시공을 초월하여 생사의 경계도 없어지고 자연과 하나가 되는 최상의 자유 경지를 체득하기 위해서는 도와 더불어 합일되어야 하는데, 그렇게 되지 못하는 가장 큰 이유는 외부의 물질적 욕망에 구속되기 때문이며, 또 한편으로는 자신을 속박하는 집착 때문이다. 장자는 이를 '유대有待'라고 설명한다. 유대는 '의지하는 바가 아직 그 무엇에 의지하는 상태'[88]라는 뜻이다. 이와 반대로 그런 상태에서 벗어나 어디에도 얽매이지 않고 자유로운 상태를 표현하는 말이 '무대無待'이다.

무대의 경지란 아무것에도 거리낌이나 의지하는 데가 없는 자아뿐만이 아니라 외물에 대한 의식조차 초월한 인간으로서의 완전한 자유의 경지이다. 세상의 상대적 가치는 일정한 기준에 의한 비교에 의하여 이루어진다. 그런데 사람들이 옳고 그르다든가, 크고 작다고 판단하는 가치기준이란 언제나 자기 개인의 의식을 바탕으로 하고 있는 것이어서 절대적인 것이 되지 못한다. 따라서 무대는 사람이 행동하고 의식하는 데 있어서 제약과 장애가 되는 모든 요소를 없애버린, 완전히 자유로운 경지를 뜻한다. 그러기 위해서는 자기가 이미 지니고 있던 욕망, 감정 같은 것을 없애야 한다. 심지어는 자기의 의식이나 존재까지도 잊어버려야만 비로소 그가 추구하는 완전한 자유의 경지를 얻을 수 있다. 그러므로 사람이 살아가는 데 아무런 작위가 없는 '무위'의 경지에 이르러야 하며, 그것은 자연과 완전히 합치되는 것을 말한다. 곧 허정의 세계이며 심재를 의미한다. 또 나를 잊는 좌망이다.

---

88   같은 책, 「人間世」, 吾有待而然者邪 吾所待又有待而然者邪.

장자는 자기를 잊어버리고 이기심을 세우는 일 없이 천진난만한 어린아이처럼 자연의 변화에 따라 좌망하여 지극한 도의 경지에 도달한 사람을 여러 부류로 표현한다. 지인·성인·신인이라 하여 절대자유를 얻은 도덕적 인물로 평가하고 있다.

> 이 도의 본원에서 떠나지 않은 자를 '천인'이라 하고, 도의 정수에서 떠나지 않은 자를 '신인'이라 하며, 도의 참된 것에서 떠나지 않은 자를 '지인'이라 한다. 또 하늘을 본원으로 삼고 덕을 근본으로 삼으며 도를 문으로 삼아 만물의 변화를 살피며 이와 함께하는 자를 '성인'이라 한다. 그리고 인덕을 은혜로 삼고 의를 사물의 이치로 알며 예를 행동의 규범으로 삼고 음악을 화락의 방편으로 알아서 그윽히 향기를 뿜듯이 인자함을 베푸는 자를 '군자'라 한다.[89]

장자가 말하는 천인·지인·성인은 모두 하늘을 본원으로 삼고 덕을 근본으로 삼으며 도를 문으로 삼아 자연과 더불어 절대자유를 얻은 도덕적 인물이다. 그러나 군자는 인간세계에서 인의예악의 인위적 노력을 통해 얼마든지 추구할 수 있는 인물로 보았다. 이 세상을 살아가는 데 지인은 집착이 없기 때문에 자기가 없어 자연의 변화에 따를 뿐이고, 신인은 공로가 있어도 누리지 아니하고 탐내지도 않기 때문에 남과 다투는 일이 없고, 성인은 명예를 구하지 않기 때문에 갈등이나 시

---

89 같은 책, 「天下」, 不離於宗 謂之天人 不離於精 謂之神人 不離於眞 謂之至人 以天爲宗 以德爲本 以道爲門 兆於變化 謂之聖人 以仁爲恩 以義爲理 以禮爲行 以樂爲和 薰然慈仁 謂之君子.

비가 없게 되어 도리어 치욕이 없게 된다.[90]

　　이처럼 도의 관점에서 보면 지인·신인·성인은 동일한 인물이다. 단지 이러한 도의 이상적 인물의 성격을 분류해서 설명한 것에 불과하다. 개인적으로는 삶과 죽음, 있음과 없음, 가난과 부귀, 얻음과 잃음, 끝나고 다다르는 것에 차이가 있을 뿐이다. 그러나 도의 근본원리를 체인하여 마침내 우주와 인생의 변화를 전면적이고 전체적으로 파악한 사람이라는 점에서는 다를 바 없다.

　　장자는 이러한 사람을 또 '진인'이라 하여 참된 지식을 지닌 사람을 말한다. 이른바 참된 지식이란 하늘과 사람이 합일된다는 것을 확인하는 것이다. 그러기에 "하늘과 사람이 서로 이기지 않는 것, 이것을 일러 진인이라고 한다"[91]고 말한다. 또 "진인은 삶에 애착할 줄도 모르고, 죽음을 혐오할 줄도 모른다. 이 세상에 태어난 것을 기뻐하지도 않았으며 다시 돌아가는 것을 거부하지도 않았다. 무심히 왔다가 무심히 갈 뿐이다"[92]라고 하였다. 진인과 같이 일체 무차별적인 자연의 입장에서 보면 피차의 구별 같은 것은 모두 없어진다.

　　위나라에 아주 추악한 애태타라는 사람이 있는데, 이상하게도 사람들이 그 사내와 더불어 있으면 그를 사모해서 떠나려 하지 않고, 그를 보면 부모에게 간청하여 다른 사람의 아내가 되기보다는 그의 첩이 되고 싶다고 한 여자가 열 명이나 넘어도 그칠 줄 몰랐다. 그런데 그는 임금의 자리에 있어서 남의 죽음을 구제해준 적도 없었고, 게다가 그의 추

90　같은 책, 「逍遙遊」, 至人無己 神人無功 聖人無名.
91　같은 책, 「大宗師」, 天與人不相勝也 是之謂眞人.
92　같은 책, 「大宗師」, 古之眞人 不知說生 不知惡死 其出不訢 其入不距 翛然而往 翛然而來而已矣.

악함은 온 천하를 놀라게 할 정도이고, 지식이라야 국내 문제만 알 정도였다. 그런데 노나라 애공이 그와 함께 있은 지 1년도 못 되었는데 그를 신임하게 되었고, 나라에 재상이 없어 그에게 국정을 맡기게 되었다. 그러나 그가 얼마 있지 않아 애공을 버리고 떠나자 애공은 무엇을 잃은 것 같이 마음이 허전하게 되었다. 그래서 공자에게 그의 사람됨을 물어보았다.

제가 일찍이 초나라에 사신으로 간 적이 있습니다. 그때 마침 돼지새끼가 죽은 어미의 젖을 빨고 있는 것을 보았습니다. 조금 있다가 그 새끼들은 깜짝 놀라 모두 제 어미를 버리고 달아났습니다. 그것은 그 어미가 자기들을 돌보아주지도 않고 전의 모습과 같지 않았기 때문입니다. 따라서 아내를 사랑하는 것은 그 외형을 사랑하는 것이 아니라, 그 외형을 지배하는 마음을 사랑하는 것입니다. 그러므로 전사자를 장사지낼 때는 삽[93]을 보내지 않고 발이 잘린 자에게는 고무신을 보내도 좋아하지 않습니다. 이는 다 그것들을 필요로 하는 근본이 없기 때문입니다. 천자의 시녀가 된 여인에게는 그 아름다운 육체를 다치지 않게 하기 위하여 손톱도 깎지 못하게 하고 귀도 뚫지 못하게 합니다. 또 새로이 장가를 간 사람에게는 그 젊은 아내를 위하여 숙직도 면해주고 부역도 시키지 않습니다. 이처럼 형체만 온전해도 오히려 이렇게 사랑을 받거늘 하물며 온전하게 덕을 구비한 사람이야 무엇에 비유하겠습니까? 지금 애태타는 말을 하지 않아도 남이 믿고, 공이 없어도 친해 오며, 남으로 하

---

93 삽霎: 발인할 때 상여의 앞뒤에 세우고 가는 물건으로, 구름무늬를 그린 부채 모양이 운삽이고, 아亞 자 형상을 그린 것이 불삽이다.

여금 그 국정을 맡기게 하면서도 오직 혹시나 받지 않을까 걱정하게 하니, 이는 반드시 재능이 온전하면서도 그 덕이 드러나지 않은 인물인 것입니다.[94]

이 세상에는 외형 때문에 가치가 인정되는 것이 아니라 그 속에 내재한 진면목인 도의 본질이 주인이기 때문에 편협하거나 미혹되지 않는다. 장자는 이 이야기를 통해 진인의 모습을 표현하고 있다. 애태타의 모습을 보면 천하의 사람들이 모두 기겁하여 도망할 것이나, 그와 친해지면 그만큼 온전한 재능을 가지고 덕을 드러내지 않는 이가 없다는 것을 알게 된다. 그래서 여자는 물론 천하를 통치하는 왕까지도 그를 가까이 하려 든다.

이것은 모든 세간의 규범과 환경을 초월하여 마음의 덕을 닦아 조화로써 만물을 상대함으로써 가능하다. 따라서 온갖 만물이 깃드는 보금자리가 되고 만물의 척도가 되는 자연과 같이 삶의 기준이 될 수 있는 사람을 말한다. 이런 사람이야말로 참으로 절대자의 심성을 지녀서

---

94 같은 책, 「德充符」, 魯哀公問於仲尼曰 衛有惡人焉 曰哀駘它 丈夫與之處者 思而不能去也 婦人見之 請於父母曰 與爲人妻 寧爲夫子妾者 十數而未止也 未嘗有聞其唱者也常和人而矣 无君人之位以濟乎人之死 无聚祿以望人之腹 又以惡駭天下 和而不唱 知不出乎四域 且而雌雄合乎前 是必有異乎人者也 寡人召而觀之 果以惡駭天下 與寡人處 不至以月數 而寡人有意乎其爲人也 不至乎期年 而寡人信之 國無宰 寡人傳國焉 悶然而後應 氾然而若辭 寡人醜乎 卒授之國 無幾何也 去寡人而行 寡人恤焉 若有亡也 若無與樂是國也 是何人者也 仲尼曰 丘也嘗使於楚矣 適見㹠子食於其死母者 少焉眴若皆棄之而走 不見己焉爾 不得類焉爾 所愛其母者 非愛其形也 愛使其形者也 戰而死者 其人之葬也不以翣資 刖者之屨 無爲愛之 皆無其本矣 爲天子之諸御不瓜翦 不穿耳 取妻者止於外 不得復使形全猶足以爲爾 而況全德之人乎 今哀駘它未言而信 無功而親 使人授己國 唯恐其不受也 是必才全而德不形者也.

동양고전의 윤리의식과 도덕적 인물

완전한 지혜와 은연의 덕을 쌓아 모든 사람을 지배할 수 있고 만물을 구제할 수 있는 진정한 사람이다. 그러므로 하늘의 운행대로 자연스럽게 모든 일을 맡겨둘 일이지 거기에 인위적인 일을 가해서는 안 된다는 말이다. 그리고 그렇게 할 수 있는 사람을 "곧 진인이라 한다"고 결론을 내리고 있다. 이른바 진인이란 자연 그대로의 모습을 지닌 사람을 가리킴을 알 수 있다. 공자도 이 애태타의 훌륭함을 감탄하면서 그를 '전재인(全才人: 모든 재능을 다 갖춘 사람)'이라고 말했다.

이 이야기를 전해들은 노나라 애공은 공자에게 "전재全才란 도대체 무슨 뜻이오?"라고 물었는데, 공자는 다음과 같이 설명했다.

인간에게는 누구나 마음의 근심걱정이 되는 큰 문제가 있지요. 이를테면 삶과 죽음의 문제, 궁함과 잘됨의 문제, 빈부의 문제, 어진 사람과 그렇지 못한 사람의 문제, 칭찬과 나무람의 문제, 배고픔과 목마름의 문제, 추위와 더위의 문제 등이지요. 이것들은 모두 인간의 근심걱정이 되는 것들입니다. 그러나 생각해보면 이런 것들은 모두 사물의 자연의 변화이며 천명의 자연적 흐름입니다. 만약 우리가 하늘의 흐름과 조화시키고 자연의 물결과 흐름을 같이해 간다면 비록 죽음의 막다름에 이르더라도 있음과 없음, 빈궁과 영달의 지경에 이르러도 항상 자기 마음에는 흔들림이 없을 것입니다. 이것을 다한 사람이 애태타입니다. 그는 항상 '모든 것을 봄으로 삼고 있는', 다시 말해서 외물에 접하여 그때의 상태를 자기 마음속에서 낳고 있는 사람입니다. 이런 사람을 일러 재능이 온전하다고 하는 것입니다.[95]

---

95 같은 책, 「德充符」, 仲尼曰 死生存亡 窮達貧富 賢與不肖毀譽 飢渴寒暑 是事之變 命之

자연의 모든 것이 바뀌어가는데 항상 봄날 같은 즐거움으로 맞이하고 있다는 것이다. 공자는 자연의 흐름에 잘 적응하고 있는 것이 애태타의 가장 훌륭한 점이라고 말하고 있다. 장자가 생각할 때 사람은 반드시 자신의 몸과 마음의 한계를 초월하여 감정이나 욕망의 고리를 벗어던졌을 때 하늘과 땅의 참다운 기운의 조화를 체득할 수 있다고 생각했다. 그런 다음에 내심의 허정虛靜한 상태를 유지하여 삶과 죽음을 하나로 보아 압박이나 의혹에서 벗어나야만 비로소 자유로운 도의 경지에 도달할 수 있다. 그는 "사색하지 않고 고려하지 않아야 비로소 도를 이해할 수 있고, 거처하지 않고 행위 하지 않아야 비로소 도에 안주할 수 있으며, 따르지 않고 방법도 없어야 비로소 도를 획득할 수 있다"[96]라고 하였다.

장자는 이런 지극한 도의 경지에 도달한 사람을 지인 · 신인 · 성인 · 진인이라고 칭하였다. 그와 반대로 사람이 형체에 얽매이고 이로움이나 공을 추구하며 인위적인 지혜에 빠지고 옳고 그름을 가린다고 하면 진정한 도에 이를 수 없다고 생각하였다.

行也 日夜相代乎前 而知不能規乎其始者也 故不足以滑和 不可入於靈府 使之和豫通而
不失於兌 使日夜無郤 而與物爲春 是接而生時於心者也 是之謂才全.
96 같은 책, 「知北遊」, 無思無慮始知道 無處無服始安道 無從無道始得道.

동양고전의 윤리의식과 도덕적 인물

제4부

『묵자』에 나타난
윤리의식과 도덕적 인물

1. 묵자의 생애

묵가의 시조 묵자墨子는 송나라 대부로서 성을 방위하는 기술이 뛰어났을 뿐만 아니라 각종 사업에 비용을 절감하여 송나라를 윤택하게 했다. 묵자의 생애는 다른 제자백가의 사상가들과는 달리 거의 알려져 있지 않다. 다만 성은 묵墨이고 이름은 적翟인데, 그 이름조차 확실하지 않다. 그의 성이 묵씨가 아니라 죄인의 얼굴에 죄명을 먹으로 새겨 넣는 묵형을 받았기 때문에 묵씨로 불렸다고 주장하는 학자도 있고, 또 어떤 학자는 얼굴이 검었기 때문에 묵씨라고 한 것이지 그의 성이 아니라고 주장하기도 한다. 그의 이름 적도 '새의 날개'를 의미하는데, 이는 묵자의 초라한 행색을 묘사한 것으로 그의 이름이 아니라고 하는 학자도 있다. 이처럼 묵자의 성명뿐 아니라 생몰연대가 정확하지 않아서 공자와 같은 시대라고 말하기도 하고 그 후대라고 말하기도 한다.

손이양은 『묵자연표』를 만들었는데 묵자의 연대는 기원전 468~376년 사이, 또는 479~381년 사이가 되어야 한다고 생각하였다. 기원전 381년은 주나라 안왕 21년으로, 오기가 죽은 해이다. 『여씨춘추』의 「상덕」편에서 군신羣臣들이 오기를 공격하였는데, 그때 묵자의 거자가 맹승이었고, 오기가 죽기 전에 묵자가 이미 죽었음이 분명하므로 묵자가 죽은 것은 기원전 381년 이전이라는 것이다.

묵자에 대해 맹자는 "묵자는 겸애를 주장하여 머리 꼭대기부터 발꿈치까지 털이 다 닳아 없어지더라도 천하를 이롭게 하는 일이라면 감행하였다"[1]고 했고, 장자는 "묵가들은 모두 거친 옷을 입고 나막신이나

---

1   『孟子』, 「盡心上」 26장, 墨子 兼愛 摩頂放踵 利天下 爲之.

짚신을 신고서 밤낮 여유 없이 스스로 고생을 다하면서 말하기를 이렇게 하지 못하는 것은 우임금의 도가 아니며 묵자의 무리가 될 수 없다"[2]고 표현했는가 하면, "묵자는 정말로 천하의 호인이니 찾아도 얻기 어려운 사람이다. 그는 비록 몸이 파리해진다 하더라도 그런 일은 버리지 않았으니 재사라 할 것이다"[3]라고도 하였다.

묵자는 생산직을 담당하였던 중하층 계급의 기술자이거나 노동자 출신이었기 때문에 『묵자』에 노동도구인 먹통, 굽은 자 등의 비유가 많이 나오는 것이 특징이다. 묵자는 성을 지키는 데 필요한 기구들을 만드는 데 매우 능숙하였고, 전쟁할 때 필요한 수레도 직접 제작하는 등 침략 전쟁을 막기 위해 축성과 방어무기의 제조술에 대해서도 조예가 깊었다. 그리고 왕과 귀족들을 중심으로 하는 위정자들 때문에 고통 받아야 하는 힘없는 백성을 대변하면서 이들을 위해 사회를 개혁하고자 하였다. 그의 사상은 애민적일 뿐만 아니라 구체적이면서도 실천적이고 현실적이었다. 그래서 그는 힘없는 천인계급이 뭉치면 그만큼 힘을 발휘할 수 있다는 사실을 깨달아서 집단생활을 하였다. 또 원만한 집단생활을 위해 자치적으로 엄격한 집단의 규율을 실시하였다.

『회남자』에서 묵자는 공자 문하에서 유자儒者의 일을 공부하고 공자의 학술을 전수받았으나, 후에 주나라의 도를 배반하고 하나라의 정법에 따랐다고 기술하고 있다.[4] 그가 하나라의 정법에 따른 이유는 유가가 통치계급의 입장을 옹호하고 사치스런 예악을 위주로 한 형식주

---

2   『莊子』, 「天下」 2장, 使後世之墨子 多以裘褐爲衣 以跂蹻爲服 日夜不休 以自苦爲極 曰 不能如此 非禹之道也 不足謂墨.

3   같은 책, 「天下」 2장, 墨子眞天下之好也 將求之不得也 雖枯槁不舍也 才士也夫.

4   『准南子』, 「要略訓」, 墨子儒者之業 受孔子之術 …… 背周道而用夏政.

의라고 보았기 때문이다. 그는 유가가 예의와 형식을 중시한 나머지 백성의 생산 활동을 저해하고 재물만 낭비할 뿐이며, 백성을 가난하게 만든다고 생각했다. 또 유가가 귀족들의 예악과 상장喪葬을 옹호할 뿐 백성을 고생시키고 재물을 손상시키며, 살아있는 사람들을 해롭게 하고 일을 그르치게 하는 것이라고 믿었다.

묵자는 공자가 이상으로 추앙하던 주나라의 제도를 반대하고, 상고시대 하나라의 사회와 정치를 이상으로 받들었다. 그것은 하나라의 관개시설을 건설한 우임금의 자기희생적인 노력이 형식적인 사치를 배격하고 검소하게 살며 실천궁행을 하던 묵자의 사상과 유사했기 때문이다. 우임금은 천하의 홍수를 다스리기 위해 자기 집도 제대로 돌보지 못했고, 정강이에는 털이 날 겨를도 없이 백성을 위해 노력한 임금이다.

묵자가 유가에서 배웠기 때문에 사마천은 『사기』의 「맹자순경열전」에서 묵자를 맹자, 순자 편에 함께 다룬 것으로 보인다. 묵자는 종래 지배계층의 행동규범인 예악을 철저히 부정하고 만민의 철저한 공동연대와 그를 통한 상호 이해의 증진을 도모하였다. 피지배계층의 이해를 반영하는 묵자의 사상은 공자 이후 가장 큰 세력을 형성하였다. 『회남자』에는 다음과 같은 기록이 있다.

공자의 제자는 70여 명인데 무리를 3,000명이나 길렀으나 모두 들어가서는 효도를 행하고 나와서는 우애를 발휘했으며, …… 묵자를 따르며 일하는 무리가 180여 명인데, 그들은 우두머리의 명령이 떨어지면 불속에 들어가는 일도, 칼날을 밟고서 죽는다 해도 발길을 돌리지 않던 사

람들인데, 교화教化가 그렇게 만든 것이다.[5]

묵가는 집단을 이루고 살았으며, 집단의 우두머리인 거자(巨子 혹은 鉅子)는 집단구성원을 죽이고 살릴 수 있는 권한을 가지고 있을 정도로 막강한 영향력을 행사할 수 있었다.

2. 묵수(墨守)의 조직체계

전국시대의 초나라에 공수반이라는 사람이 있었다. 그는 천민 출신인데도 기술이 뛰어나서 대부 자리까지 오르게 되었다. 공수반은 자기의 기술을 이용하여 아무리 높은 성에도 쉽게 올라갈 수 있는, 운제라는 높은 사다리를 만들어놓고 송나라를 공격하려고 했다. 그 당시 묵자는 서로 다른 나라를 공격하지 말라는 평화정책을 주장하고 있었는데, 공수반의 공격용 사다리에 관한 이야기를 듣고 제나라를 출발하여 열흘 밤낮을 걸어서 초나라의 도읍에 이르러 드디어 공수반을 만났다. 공수반이 말하였다.

"당신은 무슨 일로 이 먼 곳까지 오셨습니까?"

"북쪽 지방에 사는 어떤 사람이 나를 귀찮게 하는데, 당신이 그 사람을 없애주었으면 합니다."

이 말을 들은 공수반은 기분이 매우 좋지 않았다.

---

5   같은 책, 「泰族訓」, 孔子弟子七十 養徒三千人 皆入孝出悌 …… 墨子服役者百八十人 皆
     可使赴火蹈刃 死不旋踵 化之所致也.

"그렇게 해주면 천금을 드리지요."

"나는 의리가 있는 사람이라서 남을 죽이지 않습니다."

묵자는 자리에서 일어나 공수반에게 공손하게 절을 두 번 하면서 말하였다.

"좋은 말씀이십니다. 그런데 들자 하니 당신이 구름사다리를 만들어 송나라를 공격하려 한다던데 송나라가 무슨 죄를 지었습니까? 초나라는 영토는 남아돌고 더구나 백성이 부족합니다. 부족한 백성을 죽이고 남아도는 영토를 위하여 다투는 것은 지혜롭다고 할 수 없습니다. 그러니 송나라를 공격하는 것은 어질다고 할 수 없습니다. 잘못한 일을 알면서도 임금에게 그만두라고 말하지 않는다면 충성스럽지 못한 일이고, 잘못임을 지적하여 임금을 끝내 설득하지 못하면 강직하다고 할 수 없습니다. 의로움으로 작은 것을 죽이지 않으면서 여러 사람들을 죽이는 것은 일의 형편을 안다고 말할 수 없습니다."

묵자의 말을 들은 공수반은 스스로 잘못한 것을 인정하였으나 이미 구름사다리를 만들어 송나라를 공격한다는 사실을 왕에게 보고한 후였기 때문에 중지할 수 없었다. 하는 수 없이 묵자는 공수반과 함께 초나라 왕을 만났다. 묵자가 왕에게 말했다.

"여기에 한 사람이 있는데 무늬가 새겨진 아름다운 수레를 가지고 있으면서 이웃집의 다 낡은 수레를 훔치려 하고, 좋은 옷을 입고 있으면서 옆집의 누더기를 훔치려 하고, 곡식과 고기가 먹고 있으면서도 옆집의 쌀겨와 비지를 훔치려 한다면, 왕께서는 이 사람을 어떻게 생각하시겠습니까?"

"도벽이 있는 사람이겠지요."

"제가 보기에 초나라 땅은 사방 5,000리나 되고 송나라의 땅은 사방 500리가 됩니다. 이와 같이 풍요로운 초나라가 가난하고 약한 송나라를 공격하는 것은 도벽과 다를 바 없습니다. 더구나 임금께서는 의로움을 해치는 일은 있어도 얻는 것은 없음을 볼 것입니다."

"하지만 공수반은 내게 구름사다리를 만들어주면서 반드시 송나라를 이길 수 있다고 장담했소."

묵자는 허리띠를 풀어 땅에다가 원형으로 성처럼 둥글게 만들어 놓고 그 안에 들어간 다음 품속에서 첩牒이라는 이상한 도구를 꺼냈다. 그러고는 공수반에게 구름사다리를 이용해 공격해보라고 했다. 공수반이 아홉 가지 병법을 써서 공격했지만 묵자의 성을 함락시키지 못하였다. 이번에는 공격과 수비의 입장을 바꾸어 공수반이 성을 지키고 묵자가 공격하기로 하였다. 묵자는 세 차례의 공격 끝에 성을 함락시켰다. 그러자 공수반은 매우 불쾌한 표정을 지으면서 퉁명스럽게 말했다.

"내가 당신을 물리칠 수 있는 방법이 있기는 하지만 구태여 말하고 싶지는 않소."

"나도 당신이 얘기하는 그 방법이 무엇인지 알기는 하지만 말하지 않겠소."

두 사람의 얘기를 듣고 있던 왕은 이들이 무슨 말을 하고 있는지 종잡을 수 없어서 도대체 무슨 말을 하고 있느냐고 물었다. 그러자 묵자가 다음과 같이 말했다.

"공수반이 저를 죽이려고 생각하고 있습니다. 저를 죽여 없애면 송나라를 도와주는 사람이 없을 것이라고 생각하지만 그것은 커다란 오산입니다. 금활리 등 저의 제자 300명이 제가 설계한 성벽 방어용 기구를 이미 송나라 성벽에 붙여놓고 초나라가 공격하기를 기다리고 있습니다. 설사 저를 죽여 없앤다고 하여도 송나라를 공격해 함락시킬 수

동양고전의 윤리의식과 도덕적 인물

는 없을 것입니다."

　이 말을 들은 초나라 왕은 송나라를 공격하려던 계획을 취소하였다. 묵자는 초나라의 공격을 미연에 방지한 후 송나라로 돌아갔다. 묵자가 송나라로 돌아올 때 마침 소나기가 쏟아져 이를 피하려고 성문의 추녀 아래서 비를 피했는데, 성문을 지키던 병사가 그를 들여보내지 않았다. 머리에는 갓도 쓰지 않았을 뿐만 아니라 맨발에 짚신을 신은 그의 행색이 너무 초라했기 때문이다. 성문 밖으로 쫓겨난 묵자는 억수처럼 쏟아지는 소나기를 흠뻑 맞고 감기에 걸려 10여 일 동안이나 큰 고생을 하였다. 송나라를 구해서 자신에게 돌아온 공과는 단지 지독한 무시와 감기뿐이었지만, 묵자는 불평 한마디 하지 않고 전쟁을 미연에 방지했다는 사실에 만족했다. 그래서 그는 말하기를 "남모르게 일을 처리하는 사람이 있다면 여러 사람이 있어도 그 공을 알지 못하지만, 드러나게 다투는 사람은 여러 사람이 이 일을 알아준다"[6]고 하였다.

6　『墨子』,「公輸」, 公輸盤爲楚造云梯之械成 將以攻宋 子墨子聞之 起于齊 行十日十夜 而至于郢 見公輸盤 公輸盤曰 夫子何命焉 爲子墨子曰 北方有侮臣 願藉子殺之 公輸盤不說 子墨子曰 請獻十金 公輸盤曰吾義固不殺人 子墨子起 再拜曰 請說之 吾從北方 聞子爲梯 將以攻宋 宋何罪之有 荊國有餘于地 而不足于民 殺所不足 而爭所有餘 不可謂智 宋無罪 而攻之 不可謂仁 知而不爭 不可謂忠 爭而不得 不可謂强 義不殺少而殺衆 不可謂知類 公輸盤服 子墨子曰 然乎 不已乎 公輸盤曰 不可 吾旣已言之王矣 子墨子曰 胡不見我于王 公輸盤曰 諾 子墨子見王 曰 今有人於此 舍其文軒 鄰有敝轝而欲竊之 舍其錦繡 鄰有短褐 而曰 必爲竊疾矣 子墨子曰 荊之地 方五千里 宋之地 方五百里 此猶文軒之與敝轝也 荊有云夢 犀兕麋鹿滿之 江漢之魚鱉鼂鼉 爲天下富 宋所爲無雉兔狐狸者也 此猶粱肉之與糠糟也 荊有長松文梓 梗柟豫章 宋無長木 此猶錦繡之與短褐也 臣以三事之攻宋也 爲與此同類 臣見大王之必傷義而不得 王曰 善哉 雖然 公輸盤爲我爲云梯 必取宋 于是見公輸盤 子墨子解帶爲城 以牒爲械 公輸盤九設攻城之機變 子墨子九距之 公輸盤之攻械盡 子墨子之守圉有餘 公輸盤詘 而曰 吾知所以距子矣 吾不言 子墨子亦曰 吾知子之所以

묵가 집단의 규율이 얼마나 엄격했는지 『여씨춘추』에 보면 그 일화를 알 수 있다. 묵가의 거자 맹승은 초나라의 양성군과 아주 가까운 사이였다. 양성군이 (맹승을) 자기 나라에 와서 땅을 지켜주는 방위 책임자로 임명하고, 패옥을 갈라서 계약의 부절로 삼았는데, 계약 내용은 '부절이 서로 맞으면 명령을 듣고 따른다'는 것이었다. 그때 초나라 임금이 죽자, 많은 신하들이 몰려들어 오기[7]를 공격하여 임금의 빈소에서 죽인 난동사건이 일어났는데, 양성군도 이에 가담하였으므로 초나라에서 그의 죄를 다스리고자 하였다. 양성군이 달아나버리자, 초나라는 그

距我 吾不言 楚王問其故 子墨子曰 公輸子之意 不過欲殺臣 殺臣 宋莫能守 可攻也 然臣之弟子禽滑釐等三百人 已持臣守圉之器 在宋城上 而待楚寇矣 雖殺臣 不能絶也 楚王曰 善哉 吾請無攻宋矣 子墨子歸 過宋 天雨 庇其閭中 守閭者不內也 故曰 治于神者 衆人不知其功 爭于明者 衆人知之.

『莊子』의 「天地」 편에도 이와 유사한 내용이 있다. 魯迅은 소설 『非功』에서 다음과 같이 표현하였다. 남쪽의 큰 나라인 초가 공격용의 거대한 무기를 만들어 북방의 작은 나라 송을 치려 한다는 말을 듣고서 묵자는 그것을 중지시키려고 했다. 제자 耕柱子가 싸준 옥수수만두와 소금에 절인 명아주 말린 것을 봇짐 속에 간직하며 묵자는 녹슨 구리 칼을 차고 송나라를 나선다. "송의 성을 베개 삼아 죽고 적들에게 송나라 백성의 기개를 보여줄 테다"라고 하는 曺公子의 비분강개조 연설을 귓결에 흘리면서 묵묵히 방어용 모래며 무쇠며 麻이며 재를 모아 連弩의 실험을 하는 管黔敖와 禽滑釐에게 뒷일을 부탁한다. 口舌에 의한 평화 교섭만으로 큰 나라의 침략을 돌이키게 할 수는 없을지 모른다. 그렇다면 그야말로 다년간 준비한 '墨守'에 의해 지킬 수밖에 없다는 것을 알고 있었기 때문이다. 이윽고 묵자는 열흘 밤낮을 걸어 거지같은 모습으로 초나라의 도읍인 영의 정교한 조각을 한 녹나무 현판 앞에 선다. 거기에는 大篆의 서체로 '魯國公輸盤寓'라는 여섯 글자가 어마어마하게 큰 글자로 새겨져 있었다.

7 吳起가 도왕에게 건의하여 하는 일 없이 녹만 축내는 귀족들을 평민으로 강등시켜 농사를 짓게 한 적이 있었는데, 도왕이 죽자 귀족들이 몰려와서 오기를 죽인 사건이다. 이때 오기는 죽으면서 기지를 발휘하여 화살을 왕의 시체에 몰래 꽂아놓았는데, 이로 인하여 이 난동에 참여한 귀족들은 삼족이 주살되는 형벌을 받게 되었다.

동양고전의 윤리의식과 도덕적 인물

의 나라를 거두어들였다.

　　그러자 맹승이 말하기를, "나는 남의 나라를 떠맡았고, 그와 더불어 계약의 부절도 나누어 가졌다. 이제 부절이 보이지 않지만 힘으로써는 이를 막을 수 없으니 죽는 것이 마땅하다." 이때 그의 제자인 서약이 맹승에게 간하여 말하기를, "죽어서 양성군에게 유익하다면 죽는 것이 옳을 것입니다. 그러나 무익하다면 오히려 묵가의 지도자를 세상에서 끊어지게 하는 것이 되니 이는 옳지 않습니다." 맹승이 대답하기를, "그렇지 않다. 내가 양성군과 갖는 관계는 스승이 아니면 벗이고, 벗이 아니면 신하이다. 죽지 않는다면, 지금 이후로부터는 엄한 스승을 구할 때에는 결코 묵가의 문인에게서 구하지 않을 것이고, 현명한 벗을 구할 때에는 결코 묵가의 문인에게서 구하지 않을 것이며, 훌륭한 신하를 구할 때에는 결코 묵가의 문인에게서 구하지 않을 것이다. 그를 위해 죽는 것은 묵가의 가법家法을 실천하고 그 과업을 이어가는 방도가 되는 것이다. 나는 장차 송나라의 전양자에게 거자의 직책을 맡길 것이다. 전양자는 현자이니 어찌 묵가의 지도자가 세상에서 끊어질 것을 걱정하겠는가?"라고 하였다. 그러자 서약이 말하기를, "선생님의 말씀이 이러하시다면, 제가 먼저 죽음으로써 길을 열어놓겠습니다"라고 하고는 돌아서서 맹승 앞에서 목숨을 끊었다.

　　이윽고 맹승이 두 사람을 시켜서 전양자에게 거자의 직책을 전달하게 하고는 자신도 자결하였다. 맹승이 죽자, 제자들 중에 그를 따라 죽은 자가 180명이나 되었다. 두 사람이 맹승의 명령을 전양자에게 전달하고는 돌아가 초나라에서 맹승을 따라 죽고자 하니 전양자가 그들을 말리며 말하기를, "맹승은 이미 거자의 직책을 나에게 전달하였으니 마땅히 듣고 따르라"고 하였으나, 전양자의 말을 듣지 않고 끝내 돌아

가 그를 따라 죽고 말았다.[8]

또 묵가의 지도자로 거자직을 맡고 있던 복돈이 진나라에서 살고 있었는데, 어느 날 그의 아들이 살인하여 체포되었다. 복돈은 나이도 많은데다가 대를 이를 사람이라곤 그 아들 하나뿐이었다. 진나라 혜왕은 사안의 성격을 잘 살펴본 다음 복돈을 불러들여 이렇게 말했다. "선생은 이미 나이도 많으시고 그렇다고 다른 자식도 없으시니 과인이 재판관에게 명령을 내려서 사형을 면할 수 있게 조처해두었습니다. 선생은 이 사건의 처리를 저에게 맡겨주시기 바랍니다." 그러자 복돈은 혜왕의 이러한 배려에 대해 다음과 같이 단호하게 말하였다. "묵가의 법에는 사람을 죽인 자는 사형에 처하고, 남을 해친 자에게는 형벌을 준다는 조문이 있습니다. 이것은 사람의 목숨을 함부로 해치거나 다치지 않게 하기 위한 것입니다. 무릇 사람을 죽이거나 다치지 않도록 금지하는 것은 천하가 다 함께 지켜야 하는 공법입니다. 왕께서 제가 나이가 들고 쇠약하여 자손이 끊길까 봐 불쌍히 여기시지만, 저는 묵가의 지도자이니 묵가의 법에 따라 바로잡지 않을 수 없습니다"라고 말한 후 복돈은

---

8 『呂氏春秋』, 「上德」, 墨子鉅子孟勝 善荊之陽城君 陽城君令守於國 毀璜以爲符 約曰 符合聽之 荊王薨 群臣攻吳起 兵於喪所 陽城君與焉 荊罪之 陽城君走 荊收其國 孟勝曰 受人之國 與之有符 今不見符 而力不能禁 不能死 不可 其弟子徐弱諫孟勝曰 死而有益陽城君 死之可矣 無益也 而絶墨者於世 不可 孟勝曰 不然 吾於陽城君也 非師則友也 非友則臣也 不死 自今以來 求嚴師必不於墨者矣 求賢友必不於墨者矣 求良臣必不於墨者矣 死之所以行墨者之義而繼其業者也 我將屬鉅子於宋之田襄子 田襄子賢者也 何患墨者之絶世也 徐弱曰 若夫子之言 弱請先死以除路 還歿頭前於 孟勝因使二人傳鉅子於田襄子 孟勝死 弟子死之者百八十 二人以致令於田襄子 欲反死孟勝於荊 田襄子之曰 孟子已傳鉅子於我矣 當聽 遂反死之 墨者以爲不聽鉅子不察 嚴罰厚賞 不足以致此 今世之言治 多以嚴罰厚賞 此上世之若客也.

동양고전의 윤리의식과 도덕적 인물

결국 자기 아들을 처형하였다. 아들이란 누구나가 아끼는 바이지만 이 아끼는 바를 죽임으로써 누구나 지켜야 하는 공법을 시행하였으니 거자는 가히 공공의 이익을 함께한다고 할 수 있다.[9]

묵수라는 말은 '끝까지 지조를 지킨다'는 뜻인데, 묵가 집단의 이런 조직 규범에서 유래한 것이다. 묵가의 집단은 거자의 가르침과 신의를 위하여 자기 자신은 물론 자식까지도 기꺼이 희생하였다. 이것은 묵자뿐만 아니라 후세 묵가들까지도 얼마나 집단의 가르침이 실천에 철저하였는가를 보여주는 본보기라 하겠다.

묵자는 하늘의 신앙을 바탕으로 하여 '겸애'를 주장하고 사회개혁을 추진했던 사상가였다. 그가 추진한 사회개혁도 그 시대의 정치질서의 폐해를 바로잡고자 하는 것에서 출발한다. 백성의 입장에 서서 출생부터 정해진 신분제도는 타파해야 하고 능력 본위의 사회를 만들어야 한다고 주장했다. 따라서 지배자나 피지배자 모두가 부지런히 자기 소임을 다하고 검소하게 지내면서 서로 돕고 서로 사랑하여 화동和同하는 사회를 이룩하자는 것이 그가 추구하는 이상사회였다. 묵가와 유가사상의 가장 큰 차이는 이런 점에서부터 출발한다.

---

9   같은 책, 「去私」, 墨者鉅子有腹䵍 居秦 其子殺人 秦惠王曰 先生之年長矣 非有他子也 寡人已令吏弗誅矣 先生之以此聽寡人也 腹䵍對曰 墨子之法曰 殺人者死 傷人者刑 此所以禁殺傷人也 夫禁殺傷人者 天下之大義也 王雖爲之賜 而令吏弗誅 腹䵍不可不行墨子之法 不許惠王 而遂殺之子 人之所私也 忍所私以行大義 鉅子可謂公矣眷誅 腹.

3. 윤리적 근거로서의 천(天)

묵자의 핵심적인 사상은 겸애兼愛이고, 그가 겸애를 주장한 것은 어지러운 세상을 구제하기 위한 윤리적인 차원에서 나온 것이다. 그리고 겸애의 근원을 하늘의 뜻으로 이해했다. 하늘은 인간의 법도가 되기 때문에 하늘의 뜻이 곧 사람들이 살아가면서 지켜야 할 도덕규범이 된다.

묵자는 도덕규범의 회복을 통하여 혼란한 시대 상황을 극복하고자 했다. 따라서 천에 대한 절대성과 완전성을 부여하여 가치기준을 마련하였다.

하늘이 백성을 두터이 사랑하고 있다는 사실을 알고 있다. 해와 달과 별을 만들어 밝게 비춰주고, 사계절인 봄ㆍ여름ㆍ가을ㆍ겨울을 만들어 기강으로 삼고, 눈과 서리와 비와 이슬을 내려 오곡과 삼실을 자라게 하여 백성이 이를 얻어 이롭게 하며, 산과 시내와 계곡을 열거하여 모든 일을 진행하게 하고, 백성의 착하고 착하지 아니한 것을 사찰하고, 왕과 공과 후작과 백작을 만들어 어진 이를 포상하고, 포악한 자를 벌주고, 쇠와 나무와 새와 짐승을 부여하여 오곡과 삼실에 종사하게 하여 백성의 옷과 음식의 재물로 삼게 하였으니 예부터 지금까지 일찍이 이것이 있지 아니한 적이 없다.[10]

---

10 『墨子』, 「天志中」, 且吾所以知天之愛民之厚者有矣 曰以磨爲日月星辰 以昭道之 制爲四時春秋冬夏 以紀綱之 雷降雪霜雨露 以長遂五穀麻絲 使民得而財利之 列爲山川谿谷 播賦百事 以臨司民之善否 爲王公侯伯 使之賞賢而罰暴 賊金木鳥獸 從事乎五穀麻絲 以爲民衣食之財 自古及今 未嘗不有此也.

동양고전의 윤리의식과 도덕적 인물

하늘은 인간이 따라야 할 법도가 되기 때문에 하늘의 뜻이 곧 사람들이 살아가면서 지켜야 할 가치기준이 된다. 세상을 창조하고 질서를 유지하게 하여 백성의 생계를 유익하게 하고, 어진 자에게 상을 주고 반대로 포악한 자에게는 벌을 줌으로써 평화로운 세상을 만들기 위해 감찰하는 존재이다. 따라서 하늘의 뜻은 인간 행위의 시비선악을 판단하는 기준이며, 하늘의 뜻에 따르는 것이 서로 차별 없이 사랑하는 것이며, 서로 이롭게 하여 반드시 상을 받게 된다. 그러나 반대로 하늘의 뜻을 위반하는 것은 서로 미워하고 서로 해치게 되므로 반드시 벌을 받게 된다.[11]

하늘이 인간을 사랑하는 모습은 편벽됨이 없이 모두에게 두루 공평하게 밝혀주고 베풀어준다. 묵자는 하늘의 이러한 무한하고 공평한 사랑을 구체적으로 다음과 같이 표현하였다. "천하에 큰 나라나 작은 나라나 모두 하늘의 마을이고, 또 사람은 아이나 어른이나 귀하거나 천하거나 모두 하늘의 백성이다."[12] 즉 하늘이 천하의 백성을 사랑한다는 사실은 하늘이 두루 밝혀주기 때문이고, 하늘이 두루 밝혀준다는 사실은 하늘이 두루 가지고 있기 때문이고, 하늘이 두루 가지고 있는 것을 알 수 있는 것은 하늘이 두루 백성을 먹여주기 때문이다. 하늘이 두루 백성을 먹여준다는 사실은 세상 안의 곡식을 먹는 백성은 소나 양을 치고 개와 돼지를 기르고 깨끗이 제삿밥과 술과 단술을 담아서 하늘과 귀신에게 제사지내지 않는 사람이 없기 때문이고, 하늘이 모든 백성을 포용하는데 사랑하지 않을 수 없기 때문이다.[13]

---

11 같은 책, 「天志上」, 順天意者 兼相愛 交相利 必得賞 反天意者 別相惡 交相賊 必得罰.

12 같은 책, 「法儀」, 今天下無大小國 皆天之邑也 人無幼長貴賤 皆天之臣也.

13 같은 책, 「天志上」, 然則何以知天之愛天下之百姓 以其兼而明之 何以知其兼而明之 以

하늘이 인간에게 차별 없는 사랑을 베풀어주듯이 사람들도 하늘 아래에서 평등하게 차별 없이 사랑할 의무가 있다. 따라서 인간사의 모든 옳고 그름의 가치기준이 바로 하늘의 뜻이기 때문에 하늘을 본받아야 한다.

오늘날 천하의 군자 중 인의를 행하려는 자는 의가 나온 것을 살피지 않을 수 없다. 그렇다면 의는 어디에서부터 나왔는가? 의는 어리석고 천한 사람에게서 나오지 않고, 반드시 귀하고 현명한 사람에게서 나온 것이다. 그렇다면 세상에서 누가 귀하고 누가 현명한 사람인가? 그것은 하늘만이 귀하고 하늘만이 현명하다. 그러니 의란 결국 하늘로부터 나오는 것이다.[14]

이것은 의라는 합리적인 윤리규범이 하늘에서 나왔음을 언급한 것이다. 의가 윤리규범의 가치기준이기 때문에 의는 하늘로부터 나온 것임을 알 수 있다. 그 근거로 '하늘이 귀하고 현명하기 때문'에서 찾을 수 있다. 치란治亂의 문제도 윤리적 규범인 의에서 해결할 수 있다. 천하가 의로우면 안정되고, 의롭지 못하면 혼란이 일어나기 때문이다.[15]

그러므로 사람들은 먼저 하늘이 무엇을 원하고 무엇을 싫어하는지를 알아야 한다. 하늘은 반드시 사람들이 서로 차별 없이 사랑함으로써 서로 이롭게 하는 것을 원하며, 사람들이 서로 미워하여 시기하고 서

其兼而有之 何以知其兼而有之 以其兼而食焉 何以知其兼而食焉 四海之內 粒食之民莫不犓牛羊 豢犬彘 潔爲粢盛酒醴 以祭祀於上帝鬼神 天有邑人 何用弗愛也.

14 같은 책, 「天志中」, 然則孰爲貴 孰爲知 曰 天爲貴天爲知而已矣 然則義果自天出矣.

15 같은 책, 「天志中」, 天下有義則治 無義則亂.

동양고전의 윤리의식과 도덕적 인물

로 다투며 싸우는 것을 원치 않는다. 하늘은 모든 것을 한결같이 사랑하고, 모든 것을 한결같이 이롭게 함으로써 그러함을 알 수 있다. 그 이유로는 하늘이 모든 것을 아울러 보전하고 모든 것을 아울러 먹여 살림으로써 그러함을 알 수 있다.[16]

하늘은 만민을 평등하게 사랑하고 만물을 자라게 하여 서로 이롭게 한다. 묵자가 보기에는 나라와 나라, 사람과 사람, 만물은 하늘 앞에서 모두 평등하므로 어떤 사람도 억지나 강요, 권력을 이용하여 타인에게 고통을 주어서는 안 된다고 보았다. 또 큰 나라가 작은 나라를 공격하고, 강한 자가 약한 자를 약탈하고, 귀한 자리에 있는 자가 천한 자리에 있는 사람을 모욕하고, 간악한 자가 순진한 사람을 이용하는 것은 하늘이 바라는 바가 아니다.[17] 따라서 인간이 인간을 억압하고 착취하는 신분제도나 인간이 인간을 죽이는 전쟁은 하지 말아야 하며, 인간이 본받아야 할 표준은 오직 하늘뿐이다.

경계하고 근심해야 한다. 반드시 하늘이 바라는 것을 행하고, 하늘이 싫어하는 것을 버려야 한다. 그러면 하늘이 바라는 것은 무엇이고 싫어하는 것은 무엇인가? 하늘은 의를 바라고 불의를 싫어한다.[18]

---

16 같은 책, 「法儀」, 然而天何欲何惡者也 天必欲人之相愛相利 而不欲人之相惡相賊也 奚以知天之欲人之相愛相利 而不欲人之相惡相賊也 以其兼而愛之 兼而利之也 奚以知天兼而愛之 兼而利之也 以其兼而有之 兼而食之也.

17 같은 책, 「天志中」, 天之意不欲大國之攻小國也 大家之亂小家也 强之暴寡 詐之謀愚 貴之傲賤 此天之所不欲也.

18 같은 책, 「天志下」, 戒之愼之 必爲天之所欲 而去天之所惡 曰天之所欲者何也 所惡者何也 天欲義而惡其不義者也.

하늘이 바라는 것을 실천에 옮기는 것이 윤리적 규범인 의이다. 하늘의 뜻을 따르는 의로운 사람에게는 그들이 바라는 행복과 부귀의 상을 주지만, 의롭지 못한 사람에게는 불행과 재난이라는 벌을 내리는 것을 알 수 있다. 묵자는 하늘의 뜻을 가지고 윤리적 가치기준을 삼아야 한다고 주장하였다.

만약 모두가 자기 부모를 본받는다면 어떻게 될까? 천하에는 부모가 된 사람들이 많지만, 다 어진 사람은 아니다. 만약 모두가 그의 부모를 (법도로 삼아) 본받는다면 이것은 어질지 않음을 법도로 본받는 것이다.

만약 자기의 스승을 모두가 본받는다면 어떠할까? 천하에 (학문을 닦아) 스승이 된 사람이 많지만, 다 어진 사람은 아니다. 그러므로 그의 스승을 모두가 본받는다면 이것은 어질지 않음을 본받는 것이다.

또 자기의 임금을 본받는다면 어떠할까? 천하에 임금이 된 사람이 많지만, 다 어진 임금은 아니다. 그러므로 만약 자기의 임금을 본받는다면 이것은 어질지 않음을 본받는 것이다. 어질지 않음을 본받는 것은 법도로 삼을 수 없는 것이다.

그러므로 부모·스승·임금 이 세 부류의 사람을 법도로 삼아서는 안 된다. 그렇다면 무엇으로 다스리는 법도를 삼아야 좋은가? 이 세상에 하늘의 뜻을 법도로 삼는 것보다 더 좋은 것은 없다. 하늘의 운행은 광대하면서도 사사로움이 없고, 그 은혜를 베푸는 데 있어 두터우면서도 은덕을 내세우지 않고, 또 하늘의 광명은 오래가면서도 한 치의 어긋남 없이 지속되었다. 이런 까닭에 성왕은 하늘이 하는 뜻을 법도로 삼았던 것이다. 이미 하늘의 뜻을 법도로 삼았다면 그의 행동과 하는 일은 반드시 하늘의 뜻을 기준으로 삼아 이를 행할 것이다. 하늘이 원하는 것이면 그것을 행하고 하늘이 원하지 않는 것이면 그것을 그만두면 되는

동양고전의 윤리의식과 도덕적 인물

것이다.[19]

4. 겸애(兼愛)의 윤리

　　묵자가 생존했던 전국시대는 주나라의 혈연 중심인 종법제도가
급격히 붕괴되어 제후들 사이에 패권을 다투며 전쟁과 회맹會盟이 더욱
치열하게 전개되었다. 또 철기문명이 보급되면서 사회적 생산력이 급
속하게 발전하였다. 생산력의 발전에 따라 자연 상태에서 소외되어 있
던 제후들 사이에 서서히 경제적 교류가 진행되었다. 그리고 토지의 사
유화와 더불어 신흥 지주계층이 출현하고 상인을 중심으로 하는 시장
경제도 급격히 발전하였다.

　　이러한 사회적 생산력은 혈연 중심인 종법제도의 인간관계를 근
본적으로 바꿔놓았을 뿐만 아니라 자연적·경제적·사회적 여건의 차
이에 따른 제후국가들 사이에 약육강식의 전쟁을 불러일으켰다. 이런
어지러운 시대일수록 언제나 피해자는 피지배계층의 농민을 중심으로
한 일반백성이었다. 농작물은 약탈당하고, 가축도 빼앗겼으며, 성벽이
파괴됨에 따라 부역에 시달려야 했다. 이렇게 기본적인 삶의 조건이 파

19　같은 책,「法儀」, 然則奚以爲治法而可 當皆法其父母奚若 天下之爲父母者衆 而仁者寡
　　若皆法其父母 此法不仁也 法不仁不可以爲法 當皆法其學奚若 天下之爲學者衆 而仁者
　　寡 若皆法其學 此法不仁也 法不仁不可以爲法 當皆法其君奚若 天下之爲君者衆 而仁者
　　寡 若皆法其君 此法不仁也 法不仁不可以爲法 故父母學君三者 莫可以爲治法 然則奚以
　　爲治法而可 故曰莫若法天 天之行廣而無私 其施厚而不德 其明久而不衰 故聖王法之 旣
　　以天爲法 動作有爲必度于天 天之所欲則爲之 天所不欲則止.

괴되었을 뿐만 아니라 백성 자신도 죽음을 당하거나 노예로 전락하여 중노동을 강요받았다.

묵자는 자신이 생존하는 전국시대의 가장 심각한 문제를 "배고픈 자가 먹지 못하고, 추위에 떠는 자가 입지 못하고, 수고로운 자가 쉬지 못하는 것, 이 세 가지가 백성의 커다란 걱정거리이다"[20]라고 보았다. 백성의 이와 같은 세 가지 걱정을 해결하기 위해서는 먼저 만인이 겸애(서로 차별 없이 사랑하는 것)와 교리交利(서로를 이롭게 하는 것)하는 것이 필요했다. 즉 천하의 사람들이 서로 차별 없이 사랑하면 다스려지고, 서로 미워하면 크게 어지러워지기 때문이다.[21] 겸애와 교리를 모든 사상과 행위규범의 가치척도로 삼았음을 알 수 있다.

묵자가 말한 '차별 없이 서로 사랑해야 한다'는 것은 원근을 구분하지 않고, 등급을 나누지 않으며, 보편적으로 광범위하게 사랑해야 함을 의미한다. 그러면 '서로 차별 없이 사랑하고 서로 이로움을 주고받는다'는 법도는 어떻게 행하는 것일까?

> 남의 나라를 볼 때 마치 자기 나라를 보듯이 하고, 남의 집을 볼 때 마치 자기 집을 보듯이 하며, 남의 몸을 볼 때 마치 자기 몸을 보듯이 하는 것이다.[22]

---

20 같은 책, 「非樂上」, 民有三患 飢者不得食 寒者不得衣 勞者不得息 三者民之巨患也.

21 같은 책, 「兼愛上」, 天下兼相愛則治 交相惡則亂.

22 같은 책, 「兼愛中」, 然則兼相愛交相利之法 將奈何哉 子墨子言 視人之國 若視其國 視人之家 若視其家 視人之身.

이와 같이 겸애와 교리는 남과 나를 구분하지 않는다. 그러므로 남의 나라나 집, 몸도 마치 자기의 나라요 집이요 몸인 것처럼 대해야 한다. 겸애와 교리는 직접적으로 남을 이롭게 하는 것이지만, 간접적으로는 결국 자기를 이롭게 하는 것이다. 묵자는 '똑같이 함(겸兼)'을 주장하고, '구별함(별別)'에 반대한다. 사람을 사랑하는 데는 마땅히 차별 없이 두루 사랑해야지 친함과 소원함의 차별이 있어서는 안 된다고 강조하였다. 그래서 묵자는 '겸애'를 주장한 것이고, 유가의 차별적인 사랑인 '별애別愛'를 반대한다.

묵자의 겸애는 경중·후박과 선후를 반대할 뿐만 아니라 모든 사람을 평등하게 사랑해야 한다는 의미가 내포되어 있다. 사람은 어른이나 아이나 귀하고 천한 이 없이 모두 하늘의 사람이다.[23] 그래서 여자노예도 사람이고 남자노예도 사람이기 때문에 여자노예와 남자노예를 사랑하는 것은 곧 사람을 사랑하는 것이다.[24]

봉건제도는 상하계급의 차이가 엄연한 신분사회이고, 이러한 신분사회에서 묵자는 천자·제후·공경·대부 등 귀족계급과 서자·공장工匠·농민·농노 등 서민계급이 하늘 아래서는 평등한 하늘의 백성이라고 주장하였다. 또 심지어 남자노예인 장臧과 여자노예인 획獲을 포함하여 모든 사람을 골고루 평등하게 사랑해야 한다는 박애를 주장한다.

그렇다면 혼란의 근원은 어디에서부터 일어나는가? 혼란이 일어나는 유래를 알아야 곧 그것을 다스릴 수 있고, 혼란이 일어나는 유래

---

23   같은 책, 「法儀」, 人無幼長貴賤 皆天之臣也.

24   같은 책, 「小取」, 獲人也 愛獲 愛人也 臧人也 愛臧 愛人也.

를 알지 못하면 다스릴 수 없다. 예를 들면 마치 의사가 사람의 병을 고
치는 것과 같다. 병이 생겨난 까닭을 먼저 알아야만 병을 고칠 수 있고,
병이 일어난 까닭을 알지 못하면 고칠 수 없게 된다. 혼란을 다스림도
이와 같다.[25] 바로 사람들이 서로 사랑하지 않는 데서 혼란이 일어난다
고 보았다. 다시 말하면, 신하와 아들이 임금과 아버지에게 충성하지 않
고 효도하지 않는 것이 혼란이다. 자식이 자기 자신만을 사랑하고 자신
의 아버지는 사랑하지 않는 경우이다. 그래서 아버지를 해치고 자신을
이롭게 한다. 동생은 자기 자신만을 사랑하고 형을 사랑하지 않는다. 그
래서 형을 해치고 자신을 이롭게 한다. 신하가 자기 자신만을 사랑하고
왕을 사랑하지 않는다. 그래서 왕을 해치고 자신을 이롭게 한다. 바로
이것이 혼란이다.[26]

　　사회적 혼란은 서로 사랑하지 않음에서 시작됨을 알 수 있다. 도
적들도 자기 집은 사랑하면서도 남의 집은 사랑하지 않기 때문에 도적
질하고, 대부들도 자신의 가문을 사랑하면서도 다른 가문을 사랑하지
않기 때문에 다른 가문을 어지럽힌다. 제후들도 그들과 마찬가지로 이
기적이기 때문에 남의 나라를 공격하여 전쟁을 일으킨다. 이들이 서로
사랑하는 마음이 있다면 나라 간의 전쟁도 도적도 없을 것이라고[27] 묵

25　같은 책,「兼愛上」, 聖人以治天下爲事者也 必知亂之所自起 焉能治之 不知亂之所自起
　　則不能治 譬之如醫之攻人之疾者然 必知疾之所自起 焉能攻之 不知疾之所自起 則弗能
　　攻 治亂者何獨不然.

26　같은 책,「兼愛上」, 必知亂之所自起 焉能治之 不知亂之所自起 則弗能治 聖人以治天下
　　爲事者也 不可不察亂之所自起 當察亂何自起 起不相愛 臣子之不孝君父 所謂亂也 子自
　　愛 不愛父 故虧父而自利 弟自愛 不愛兄 故虧兄而自利 臣自愛 不愛君 故虧君而自利 此
　　所謂亂也.

27　같은 책,「兼愛上」, 猶有盜賊乎 故視人之室若其室 誰竊 視人身若其身 誰賊故盜賊亡有

자는 단호히 말한다.

그가 말하는 겸애는 천하의 이익을 일으키고 폐단을 제거할 수 있는 유일한 방법이다. 가정과 국가가 서로 사랑하지 않기 때문에 폐단이 일어나지만 서로 사랑하면 이익이 된다. 모든 혼란은 사람들이 서로 사랑할 줄 모르고 오로지 자신만 사랑하여 자신의 이익만을 추구하기 때문에 서로 충돌하고 대립하게 된다. 그러므로 모든 혼란은 서로 사랑하지 않는 데서 일어났기 때문에 서로 차별 없이 사랑해야 한다.

만일 천하로 하여금 모두가 서로 차별 없이 사랑하게 한다면 나라와 나라는 서로 공격하지 않을 것이며, 가문과 가문은 서로 어지럽게 하지 않을 것이며, 도적들이 없어지고, 임금과 신하와 아버지와 자식들은 모두 효도하고 자애로울 수 있을 것이다. 만일 이와 같이 된다면 곧 천하는 잘 다스려질 것이다. 그러므로 천하를 다스리는 일에 종사하는 성인이라면 어찌 악을 금하고 서로 차별 없이 사랑함을 권면하지 않을 수 있겠는가? 그러므로 천하가 모두 서로 차별 없이 사랑하게 되면 곧 잘 다스려지고 모두가 서로 미워하면 곧 어지러워진다. 그래서 묵자가 '남을 사랑하라고 권하지 않을 수 없다'고 한 것은 이 때문이다.[28]

猶有大夫之相亂家 諸侯之相攻國者乎 視人家若其家 誰亂 視人國若 其國 誰攻 故大夫之相亂家 諸侯之相攻國者亡有 若使天下兼相愛 國與國不相攻 家與家不相亂 盜賊無有.

28 같은 책,「兼愛上」, 若使天下兼相愛 國與國不相攻 家與家不相亂 盜賊無有 君臣父子 皆能孝慈 若此則天下治 故聖人以治天下爲事者 惡得不禁惡而勸愛 故天下兼相愛則治 交相惡則亂 故子墨子曰 不可以不勸愛人者此也.

어진 사람들의 목표는 반드시 천하의 이익을 일으키고 천하의 폐단을 제거하는 것이다. 그렇다면 천하의 폐단은 무엇인가? 묵자가 말하기를 "지금 나라와 나라들이 서로 공격하고 있고, 가문과 가문들이 서로 빼앗고 있으며, 사람과 사람들이 서로 해치며, 임금과 신하들이 서로 은혜롭고 충성되지 않고, 아버지와 자식들은 서로 자애롭고 효도하지 않으며, 형제들은 서로 조화되지 않고 있는데, 이것이 곧 천하의 폐단이다"[29]라고 한 것이다.

묵자도 공자나 맹자와 마찬가지로 인의를 주장하였는데, 이 인과 의의 내용이 되는 것은 바로 겸애와 교리이다. 백성에게 이로움을 가져다주고 해로움을 제거해주는 것이 어진 사람이 하는 일이라고 하였다. 또한 도덕규범인 의에 대해서는 다음과 같이 설명했다.

이제 의로써 나라를 통치하면 백성은 반드시 그 수가 늘어날 것이고, 형정은 반드시 잘 다스려질 것이며, 사직은 반드시 안정될 것이다. 귀하고 훌륭한 보물이란 백성을 이롭게 해줄 만한 것이어야 한다. 그래서 의는 사람들을 이롭게 해줄 수 있다. 그러므로 "의는 천하의 훌륭한 보물이다"라고 하는 것이다.[30]

---

29 같은 책, 「兼愛中」, 仁人之所以爲事者 必興天下之利 除去天下之害 以此爲事者也 然則 天下之利何也 天下之害何也 子墨子言曰 今若國之與國之相攻 家之與家之相簒 人之與 人之相賊 君臣不惠忠 父子不慈孝 兄弟不和調 此則天下之害也.
30 같은 책, 「耕柱」, 今用義爲政于國家 人民必衆 刑政必治 社稷必安 所爲貴良寶者.

동양고전의 윤리의식과 도덕적 인물

의를 귀하게 여긴 것은 그것이 백성을 이롭게 해줄 수 있는 가치규범이기 때문이다. 따라서 "함께하는 것이 인이요 의이다"[31]라고 하여 인과 의가 백성을 이롭게 해줄 만한 훌륭한 보물이기 때문에 삶의 가치 척도가 된다.

묵자가 겸애를 주장한 것은 다른 사람에게 이익을 가져다주고, 궁극적으로는 사회 전체의 이익을 가져온다는 확신 때문이었다. 그래서 겸애를 도덕원칙의 핵심으로 삼은 것이다. 이것은 이념으로 무장한 철학자의 모습이 아니라 실천하는 철학자로서 묵자가 생산노동을 제시하게 된 이유이다. 당시에는 신분질서가 엄격했던 불평등한 제도 속에서 지배계층과 피지배계층이 하늘 아래에서 평등한 신민民이 될 수 있는 가능한 방법이 생산노동이라고 보았다.

5. 노동의 의미와 가치

묵자는 제자백가들 가운데 현실문제 해결에 가장 적극적인 사상가였다. 그는 현실의 심각한 사회문제를 해결하기 위해 겸애와 교리를 주장했고, 겸애와 교리를 실천하기 위해서는 생산노동이 절실하게 필요하다고 보았다. 사람은 자신의 생명을 유지하기 위해서는 노동에 의존해야 하기 때문에 인간의 삶은 노동과 불가분의 관련을 맺고 있다. 노동은 자연 또는 인간의 삶을 변화시키고자 하는 인간의 육체적 · 정신적 힘이나 노력을 투입하는 활동이다. 사람은 자연의 일부분으로 존

---

31 같은 책, 「兼愛下」, 兼卽仁矣 義矣.

재하며 생명 유지를 위해 자연에 의존할 수밖에 없다. 그런데 인간은 자신의 목적이나 자유의지에 따라 자연환경을 변화시켜 생산을 증대하기 위해 노동을 한다. 또한 자신의 이상을 실현시키기 위해 노동의 가치를 십분 활용하기도 한다.

묵자는 이런 인간의 생산노동이 동물과 구별할 수 있는 중요한 요인이라고 생각하였다.

오늘날 사람들은 본래 하늘을 나는 날짐승과 들에 뛰노는 들짐승, 물속에 사는 물고기 등과 다르다. 이들은 자신의 깃털을 의복으로 쓰고, 그 발굽과 발톱을 신발로 쓰고, 그의 수초로 음식을 삼는다. 그러므로 수컷으로 하여금 갈고 심으며 심고 가꾸게끔 하지 않고, 암컷도 길쌈하고 (피륙을) 짜게끔 하지 않을지라도 의복과 음식의 재물이 본래 이미 갖추어져 있다. 오늘날 사람들은 이들과 다르다. '역力(노력과 생산노동, 힘)'에 의지하는 자는 노동한 만큼 결과물이 있지만, '역'에 의지하지 않는 자는 결과물이 없다. 군자가 애써 정치에 노력을 기울이지 않으면 형정이 문란해지고, 아랫사람들이 애써 일하지 않으면 쓸 재화가 부족해진다.[32]

동물은 주어진 자연환경과 신체 조건 그리고 본능과 충동에 의해 생존할 수 있으나 사람은 자기의 '생산노동'에 의해서만 생존하고 생활할 수 있다. 묵자는 농부들의 노동과 부인들의 길쌈도 '생산노동'이고,

---

32 같은 책, 「非樂上」, 今人固與禽獸麋鹿蜚鳥貞蟲異者也 今之禽獸麋鹿蜚鳥貞蟲 因其羽毛 以爲衣裘 因其蹄蚤 以爲絝屨 因其水草 以爲飮食 故唯使雄不耕稼樹藝 雌亦不紡績織紝 衣食之財 固已具矣 今人與此異者也 賴其力者生 不賴其力者不生 君子不强聽治 卽刑政亂 賤人不强從事 卽財用不足.

동양고전의 윤리의식과 도덕적 인물

통치자들이 사건을 듣고 일을 처리하는 일이나 관리를 다스리는 일, 관청에서 공무를 처리하는 일도 생산노동이라고 보았다. 따라서 묵자의 생산노동은 육체노동은 물론 정신노동까지 포함하는 생산·노동·일 그리고 힘과 일치하는 것이다.

인간은 생산노동을 통해 물질을 생산할 수 있기 때문에 점차 자연에 의존하는 다른 동물과 달리 문화생활을 할 수 있다. 인간은 생산노동에 의하여 자연 상태를 인간의 삶에 적합하도록 변형하고 개조할 수 있으나 다른 동물들은 자연물을 이용하여 생존할 수 있을 뿐이다. 따라서 인간은 기본적으로 노동을 통하여 생산하고 문화생활을 편리하게 누리는 실속 있는 노동자이다. 이러한 노동을 중시한 묵자의 인간 이해는 무위자연에 따르기를 주장하는 도가와 다른 측면이고, 도덕적인 측면에서 인간다움을 찾아 이를 실현하려고 했던 유가와도 다르다.

묵자는 도가나 유가와 달리 도덕적 행위도 생산노동의 입장에서 이해한다. 지금 어떤 사람이 남의 과수원에 들어가 복숭아나 자두를 훔쳤다고 가정해보자. 다른 사람들이 알게 되면 그것을 비난하고, 위에서 정치를 하는 사람들이 알게 되면 그를 잡아 처벌하려 할 것이다. 이는 어째서인가? 남을 해치면서 자신을 이롭게 하였기 때문이다.

또 다른 사람이 남의 닭이나 돼지를 훔쳤다면 그의 잘못은 남의 과수원에 들어가 복숭아나 자두를 훔친 것보다 더욱 심하다. 그것은 무슨 까닭인가? 남을 해친 정도가 더욱 크기 때문이다. 남을 해친 정도가 더욱 클수록 그의 도덕적이지 못함도 더욱 심해지고, 그의 죄도 더욱 많아진다.

그러면 남의 마구간에 들어가 말이나 소를 훔친 자의 잘못은 어떠한가? 남의 개나 닭이나 돼지를 훔친 것보다 더욱 심하다. 바로 남을 해친 정도가 더욱 크기 때문이다. 남을 해친 정도가 크면 클수록 그의 도 덕적이지 못함도 더욱 심해지게 되고 그의 죄도 더욱 많아진다. 또 죄 없는 사람을 죽이고 그의 옷을 빼앗고, 그의 창이나 칼을 훔친 자의 잘 못은 어떠한가? 남의 마구간에 들어가 말이나 소를 훔친 것보다 더욱 심하다. 그가 남을 해친 정도가 더욱 크기 때문이다. 남을 해친 정도가 더욱 커지면, 도덕적이지 못함도 더욱 심해지고 죄도 더욱 커진다.[33]

그것은 바로 자기의 노력과 생산노동에 의지하지 않고 남에게 피 해와 아픔을 주면서 자신의 이익만 추구하려 했기 때문이다. 자신의 이 익을 위해 남의 소유물을 해치는 죄의 무거움은 해친 것이 심할수록 죄 도 많아진다. 이처럼 묵자는 생산노동을 사람을 평가하는 도덕행위의 가치척도로 보고 있다. 그리고 사물에 대한 소유권이 바로 생산노동에 있다고 보았다. 자신의 생산노동에 의한 사물의 소유권은 도덕적이지 만, 그렇지 않은 것은 절도이고 강탈하는 것으로 보았다.

묵자는 도덕적 판단기준을 생산노동으로 보았고, 옳고 그름을 판 단하는 가치기준으로 생각하였다. 그가 노나라에서 제나라로 가는 길 에 친구를 만났다. 그 친구가 "지금 온 세상은 아무도 의를 행하는 사람 이 없는데, 당신이 홀로 수고하며 의를 행하고 있으니 당신 역시 그만두 는 것이 나을 것 같습니다"라고 하자, 묵자가 말했다.

"가령 어떤 사람에게 아들이 열 명 있다고 생각해봅시다. 그중에

---

33 같은 책, 「非攻上」, 今有一人 入人園圃 竊其桃李 衆聞則非之 上爲政者得則罰之 此何也 以虧人自利也 至攘人犬豕雞豚者 其不義又甚入人園圃竊桃李 是何故也 以虧人愈多 其 不仁茲甚 罪益厚 至入人欄廐 取人馬牛者 其不義 又甚攘人犬豕雞豚 此何故也 以其虧 人愈多 苟虧人愈多 其不仁茲甚 罪益厚 至殺不辜人也 扡其衣裘 取戈劍者 其不義又甚入 入欄廐 取人牛馬 此何故也 以其虧人愈多 苟虧 人愈多 其不仁茲甚矣 罪益厚.

동양고전의 윤리의식과 도덕적 인물

서 한 명만 농사일을 하고 아홉 명은 놀고 있다면, 일하는 그 한 사람은 더욱 많은 노력을 하지 않을 수 없을 것입니다. 왜 그럴 것 같습니까? 먹는 사람은 많은데 일하는 사람은 적기 때문입니다. 이제 온 세상에 의를 행하는 사람이 아무도 없으니 당신은 오히려 나를 권면해야 하는데도 어째서 나를 말리는지 알 수 없습니다."[34]

도덕규범인 의는 이로운 것으로 개인의 사리가 아니라 국가 · 사회 · 백성의 이익, 즉 공공의 이익을 가리킨다. 그 이익은 자기에게 유리한지 아닌지를 묻지 않는 "정수리로부터 발뒤꿈치까지 닳아 없어질지라도 천하 사람들을 이롭게 하는 일이라면 한다"는 이타심이다. 이렇게 다른 사람을 이롭게 하면 결국 자기도 이롭게 된다. 그러므로 개인의 부귀나 국가의 부국강병 등은 모두 생산노동에 의해 결정되는 것이지 도덕적 이념이나 무위자연에 의해 이루어지는 것이 아니라고 보았다.

이와 같이 묵자의 사상은 생산노동에 의한 물질생산의 발전을 매우 중시했던 실용적 학문이다. 이를 이해하기 위해 장자가 본 묵자의 생산노동에 대한 비판을 살펴보자.

묵자는 서로 차별 없이 사랑하고, 모든 삶을 이롭게 해주어야 하며, 싸워서는 안 된다고 주장하였다. 그의 도는 사랑을 근본으로 해서 화를 내지도 않고, 또 널리 배우기를 좋아하며, 남과의 구별을 부정하였다. 그러나 이것은 옛 임금의 법도와 같지 않기 때문에 예악을 비난한 것이다.

---

34 같은 책,「貴義」, 子墨子自魯卽齊 過故人 謂子墨子曰 今天下莫爲義 子獨自苦而爲義 子不若已 子墨子曰 今有人於此 有子十人 一人耕而九人處 則耕者不可以不益急矣 何故 則食者衆 而耕者寡也 今天下莫爲義 則子如勸我者也 何故止我.

그들이 살아서는 부지런히 일만 하고 죽어서는 박대를 받게 되니, 그들의 도란 너무나 각박한 것이며, 사람들로 하여금 근심이나 하게 하여 슬프게만 한다. 그리고 그것은 실행하기도 너무 어려운 것이다. 스스로 수고하여 장딴지에 털이 없어지고 종아리의 털이 부서지는 노동을 목표로 하여 정진했을 뿐이다. 그러면서도 진실로 천하 사람들을 두루 사랑한 사람들로서 자기 몸이 바짝 말라도 포기하지 않는 사람들로 재사才士라고 할 수 있다.[35]

장자가 본 묵가의 가장 바람직한 인간의 모습은 서로 차별 없이 사랑하여 남과 나를 구별하지 않는 것이고, 사치하지 않고 오직 생산노동에 종사하는 사람으로 보았다. 즉, 인간의 생존과 인간됨의 실현 조건으로 겸애와 생산노동을 최우선으로 본 것이다.

묵자의 생산노동과 서로 차별 없이 사랑해야 하고 서로 이익이 되게 해야 한다는 주장은 부국강병을 위해 백성에게 과중한 세금과 부역을 강요하던 당시 제후들에게 아무런 도움이 되지 못했다. 또 신분제도가 엄연했던 당시에 겸애와 교리, 생산노동을 주장한 그의 이론은 묵가의 사상이 존재할 수 있는 사회적 배경이 축소되어가게 한 원인을 제공하였다. 특히 한나라 이후 유가를 통치 이념으로 받아들이면서 묵가를 탄압하는 계기로 삼아 점차 묵가는 역사의 무대에서 사라지게 되었다.

---

35 『莊子』, 「天下」, 墨者汎愛兼利而非鬪 其道不怒 又好學而博 不異 不與先王同 毀古之禮樂 …… 其生也勤 其死也薄 其道大觳 使人憂 使人悲 其行難爲也 …… 必自苦 以腓无胈 脛无毛 相進而已矣 亂之上也 治之下也 雖然 墨子眞天下之好也 將求之不得也 雖枯槁不舍也 才士也夫.

동양고전의 윤리의식과 도덕적 인물

6. 상동(尙同)과 도덕적 인물

　　묵자는 사람들이 사사로운 욕심을 가지고 있어 더 많은 것을 얻기 위해 서로 다투고 해치는 일을 하기 때문에 국가를 건립하여 제도를 정하고 도덕적 인물을 통치자로 삼아 통제해야 한다고 생각했다. 위로는 하늘의 뜻에 통하고, 아래로는 모든 백성에게 영향을 미치는 국가의 체제가 갖추어졌을 때 비로소 겸애와 교리가 이루어지고 생산노동에 종사하는 피지배계층의 상동이 가능하다고 보았다. 상동이란 '아랫사람이 윗사람의 의견에 동의하는 것'을 말한다. 아랫사람은 반드시 윗사람과 의견이 일치했을 때 비로소 투쟁과 반목이 사라지고 겸애와 교리를 통하여 생산노동이 자연스럽게 이루어질 수 있다. 그래서 묵자는 국가의 기원과 도덕적 인물을 다음과 같이 제시하였다.

　　옛날에 백성이 처음으로 생겨나서 아직 법과 질서가 없던 시절에는 대개 사람마다 그 의견이 서로 달랐다. 이것으로써 한 사람이면 한 가지 의견이 있었고, 두 사람이면 두 가지 의견이 있었고, 열 사람이면 열 가지 의견이 있었으며, 사람이 많아질수록 그 의견도 많아졌다. 그래서 사람들은 자기의 의견이 옳다 하고 남의 의견은 옳지 않다 비난하였으므로 사람들은 서로를 옳지 않다 비난하였다. 안으로는 부모와 자식, 형제들이 원한과 미움을 가져 따로 흩어져 다시 서로 화합할 수 없었다. 천하의 백성은 모두 물과 불과 독약을 가지고 서로 해롭게 하였으며, 심지어 남는 힘이 있어도 서로 도와주지 않고, 남는 재물이 썩어도 서로 나누어 갖지 않았다. 훌륭한 도를 지닌 사람들은 그 도를 감추고 서로 가르치지 않았기 때문에 천하의 혼란이 마치 새나 짐승과 같았다. 대체로 천하가 어지러워지는 까닭을 살펴보면, 그것은 지도자가 없는 데서 생기는 것이다. 그러므로 천하의 현명하고 훌륭한 지도자를 선택하여 세워서 천자로 삼아야 한다. 천자가 있어도 그의 능력만으로는 아직 부족하므로 또 천하의 현명하고 훌륭한 사람을 선택하여 세워서 삼공三公으로 삼아야 한다. 천자와 삼공이 이미 세워진 뒤에도 천하는 넓고도 크기 때문에 먼 나라 다른 지역 백성의 옳고 그름이나 이익과 손해 관계의 분별을 하나둘로는 분명하게 알 수 없었다. 이에 만국萬國으로 구획을 나누어 제후나라의 군주를 세웠다. 제후나라의 군주가 이미 세워진 뒤에도 그들의 역량만으로 부족하여 또 그 나라의 현명하고 훌륭한 사람을 선택하여 세워 지도자로 삼았다.[36]

국가의 건립 이유는 "아직 법과 질서가 없던 시절에는 대개 사람마다 그 의견이 서로 달라 한 사람이면 한 가지 의견이 있었고, 열 사람이면 열 가지 의견이 있었으며, 사람이 많아질수록 그 의견도 많아졌다"는 것을 예로 들어, 국가가 없을 때의 혼란을 설명하였다. 따라서 안으로는 부모와 자식, 형제들이 원한과 미움 때문에 서로 흩어져 다시 화합할 수 없었으므로 결국 윤리와 질서가 없는 금수의 세상이 되었다. 그

---

36 『墨子』,「尙同」, 子墨子言曰 古者民始生 未有刑政之時 蓋其語人異義 是以一人則一義 二人則二義. 十人則十義 其人茲衆 其所謂義者亦茲衆 是以人是其義 以非人之義 故交相 非也 是以內者父子兄弟作怨惡 散不能相和合 天下之百姓 皆以水火毒藥相虧害 至有餘 力 不能以相勞 腐朽餘財 不以相分 隱匿良道 不以相敎 天下之亂 若禽獸然 夫明乎天下 之所以亂者 生于無政長 是故選天下之賢可者 立以爲天子 天子立 以其力爲未足 又選擇 天下之賢可者 置立之以爲三公 天子三公旣以立 以天下爲博大 遠國異土之民 是非利害 之辯 不可一二而明知故畫分萬國 立諸侯國君 諸侯國君旣已立 以其力焉未足 又選擇其 國之賢可者 置立之以爲正長.

동양고전의 윤리의식과 도덕적 인물

런데 나라가 다스려지는 까닭은 무엇인가? 군주가 나라를 잘 다스리는 까닭을 살펴보면 오직 나라의 의견을 하나로 통일했을 뿐이다. 그러므로 나라가 다스려지게 된 것이다.[37]

묵자가 생각한 국가는 윤리와 질서를 정하여 세상의 어지러움을 단속하기 위해 건립했음을 의미한다. 국가체제가 아직 성립되지 않았을 때, 사람들은 윤리와 질서라는 관리와 사회단속이 필요 없었기 때문에 서로 자기의 이익만을 추구하여 반목하고 투쟁할 수밖에 없었다. 이런 반목과 투쟁을 종식시키기 위해 마침내 현명하고 훌륭한 도덕적 인물을 추대하여 천자로 삼고, 천자가 있어도 그의 능력만으로는 천하를 다스릴 수 없기 때문에 또 천하의 현명하고 훌륭한 도덕적 인물을 추대하여 삼공으로 삼아 정부조직을 수립해야 한다. 천자와 삼공이 추대된 뒤에도 천하는 넓고도 크기 때문에 먼 나라 다른 지역 백성의 옳고 그름이나 이익과 손해 관계의 분별을 하나둘로는 분명하게 알 수 없어서 이에 만국으로 구획을 나누어 제후나라의 군주를 세워 지방분권을 운영해야 한다. 제후나라의 군주가 이미 추대된 뒤에도 그들의 역량만으로 부족하여 또 그 나라의 현명하고 훌륭한 도덕적 인물을 추대하여 관리로 삼아 국가를 관리하도록 한 것이다. 마치 현대 민주주의 정부 조직 편제 같은 조직도를 생각한 것이다.

옛날의 성왕들은 천하를 다스림에 있어서 사람을 잘 가려 자기의 신하로 삼고 측근에서 보좌하는 사람은 모두 훌륭한 도덕적 인물이었고, 그가 보고 듣는 것을 돕는 사람들이 많았다.[38] 또 성왕은 절용의 법

---

37 같은 책, 「尙同」, 察國之所以治者何也 國君唯能壹同國之義 是以國治也.

38 같은 책, 「尙同」, 故古之聖王治天下也 其所差論 以自左右羽翼者皆良 外爲之人 助之視聽者衆.

을 제정하여 천하의 백공들, 즉 수레를 만드는 장인, 수레바퀴를 만드는 장인, 가죽공, 도공, 대장장이, 목공 등으로 하여금 각각 그 전문적인 재능에 맞는 작업을 선택하게 하여 백성의 소용을 만족시킬 수 있는 정도에서 그치게 했다. 성왕은 백성의 이익에 보탬이 되지 않는 재화의 소비를 용납하지 않았다.[39]

백성의 이익에 보탬이 되지 않는 여섯 가지 병폐를 제거해야 도덕적 인물인 성인이 될 수 있다. 침묵할 때는 항상 사색하고, 말할 때는 항상 가르치고, 움직일 때는 항상 일하는 이 세 가지 실천 사항을 잠시도 쉬지 않고 계속 반복하여 행할 수 있다면 성인이 될 수 있다. 반드시 기쁨, 노여움, 즐거움, 슬픔, 사랑, 미움의 여섯 가지 병폐를 제거하고, 손, 발, 입, 코, 귀 등(모든 감각기관)을 오로지 의(義: 이익추구에 도움이 되지 않는 일)에 종사할 수 있다면 틀림없이 도덕적 인물인 성인이 될 수 있다.[40]

천하의 백성에게 이익이 되도록 몸소 실천했던 도덕적 인물로서 하나라의 우왕, 주나라의 문왕과 무왕을 들었다. 우왕은 강줄기를 잘 다스려 홍수를 막고 동서남북 사방의 백성에게 농사를 잘 지을 수 있도록 관개시설을 만들어주었고, 문왕은 작은 나라, 홀아비, 과부를 업신여기지 않고 농민들의 곡식이나 가축을 빼앗지 않아 태평하게 살 수 있도록 했다. 무왕은 제사를 지낼 때 이미 멸망한 하나라, 상나라 사람들을 우대하고 남만, 동이, 맥족 등의 오랑캐를 구해주어야겠다고 다짐했다는

---

39 같은 책, 「節用中」, 是故古者聖王 制爲節用之法曰 凡天下群百工 輪車 鞼鞄 陶 冶 梓匠 使各從事其所能 曰 凡足以奉給民用 則止 諸加費不加于民利者 聖王弗爲.

40 같은 책, 「貴義」, 子墨子曰 必去六辟 黙則思 言則誨 動則事 使三者代御 必爲聖人 必去 喜 去怒 去樂 去悲 去愛 而用仁義 手足口鼻耳 從事於義 必爲聖人.

동양고전의 윤리의식과 도덕적 인물

것이다.[41]

묵자는 이러한 성왕들의 행위가 겸애를 실천하였다고 하여 도덕적 인물의 모범으로 삼고 있다. 즉 "어진 사람이 하는 일은 천하에 이로움을 주고 천하에 해로움을 없애는 것이다. 어진 사람은 바로 이런 일을 한다"[42]라고 하여 백성에게 이로움을 가져다주고 해로움을 제거해주는 것이 도덕적 인물인 어진 사람(인인仁人)이 하는 일이라고 하였다. 역사상 하늘의 뜻에 순종하여 상을 받은 자는 옛날 삼대 성왕인 우왕, 탕왕, 문왕, 무왕이고, 옛날 삼대 폭군인 걸왕, 주왕, 유왕, 여왕은 하늘의 뜻을 거슬러 하늘로부터 벌을 받은 인물이다.

그렇다면 도덕적 인물인 우왕, 탕왕, 문왕, 무왕은 왜 상을 받았을까? 이 왕들은 위로는 하늘을 받들고, 중간으로는 귀신을 섬기고, 아래로는 백성을 사랑했기 때문이다. 하늘의 뜻에 이르기를 "이들은 내가 사랑하는 사람을 평등하게 사랑했고, 내가 이롭게 하는 사람을 평등하게 이롭게 했다. 사람에 대한 사랑이 그토록 광범했고, 사람에 대한 이로운 행위가 그토록 두터웠다"고 했다. 따라서 하늘은 그들을 귀하기로는 천자가 되게 하고, 부유하기로는 천하를 소유하게 하고, 만세토록 업

---

41 같은 책,「兼愛中」, 古者禹治天下 西爲西河漁竇 以泄渠孫皇之水 北爲防原派 注后之邸嘑池之竇 灑爲底柱 鑿爲龍門 以利燕代胡貉 與西河之民 東方漏之陸 防孟諸之澤 灑爲九澮 以楗東土之水 以利冀州之民 南爲江漢淮汝 東流之注五湖之處 以利荊楚干越 與南夷之民 此言禹之事 吾今行兼矣 昔者文王之治西土 若日若月 乍光于四方 于西土 不爲大國侮小國 不爲衆庶侮鰥寡 不爲暴勢奪穡人黍稷狗彘 天屑臨文王慈 是以老而無子者 有所得終其壽 連獨無兄弟者 有所雜于生人之間 少失其父母者 有所放依而長 此文王之事 則吾今行兼矣 昔者武王將事太山隧 傳曰 泰山 有道會孫周王有事 大事旣獲 仁人尙作 以祗商夏 蠻夷丑貉 雖有周親 不若仁人 萬方有罪 維予一人 此言武王之事 吾今行兼矣.

42 같은 책,「兼愛中」, 仁人之所以爲事者 必興天下之利 除去天下之害 以此爲事者也.

을 계승하여 대대손손 그들의 선정을 칭송하게 하고, 그 가르침을 온 천하에 널리 베풀어 지금까지 도덕적 인물인 성왕으로 칭송하게 했다.[43]

43　같은 책, 「天志上」, 故天子者 天下之窮貴也 天下之窮富也 故於富且貴者 當天意而不可不順 順天意者 , 兼相愛 , 交相利 必得賞 反天意者 別相惡 交相賊 必得罰 然則是誰順天意而得賞者 誰反天意而得罰者 子墨子言曰 昔三代聖王禹湯文武 此順天意而得賞也 昔三代之暴王桀紂幽厲 此反天意而得罰者也 然則禹湯文武其得賞何以也 子墨子言曰 其事上尊天 中事鬼神 下愛人 故天意曰 此之我所愛 兼而愛之 我所利 兼而利之 愛人者此爲博焉 利人者此爲厚焉 故使貴爲天子 富有天下 業萬世子孫 傳稱其善 方施天下 至今稱之 謂之聖王.

　　　　　　　　　　　　　　동양고전의 윤리의식과 도덕적 인물

제5부

—

『한비자』에 나타난
윤리의식과 도덕적 인물

—

1. 한비자의 생애

　　한비자는 전국시대 말인 기원전 280년경에 한나라에서 태어나 기원전 233년에 죽었다. 사마천의 『사기』 「노장신한열전老莊申韓列傳」에서 한비자는 한나라 제후의 공자로 기록되어 있다. 한비자가 태어난 한나라는 아주 작고 힘이 없는 나라였다. 어려서부터 형명刑名과 법술法術의 학을 좋아했기 때문에 법가사상을 집대성할 수 있었다. 한비자는 본래 말더듬이여서 말로 자신의 이론을 잘 표현할 수는 없었으나 대신 글을 쓰는 재주는 남달랐다. 진시황을 도와 천하통일에 기여한 이사와 함께 순자에게서 배웠는데, 이사는 자신이 항상 한비자만 못하다는 열등감을 가지고 있었다.

　　한나라는 서쪽에 이웃한 진나라와 남쪽의 초나라로부터 여러 차례 침략을 받았으며, 특히 진나라의 침략이 빈번해지면서 국토의 절반 이상을 빼앗겨 위험한 지경에 놓여 있었다. 한비자는 한나라의 영토가 줄어들고 국력이 약해지는 것을 보고서 여러 번 상소하여 한나라 왕에게 진심으로 간하였으나 왕은 끝내 그의 상소를 수용하지 않았다. 이에 한비자는 자신의 부국강병 방안을 「고분」·「오두」·「내외저설」·「설림」·「설난」 등의 저술로 남겼는데, 특히 「고분」 편에서 당시 사문私門의 권세가 도를 지나쳐 국가질서가 어지러워지고 있음을 개탄하였으며, 「오두」 편에서는 나라를 좀먹는 다섯 부류의 권력계층을 신랄하게 비판하였다. 「고분」과 「오두」 편을 우연히 읽은 진시황은 한비자를 만나 교유할 수 있으면 죽어도 여한이 없다고 할 정도로 그를 칭찬하였다. 이사가 한비자가 지은 저서라고 말하여 이 때문에 진나라가 급히 한나라를 공격하였다.

한비자의 상소는 끝내 받아들여지지 않고 한나라는 점점 국력이 쇠약해져 마침내 기원전 234년에 진나라의 침공을 받게 되었다. 한나라 왕은 마침내 위기의식을 느끼고 진시황이 좋아하는 한비자를 강화 사절로 보내 위기를 모면하려고 하였다. 진시황은 강화 사절로 온 한비자를 보고 기뻐했으나 기용하지는 못했다. 오히려 한비자는 친구인 이사의 모함을 받아 체포되어 진나라의 감옥에서 독을 마시고 일생을 마감하였다. 진시황은 후회하고 사람을 시켜 사면케 하였으나, 한비자는 이미 죽어 있었다.[1]

한비자는 비록 이사의 모함에 의해 생을 마감했지만, 그를 죽인 이사는 한비자의 사상을 계승하여 진나라의 법체계를 완성하였다. 따라서 그의 이론은 진나라의 지도적 사상이 되었으며, 진시황이 여러 제후국을 병합하여 전국시대를 마감하는 데 크게 기여했다. 한비자가 보기에 그 당시 제자백가는 역사가 발전하고 시대와 상황이 변화했는데도 불구하고 현실적이고 객관적인 상황의 기준을 제시하지 못하고 새로운 시대에도 적응하지 않고 오직 군주의 선호에 따라 이론을 제시하

---

1 『史記』,「老莊申韓列傳」, 韓非者 韓之諸公子也 喜刑名法術之學 而其歸本於黃老 非爲人口吃 不能道說 而善著書 與李斯俱事荀卿 斯自以爲不如非 非見韓之削弱 數以書諫韓王 韓王不能用 於是韓非疾治國不務修明其法制 執勢以御其臣下 富國强兵 而以求人任賢 反擧浮淫之蠹 而加之於功實之上 以爲儒者用文亂法, 而俠者以武犯禁. 寬則寵名譽之人, 急則用介胄之士. 今者所養非所用, 所用非所養. 悲廉直不容於邪枉之臣, 觀往者得失之變 故作孤憤五蠹.內外儲.說林.說難十餘萬言 然韓非知說之難 爲說難書甚具 終死於秦 不能自脫 …… 人或傳其書至秦. 秦王見孤憤五蠹之書 曰 嗟乎 寡人得見此人與之游 死不恨矣 李斯曰 此韓非之所著書也 秦因急攻韓 韓王始不用非 及急 迺遣非使秦 秦王悅之 未信用 李斯姚賈害之 毁之曰 韓非 韓之諸公子也 今王欲幷諸侯 非終爲韓不爲秦 此人之情也 今王不用 久留而歸之 此自遺患也 不如以過法誅之 秦王以爲然 下吏治非 李斯使人遺非藥 使自殺 韓非欲自陳 不得見 秦王)悔之 使人赦之 非已死矣.

동양고전의 윤리의식과 도덕적 인물

고 있다고 보았다.

그는 이러한 전국시대의 혼란을 해결하기 위해서는 옛 성현들의 이론이 필요한 것이 아니라 엄격한 법에 의한 통치가 더 절실하다고 보았다. 춘추전국시대의 제자백가 가운데 현실적이고 실천성이 강한 이론을 제시한 한비자의 법가사상은 전국칠웅이라는 일곱 나라²로 갈라져 서로 전쟁을 일삼던 상황을 진나라가 중국을 통일하고 전국시대를 마감하는 데 크게 기여하게 된다.

그러나 유가사상이 사회윤리의 강상이 되어온 전통 중국사회에서 한비자의 법가사상이 그대로 용납되기는 어려웠다. 진나라가 망하고 한나라가 천하를 지배하자 유가의 이론이 확산되어 『한비자』는 금서가 되었다. 그렇지만 세상이 언제나 반목과 투쟁으로 현실적 어려움이 내재하고 있다면, 한비자의 법가는 외적으로 유가의 이론은 내적으로 형평을 유지하기 위해 공존할 수밖에 없다.

2. 역사에 대한 인식

법가는 주나라의 예악과 형정을 부정하는 것으로부터 출발한다. 중국 고대의 정치제도 중에 분봉分封제도가 있었는데, 중앙에 천자가 있고 그 주위에 제후들이 있어 천자는 각 지방의 제후들에게 영토를 나눠주고 그 대신 제후를 다스리며, 제후는 자신의 영역에 속한 영토와 백성

---

2   당시는 이미 주나라의 왕실이 유명무실한 시기였으며, 秦·燕·趙·魏(혹은 梁)·韓·齊의 전국칠웅이라고 하는 나라들이 무력으로 천하를 통일하려고 각축전을 벌이던 약육강식의 시대였다.

을 다스리는 제도였다.

분봉제도는 주나라 때 가장 잘 갖추어졌는데, 그 핵심은 혈연으로 맺어진 가족적 유대관계이다. 주나라의 천자와 제후, 각 제후국의 대부들은 대부분 친척관계로 구성된 주종관계를 맺고 있었으나, 자신의 영지에서는 일정한 통치권을 인정받는 반독립 상태를 유지하였다. 그런데 분봉제도는 그 구조가 단순해서 예와 형 두 규범만으로도 질서가 유지되었다. 이들 지배층의 기본적인 관계는 윤리규범인 '예' 위에 형성되었으며, 그 아래 대부들은 자신의 영역에 속하는 백성을 복종시키기 위해 '형'이라는 형벌의 도구를 사용했다. 그러나 200~300년이 지나 더 이상 친족관계가 아닌 주나라 말기부터 이러한 신분관계가 무너지자 제후국들은 서로 자신의 세력과 영토를 넓히려고 서로 공격하고 정벌하기 시작했다.

천자국인 주나라가 제후들을 통솔할 힘을 상실하자 제후들 가운데 강성한 자가 나타나 '패자'라 일컬었다. 패자는 제후들의 맹주로 자처하며 힘으로 지배하려 했고, 제후들은 저마다 패자가 되기 위해 치열한 각축전을 벌였다. 바로 이 시대를 동주시대東周時代 혹은 춘추전국시대라고 하는데, 주나라가 수도를 낙양으로 옮긴 뒤부터 진秦나라의 시황제가 황제의 자리에 오르기까지의 900년 정도를 말한다.

이 시대의 패자들은 힘의 논리로 무장했다. 그 당시의 제자백가들은 이 문제를 해결하기 위해 다양한 방법을 제시했으나, 그것은 현실적이고 구체적인 대안이라기보다는 지나치게 이상적인 이론뿐이어서 통치자들로부터 대부분 외면당했다. 이러한 시대적 상황에 부응하여 현실을 똑바로 직시하여 구체적이고 효과적인 대안을 제시한 사상가가 법가를 집대성한 한비자이다.

동양고전의 윤리의식과 도덕적 인물

법가사상이 정치 사회적으로 결실을 맺게 된 것은 진시황이 천하 통일이라는 대업을 이룩하는 데 결정적인 역할을 했기 때문이다. 전국 시대 말기에 천하를 통일하여 대제국을 건설했던 진나라는 이사와 한 비자를 중심으로 한 법가사상을 토대로 큰 성과를 거둘 수 있었다. 법 가야말로 분열과 상쟁이 계속된 전국시대를 매듭짓고 천하를 통일하는 데 가장 적절한 이론이었다. 따라서 제자백가 중에서 당시 현실 문제에 대한 지적과 그 대안의 방법이 가장 적절했다고 할 수 있다. 일곱 나라 가 제각기 나누어져 전쟁을 일삼던 상황에서 진나라가 통일하여 전국 시대를 마감한 것도 법가의 이론에 영향을 입었기 때문이다. 그는 "시 대가 다르면 일도 다르고 그에 대한 대비도 다르게 마련이다"[3]라는 논 리를 견지하고 있다. 세상의 일이 다르면 생활 중의 일도 달라지고, 해 결방법도 달라질 수밖에 없다고 생각했다.

　　상고시대에는 백성의 수가 적었으며 짐승과 벌레, 독사의 수가 많 았기 때문에 백성이 그것들과 싸워 물리칠 수 없었다. 그래서 한 성인 이 나타나 나뭇가지를 얽어 새둥지 같은 집을 짓게 하여 갖가지 위험을 피하게 하였다. 백성은 기뻐하여 그 성인을 세상을 다스리는 왕으로 받 들어 유소씨有巢氏라 불렀다. 또한 백성이 나무와 풀의 열매 또는 생선과 조개류 같은 비린내 나는 날고기를 먹고 있었기 때문에 위장이 탈이 나 서 질병에 걸리는 경우가 많았다. 이때 성인이 나타나 나무를 비벼 불을 일으켜서 날고기를 구워먹게 하였다. 그래서 백성은 이를 기뻐하여 그 로 하여금 천하를 다스리게 하고 그를 수인씨燧人氏라 불렀다.

　　중고시대에는 천하에 큰 홍수로 인한 재화가 잦았다. 그러자 곤

3　　『韓非子』, 「五蠹」, 世異則事異 …… 事異則備變.

(鯀: 우임금의 아버지)과 우임금이 하천에 제방을 쌓고 물을 소통시켜 큰 피해를 막았다. 근고시대에는 하나라 걸왕과 상나라 주왕이 포악무도한 행위를 서슴지 않았다. 그래서 상나라 탕왕과 주나라 무왕이 그들을 정벌하고 세상을 통치하였다.

상고시대에는 주로 짐승들로부터 피해를 입지 않는 것과 음식을 익혀 먹는 일이 중요한 문제였으나, 그와 같은 문제는 이미 과거의 일이 되어버렸다. 중고시대에도 여전히 나뭇가지를 얽어 새둥지 같은 집을 짓고 나무를 비벼서 불을 일으킨다면 반드시 곤과 우임금의 웃음거리가 될 것이다. 마찬가지로 중고시대의 홍수를 다스리기 위해 물길을 트면 탕왕과 무왕의 웃음거리가 될 것이다. 그런데 만약 누가 요임금·순임금·우임금·탕임금·무왕의 도를 오늘의 세상에 행하자며 찬미한다면 반드시 새 성왕의 웃음거리가 될 것이다. 그러므로 성인은 옛것을 실천하려고 기필하지 않았으며, 고정불변의 법칙을 본받지 않았다. 그 대신 시대적인 문제를 논하여 그 대비책을 도모했다.[4]

한비자는 역사를 끊임없이 진화하는 발전단계로 보아 인류사회의 발전사를 '상고지세', '중고지세', '근고지세', '현시대'의 네 단계로 구분했다. 그리고 사회발전 단계마다 그 시대의 고유한 사회적 특징이 있어서 그 시대의 역사 발전에서 성공적이었던 정치형태도 다른 역사 발전

---

4   같은 책,「五蠹」, 上古之世 人民少而禽獸衆 人民不勝禽獸蟲蛇 有聖人作 搆木爲巢以避
    群害 而民悅之 使王天下 號之曰有巢氏 民食果蓏蚌蛤 腥臊惡臭而傷害腹胃 民多疾病 有
    聖人作 鑽燧取火以化腥臊 而民說之 使王天下 號之曰燧人氏 中古之世 天下大水 而鯀
    禹決瀆 近古之世 桀 紂暴亂 而湯武征伐 今有搆木鑽燧於夏後氏之世者 必爲鯀.禹笑矣
    有決瀆於殷周之世者 必爲湯武笑矣 然則今有美堯舜湯武禹之道 於當今之世者 必爲新
    聖笑矣 是以聖人不期脩古 不法常可 論世之事 因爲之備.

동양고전의 윤리의식과 도덕적 인물

에 적용했을 때 반드시 성공한다는 확신은 없다. 한비자는 역사의 발전 단계에서 유소씨나 수인씨 같은 성인의 역할이 중요했지만, 시대가 변하면 성인의 역할 역시 변해야 한다고 강조했다. 왜냐하면 역사는 끊임없이 진화하고 있기 때문에 참고할 뿐이지 결코 과거로 되돌아갈 수는 없는 일이다.

시대의 상황은 항상 변하므로 정치와 사회의 제도 역시 그에 따라 변해야 한다. 따라서 옛 성현의 말씀 중에 옛날에는 가볍게 생각되었던 것도 후세에 이르러 중요시하는 경우가 있고, 또 옛날에는 중요시했던 것을 후세에 이르러서는 가볍게 취급하는 경우도 있어 과연 어떤 것이 진실인지 잘 파악하지 않으면 그 시비를 가릴 수 없다.

옛날 송나라에 어떤 농부가 있었다. 하루는 그 농부가 밭을 갈고 있었다. 그 농부의 밭 가운데에 나무 그루터기가 하나 있었는데, 어느 날 토끼 한 마리가 쏜살같이 뛰어가다가 그 그루터기에 부딪쳐 죽었다. 그러자 그 농부는 힘들이지 않고 토끼 한 마리를 얻었다는 것에 만족하여 밭을 갈던 쟁기를 버리고 기분 좋게 집으로 돌아와 토끼를 요리하여 맛있는 식사를 하였다. 그 후 농부는 더 이상 일할 생각은 하지 않고 날마다 그 나무 아래 앉아서 토끼가 뛰어나와 죽기를 기다렸다. 밭은 이미 묵어갔지만 두 번 다시 토끼가 나무에 부딪쳐 죽는 일은 없었고, 온 나라의 웃음거리만 되었다. 만일 옛 임금들의 정치방식으로 지금의 백성을 다스리고자 한다면 마치 나무 그루터기를 지키고 앉아 토끼가 와서 죽기를 기다리는 사람과 같은 무리이다.[5]

---

5   같은 책, 「五蠹」, 宋人有耕田者 田中有株 免走觸株 折頸而死 因釋其耒而守株 冀復得免 免不可復得 而身爲宋國笑.

이처럼 각종 문제는 그 시대에 따라 생기는 만큼 문제에 대한 대비책 역시 그 문제에 적합해야 한다. 일의 추세는 항상 변하므로 정치와 사회의 제도 역시 그에 따라 변해야 한다. 한비자는 당시 현실에 맞는 정치추세의 이론적인 근거를 제시하였다. 따라서 어리석은 사람을 비유할 때 많이 사용하는 '수주대토守株待兔'를 인용한 것이다. 세상의 현상 가운데는 언제나 반복해서 주기적으로 일어나는 일도 있고, 딱 한 차례만 일어나는 일시적인 현상도 있다. 전자는 사계절의 변화와 같이 인과관계가 지속적으로 반복되는 일이지만, 후자는 우연적이고 특수한 것이어서 생활 속에 지침으로 삼을 만한 어떤 관계도 없다.

사람들이 땀 흘려 노력하지 않고 우연적이거나 특수한 것에 희망을 걸어 요행을 바란다면, 그런 사람은 기회주의자로 미래지향적인 삶을 기대할 수 없다. 그래서 한비자는 "우리가 옛날의 통치방법으로 오늘날의 백성을 다스리려 한다면 우리는 이 농부와 똑같은 웃음거리가 될 것이다"[6]라고 한 것이다.

그런데 당시 제자백가의 사상가들은 정치적 경향이 다르고, 사회의 변화에 대한 생각과 행동도 달리하였지만, 유독 유가와 묵가는 한결같이 과거 시대를 찬미하였다. 한비자는 당시의 시대상황을 이해하기 위해서는 현실적이고 과학적인 새로운 역사인식이 필요하다고 보았다.

공자와 묵자는 모두 요임금과 순임금을 말하면서도 그 해설에서는 취사선택을 달리하여 서로 자신이 요임금과 순임금의 정통파라고 주장한다. 그런데 요임금과 순임금이 다시 살아날 수 없으니 누가 유가와 묵가

6 　같은 책, 「五蠹」, 今欲以先王之政 治當世之民 皆守株之類也.

동양고전의 윤리의식과 도덕적 인물

학문의 진위를 가릴 수 있겠는가? 은나라와 주나라는 700여 년, 우나라와 하나라는 2천여 년이 지났는데, 유가와 묵가 어느 편이 진짜인지 결정할 수 없으면서 지금은 또한 3천 년 전으로 거슬러 올라가서 요임금과 순임금의 도를 밝히려고 하고 있다. 생각건대 그것은 절대로 불가능한 일이다. 사실의 검증 없이 꼭 그렇다고 주장하는 자는 어리석은 자이다. 꼭 그러할 수 없는데도 그것을 근거로 삼는 자는 사기꾼이다. 그러므로 분명히 옛 임금을 근거로 삼고서 요임금과 순임금에 대하여 꼭 그렇다고 단정하는 자들은 어리석은 자가 아니면 사기꾼이다. 어리석은 자와 사기꾼의 학문과 잡되고 모순된 행동은 명철한 임금이라면 받아들이지 않는다.[7]

한비자는 이런 잘못된 폐단을 고치려면 반드시 사실의 검증인 참험參驗에 의존해야 한다고 주장했다. 유가와 묵가는 옛날의 성왕들을 근거로 삼고 있지만, 그들의 학문은 사실의 검증인 참험에 의존할 수 없기 때문에 현실적이고 구체적일 수 없다. 그런데도 꼭 그렇다고 단정하는 그들은 어리석은 자가 아니면 사기꾼이라는 결론이다. 그래서 반드시 현실적이고 구체적으로 인증할 수 있는 사실의 검증인 참험에 의존할 수 있을 때 그 진위를 알 수 있다. 참은 여러 사건을 비교 검토하는 것을 의미하고, 험은 실질적인 경험이나 검증을 의미하는 것으로, 참험을 통해 여러 사건을 비교 검토하여 사실적이고 현실적인 정확한 결론을 이

---

7   같은 책, 「顯學」, 孔子墨子俱道堯舜 而取舍不同 皆自謂眞堯舜 堯舜不復生 將誰使定儒墨之誠乎 殷周七百餘歲 虞夏二千餘歲 而不能定儒墨之眞 今乃欲審堯·舜之道於三千歲之前 意者其不可必乎 無參驗而必之者 愚也 弗能必而據之者 誣也故明據先王 必定堯舜者 非愚則誣也愚誣之學 雜反之行 明主弗受也.

끌어내야 한다.

유가와 묵가는 여러 가지 면에서 서로 반대되는 의견과 주장을 하고 있다. 만약 그들의 주장이 서로 정반대라면, 어느 한편이 옳다면 어느 한편은 잘못이다. 그런데도 세상의 군주들은 이들의 주장을 사실의 검증인 참험에 의존하지 않고 받아들이는 것이 문제이다. 이처럼 군주들이 서로 모순되는 이론을 받아들이면서부터 혼란은 더욱 심해진 것이다.

그러면 이러한 혼란을 미연에 방지하려면 어떻게 해야 할까? 단련된 쇠를 보고 그 서슬 푸른 빛만 살펴가지고는 명도공인 구야도 칼의 좋고 나쁨을 판정할 수 없다. 물에서 따오기나 기러기를 칼로 시험해보고 뭍에서는 망아지나 말을 직접 시험해보면 곧 어리석은 노예라도 칼이 둔한지 날카로운지 의심 없이 알게 된다. 그리고 말의 입을 벌려 그 형용을 살피기만 한다면 백락 같은 명인이라도 훌륭한 말인지 아닌지 감정할 수 없다. 말을 수레에 매어 몰고 달려 그 결과를 보면 노예라 하더라도 명마인지 아닌지 알 수 있다. 그러므로 모장과 서시의 아름다움을 아무리 칭찬해보았자 자기 얼굴에는 아무런 이익이 없다. 차라리 그것보다는 얼굴에 화장을 하면 아름다워질 수 있다. 옛 임금의 어짐과 의로움을 설명하는 것은 정치에 아무런 도움이 되지 못한다. 자기의 법도를 밝히고 자기의 상벌을 엄하게 하는 것은 또한 나라를 화장하는 것이 된다. 그러므로 명철한 임금은 그의 도움이 되는 것을 서둘러 하고 남의 칭송 같은 것은 늦추는 것이다.[8]

---

8   같은 책, 「顯學」, 夫視鍛錫而察靑黃 區冶不能以必劍 水擊鵠雁 陸斷駒馬 則臧獲不疑鈍利 發齒吻形容 伯樂不能以必馬 授車就駕 而觀其末塗 則臧獲不疑駑良 …… 故善毛嗇. 西施之美 無益吾面 用脂澤粉黛 則倍其初 言先王之仁義 無益於治 明吾法度 必吾賞罰者

옛 임금의 훌륭한 정치는 이상으로 삼는 것은 가능하지만 현실적으로 전혀 도움이 되지 않는다. 어짊과 의로움 같은 이론보다는 현실적으로 정치에 상벌을 엄하게 하는 것이 유리할 수 있다. 유가와 묵가처럼 현실을 외면한 복고주의 또는 이상주의보다는 사실적 판단기준인 법치가 더욱 유용하다는 것이 한비자의 주장이다.

그렇기 때문에 현명한 임금은 확신이 없는 일은 하나도 실행하지 않으며, 평소에 먹어오던 음식이 아니면 먹지 않는다. 또 멀리 나라 안의 일을 잘 조사하고, 가까이는 자기의 집안일까지 잘 주시해야 하고, 궁정 안팎의 과실도 역시 잘 살펴야 한다. 왜냐하면 사람의 의견이란 같을 수도 있으나 다를 수도 있기 때문에 곧 같고 다른 말을 성찰하면 붕당과 분파의 상황을 알게 되어 참오參悟로서 여러 가지 사실을 증거로 진술된 말을 살피고 그 실적을 따져 책임을 추궁해야 한다. 또 결과에 따라 상과 벌을 주고 법을 근본으로 하여 법에 맞는 일을 하고 있는지 그렇지 않은지를 잘 살펴야 한다. 백성을 다스리되 많은 사람들이 한 일을 일일이 비교하여 신하된 자의 사사로운 경영이 없도록 주의해야 한다.[9]

한비자는 "여러 가지 사실을 증거로 진술된 말을 살피고 그 실적을 따져 책임을 추궁한다"는 방법을 제시하여 개인이 말한 내용이 실제 상황과 맞는지 맞지 않는지의 여부는 참오의 방법을 통해 확인될 수 있다고 보았다. '참'은 많은 방면의 정황을 수집하여 비교·연구하는 것이고, '오'는 각 방면의 많은 의견을 비교하고 실험하여 실행 여부를 정하

亦國之脂澤粉黛也 故明主急其助而緩其頌.

9   같은 책,「備內」, 遠聽而近視以審內外之失 省同異之言以知朋黨之分 偶參伍之驗 以責
     陳言之實 執後以應前 按法以治衆 衆端以參觀.

는 것이다. 따라서 참오의 검증방법은 관련된 여러 방면의 사실과 증거들을 수집하고 정리하여 비교·연구함으로써 개인이 말한 내용이 사실과 부합한지 아닌지 가늠하는 것이다.

한비자는 실천의 효과에 근거하여 언행의 정확성 여부를 검토해야 하며, 거기에 대한 기준과 표준을 미리 정해야 한다고 주장한다. 그 예로, 사람의 말이라든가 행동하는 것이 아무리 고상하더라도 실제로 소용이 없으면 안 되기 때문에 소용이 있는지 없는지를 바탕으로 삼아 그 선악의 기준을 정하지 않으면 안 된다.

어떤 말에 대한 시비의 정확성 여부는 한 개인의 말재간이나 논쟁의 승부에 의해 판단해서는 안 되며, 실제 효과를 보고 결정해야 한다. 예컨대 창의 날카로움과 무딤도 그 색깔에만 의존하여 판단한다면 창의 전문가일지라도 그것이 기준에 맞는지 알 수 없다. 그러나 창을 사용하여 찔러본다면 일반사람도 그것이 날카로운지 무딘지 곧 분별할 수 있다. 또한 사람들이 만약 모두 깊이 잠든 상태에서는 누가 장님인지 알 수 없고, 말을 하지 않고 있다면 누가 벙어리인지 알 수 없다. 한비자는 사람들을 잠에서 깨워 눈을 뜨고 사물을 보게 하고 질문하여 대답하게 했을 때만 그때 누가 장님이고 누가 벙어리인지 금방 판단해낼 수 있다고 보았다. 현실적 사고는 바로 그런 것이다. 옛 성인의 권위를 빌리거나 어떤 교조적인 학설에 의해 현실의 문제를 해결하려는 것은 모두 어리석은 것이다.

시대에 따라 법률이 바뀌지 않으면 혼란하게 되고, 백성이 다스려지더라도 금하는 제도가 바뀌지 않으면 영토가 줄어든다. 따라서 성인이 백성을 다스릴 때는 법률이 시대에 따라 바뀌고, 금하는 제도가 다스림에

동양고전의 윤리의식과 도덕적 인물

따라 변하였다.[10]

현실적인 문제 상황을 해결하는 조건으로는 옳고 그름을 판단할
수 있는 가치기준이 있어야 하고, 그 기준은 반드시 사실의 검증인 참험
을 거쳐 그 타당성을 결정해야 한다. 또 그 말의 시비를 가리기 위해서
는 참오의 방법을 통해 진위를 가릴 수 있다. 만일 그 조건이 불충분하
거나 사실의 검증인 참험이나 참오의 분석을 거치지 않았다면 판단의
정확성을 보장할 수 없다.

3. 인간의 본성

한비자의 법가사상을 이해하기 위해서는 인간의 본성을 어떻게
이해하였는지를 먼저 살펴보아야 한다. 순자의 제자였던 한비자는 순
자의 성악설에 영향을 받았다. 순자는 악한 본성의 근저에는 인간의 이
기적 욕망이 있다고 보았다. 사람이 악한 본성을 가지고 태어났기 때문
에 예로써 인성을 교화하여 이기적인 욕망을 제한해야 한다고 생각하
였다.
한비자는 인간은 모두 자기의 이익을 위하여 계산하는 이기심을
가지고 있으며, 이 이기심에 의해 인간의 모든 감정과 행위가 결정된다
고 보았다. 즉, 인간의 본성은 이익을 추구하지만 손해는 입지 않으려고

---

10   같은 책, 「心度」, 時移而治不易者亂 能治衆而禁不變者削 故聖人之治民治 法與時移而
      禁與治變.

하기 때문에 오직 이해利害로써 관계를 도모한다. 그는 여기서 한 걸음 더 나아가 사람들을 다스리는 데는 예만으로는 불충분하므로 모두 자기의 이익을 위하여 계산하는 이기심을 가진다면 갈등과 투쟁이 지속되어 이를 통제할 수 있는 강력한 법을 써야 한다고 주장하였다.

한비자는 자기의 이익을 계산하는 이기심이 있다는 것을 설명하기 위해 부모와 자식의 관계에도 자비로운 사랑 말고 다른 무엇이 있다고 보았다. 아들이 태어나면 부모는 서로 경축하지만, 딸이 태어나면 죽일지도 모른다. 아들과 딸은 다 같이 어머니의 배 속에서 잉태하여 출생했건만 아들은 경축을 받는 반면 딸은 죽음을 당하는 까닭은 부모가 훗날의 편리를 고려하여 장기적인 잇속을 계산하기 때문이다. 따라서 부모가 자식을 대할 경우에도 오히려 이익을 계산하고, 이에 따라 아들과 딸을 다르게 대한다고 생각하였다.[11]

세상 사람들은 모두 자기의 이익을 위하여 계산하는 이기심을 가지고 있기 때문에 상호 계산하는 마음을 써서 상대를 대한다. 당시 산업의 기반이 농경사회였기 때문에 자식은 매우 귀중한 재산이었다. 자식도 아들은 장성하여 일손인 며느리를 맞이하지만 딸은 한창 일할 나이에 다른 집안으로 시집을 가 노동력에 큰 손실을 가져오게 한다. 이처럼 부모와 자식과의 관계에서도 이익을 생각하는 이기심을 가지고 있기 때문에 아들과 딸을 다르게 대할 수밖에 없다는 것이다. 한비자는 인간의 본성이 이기적인 것을 설명하기 위해 왕량과 구천, 의원과 수레를 만드는 사람, 관을 만드는 사람을 예로 든다.

---

11 같은 책, 「六反」, 且父母之於子也 産男則相賀 産女則殺之 此俱出父母之懷衽 然男子受賀 女子殺之者 慮其後便 計之長利也 故父母之於子也 猶用計算之心以相待也 而況無父子之澤乎.

동양고전의 윤리의식과 도덕적 인물

왕량은 말을 사랑하고 월왕 구천은 사람을 사랑하였다. 사람을 사랑한 것은 전쟁에 쓰기 위함이고, 말을 사랑하는 것은 타고 달리기 위한 것이다. 의원이 환자의 상처를 빨아주기도 하고 그 고름을 입에 담기도 하는데, 그것은 환자와의 사이에 부모형제 같은 골육의 정이 있어서가 아니라 자신의 이익을 생각하기 때문이다. 다시 말하면 그렇게 하여 병을 고쳐주면 사례를 받고 많은 환자를 단골로 삼을 수 있기 때문에 싫지만 어쩔 수 없이 하는 것이다.

수레 만드는 기술자는 사람들이 모두 부귀해지기를 바라고, 관을 만드는 기술자는 사람들이 많이 죽기를 바란다. 이것은 수레 만드는 사람의 타고난 성품이 본래 더 인자하고 관을 만드는 사람이 더 잔인하기 때문이 아니라, 그렇게 생각하는 것은 사람들이 부자가 되지 않으면 수레가 팔리지 않을 것이고, 사람들이 죽지 않으면 관이 팔리지 않을 것을 생각했기 때문이다. 관을 만드는 사람이 결코 사람을 미워하는 것은 아니지만, 사람이 죽어야만 관을 팔아 이익을 챙길 수 있기 때문에 어쩔 수 없이 사람들이 죽기를 바란다. 그러므로 후궁·정실·태자들이 파당을 만들고 군주의 죽음을 바라는 것은 군주가 죽지 않으면 그들의 세력을 확장할 수 없다. 결코 군주를 미워해서가 아니라 군주가 죽어야만 이익이 되기 때문이다. 따라서 군주는 자신이 죽었을 때 이익이 돌아가게 될 사람들에게 주의를 기울이지 않을 수 없다.[12]

이처럼 종사하는 일의 업종에 따라 이해타산이 서로 다르다. 이런

---

12 같은 책, 「備內」, 醫善吮人之傷 含人之血 非骨肉之親也 利所加也 故輿人成輿 則欲人之富貴 匠人成棺 則欲人之夭死也 非輿人仁而匠人賊也 人不貴 則輿不售 人不死 則棺不買 情非憎人也 利在人之死也 故后妃夫人太子之黨成而欲君之死也 君不死 則勢不重 情非憎君也 利在君之死也.

이해타산 때문에 결과적으로 사람이 인자해질 수도 있고 잔인해질 수도 있다. 한비자는 군주와 신하, 주인과 하인의 관계도 서로 이해타산을 따지는 이기적인 관계로 보았다. 그에 따르면 어린아이일 때 부모가 양육을 등한시하면 자식이 자라서 원망한다. 자식이 장성하여 어른이 되어 부모 봉양을 소홀히 하면 부모가 노여워하고 꾸짖는다. 자식과 부모는 가장 가까운 사이다. 그러나 혹 원망하고 꾸짖는 것은 모두 서로를 위한 마음은 없고 자신을 위한다는 생각만 가지고 있기 때문이다.

군주가 신하에게 높은 관직과 봉록을 주는 것은 그렇게 하여야만 그들이 자신을 위해 헌신하고 자신에게 이익이 되기 때문이다. 또 신하가 군주를 위해 성심성의를 다하고 나라를 위하여 전쟁을 수행하는 것도 그렇게 하여야 높은 관직과 후한 봉록을 받을 수 있다는 것을 그들이 알고 있기 때문에 하는 일이지 신의나 책무 때문에 하는 것은 아니다. 그리고 품삯을 주고 머슴을 고용하여 씨를 뿌리고 밭을 갈게 할 때 고용주가 금품을 들여 좋은 음식을 먹이고 높은 품삯을 주는 것은 머슴을 사랑하기 때문이 아니라, 그렇게 잘 대우를 해주어야만 머슴이 힘을 다하여 밭을 깊이 갈고 김을 잘 맬 것이라고 생각하기 때문이다. 또 머슴이 열심히 김을 매고 힘을 다하여 밭갈이를 하는 것은 주인을 진심으로 사랑하기 때문이 아니라, 그렇게 해야만 좋은 음식을 대접받고 품삯을 많이 받을 수 있다고 생각하기 때문이다. 그러므로 그들의 생각은 이용가치에 집중되고, 서로 자기의 이익만을 도모한다.

인간의 본성은 서로 이해타산을 따지는 이기적인 목적을 가지고 있다. 따라서 사람이 세상사를 처리함에 있어 '이익'으로써 그 마음의 근본을 삼는다면 먼 월나라 사람들과도 친할 수 있고, '해로움'으로써 그 마음의 근본으로 삼는다면 친밀한 부자간도 멀어지고 원망하게 될

동양고전의 윤리의식과 도덕적 인물

것이다. 그러므로 주인과 머슴, 부자간도 말하자면 이해관계로 맺어진 관계 이외에 아무것도 아닌 것으로 본 것이다.[13]

초나라 장왕의 동생 춘신군에게는 여라는 애첩이 있었고, 춘신군의 정실 소생으로 갑이라는 아들이 있었다. 애첩 여는 춘신군이 정실부인을 버리게 하려고 스스로 몸에 상처를 내고는 춘신군에게 보이면서 눈물을 흘리며 말했다.

"당신을 섬길 수 있게 된 것은 소첩으로서는 매우 큰 행운입니다. 그렇지만 정실부인의 뜻을 좇고자 하면 당신을 섬길 수 없고, 당신의 뜻에 따르면 정실부인을 욕보이게 됩니다. 소첩이 어리석은 까닭에 두 주인을 섬기기에는 역량이 부족한 듯합니다. 이런 상황이 두 분을 모두 섬길 수 없고, 정실부인에게 죽임을 당하느니 사랑하는 당신 앞에서 죽는 것만 못합니다. 만일 당신 곁에 총애받는 여인이 다시 있게 된다면, 바라옵건대 당신은 이 일을 잘 살피시어 사람들에게 조롱당하는 일이 없도록 하십시오."

춘신군은 애첩 여가 꾸며낸 말만 믿고서 정실부인을 버렸다. 애첩 여는 또 적자 갑을 없애고 자기 아들로 대를 이으려고 생각했다. 그리하여 자신의 속옷을 찢어서 춘신군에게 내보이고 눈물을 흘리며 말했다.

"소첩이 당신의 총애를 받아온 지 오래된 사실을 갑이 모를 리 없

---

13 같은 책, 「外儲說左上」, 人爲嬰兒也 父母養之簡 子長而怨 子盛壯成人 其供養薄 父母怒而誚之 子·父 至親也 而或譙或怨者 皆挾相爲而不周於爲己也 夫賣庸而播耕者 主人費家而美食 調布而求易錢者 非愛庸客也 曰 如是 耕者且深 耨者熟耘也 庸客致力而疾耘耕者 盡巧而正畦陌畦時者 非愛主人也 曰 如是 羹且美 錢布且易云也 此其養功力 有父子之澤矣 而心調於用者 皆挾自爲心也 故人行事施予 以利之爲心 則越人易和 以害之爲心 則父子離且怨.

을 텐데, 오늘 소첩을 강제로 희롱하려고 해서 그와 다투다가 옷이 이 지경으로 찢어졌습니다. 자식 된 자로서 이보다 더 큰 불효가 어디 있겠습니까?"

춘신군은 화가 나서 그만 갑을 죽였다. 정실부인은 첩 여의 농간 때문에 버림을 받았고, 그의 아들은 죽음을 당했다. 이로써 보면 아비의 자식에 대한 사랑도 다른 사람의 모함하는 말 때문에 해를 입을 수 있다. 군주와 신하 사이는 아비와 아들만큼 친하지 않으며, 여러 신하들의 모함은 단지 한 명의 첩의 입에서 나오는 정도에 불과하니 현인이나 성인이 죽음을 당하는 것은 그리 괴이한 일이 아니다.[14]

이렇게 인간의 본성은 각자 자신을 위하는 이기적인 계산만 하기 때문에 인간의 이기적 본성을 그대로 방치해두면, 사회는 저마다 자신의 이익만을 추구하므로 필연적으로 상호 간의 충돌과 갈등으로 이어져 무질서해지고 혼란해질 수 있다. 또 각자가 자신을 위하는 무제한적 이익추구는 결국 상호 위협이 되어 대외적으로는 약육강식의 전쟁으로 치닫게 될 수 있다. 따라서 나라에는 언제나 강한 것도 없고 언제나 약한 것도 없다. 법을 받드는 자가 강하면 나라가 강하고, 법을 받드는 자

---

14 같은 책, 「姦劫弑臣」, 楚莊王之弟春申君 有愛妾曰余 春申君之正妻子曰甲 余欲君之棄
   其妻也 因自傷其身以視君而泣 曰 得爲君之妾 甚幸 雖然 適夫人非所以事君也 適君非所
   以事夫人也 身故不肖 力不足以適二主 其勢不俱適 與其死夫人所者 不若賜死君前 妾以
   賜死 若復幸於左右 願君必察之 無爲人笑 君因信妾余之詐 爲棄正妻 余又欲殺甲 而以其
   子爲後 因自裂其親身衣之裏 以示君而泣 曰 余之得幸君之日久矣 甲非弗知也 今乃欲强
   戲余 余與爭之 至裂余之衣 而此子之不孝 莫大於此矣 君怒 而殺甲也 故妻以妾余之詐棄
   而子以之死 從是觀之 父子愛子也 猶可以毁而害也 君臣之相與也 非有父子之親也 而群
   臣之毁言 非特一妾之口也 何怪夫賢聖之戮死哉.

가 약하면 나라가 약해진다.[15] 그래서 엄격한 법과 가혹한 형벌만이 효력을 지닐 수 있다고 보고, 사람들이 평화롭고 화목하게 살기 위해서는 법에 의한 강력한 통치가 가장 이상적임을 주장하게 되었다.

춘추전국시대는 중국 역사상 일대 변혁의 시대였다. 정치·경제 제도는 격렬한 진통을 거치며 신속하게 변화되었고, 문화와 사상 역시 여러 학파의 활발한 연구와 논쟁 속에서 끊임없이 변화되어갔다. 이러한 변화 속에서 진실로 올바른 것은 시대상황에 맞는 것이어야 한다고 생각하였다. 한비자는 시대가 같지 않으면 생활 가운데 일어나는 문제와 상황도 같지 않으며 그 해결방법도 다르다고 보았다. 그래서 그는 전국시대의 사회적 혼란을 해결할 수 있는 방법은 현실적인 법에 의한 통치가 최선의 방법임을 인식하고 강력한 법치주의를 주장하였다.

4. 법치주의

한비자 이전에도 법에 의한 통치를 주장하는 많은 사상가들이 있었는데, 그 가운데 법가사상을 처음으로 정립한 사람은 제나라의 유명한 재상인 관중이었다. '관포지교管鮑之交'[16]라는 고사로 잘 알려진 관중

---

15 같은 책, 「有度」, 國無常強 無常弱 奉法者強 則國強 奉法者弱 則國弱.

16 관포지교: 춘추시대 제나라에 관중과 포숙아라는 사람이 있었는데, 그들은 동업으로 장사를 하면서도 서로 뜻이 맞고 상대방에게 너그러운 둘도 없는 친구 사이였다. 그러다가 똑같이 관리가 되면서 각자 다른 길을 가기 시작했다. 관중은 제나라 군주인 양공의 공자 규의 보좌관이 되었고, 포숙아는 규의 이복동생 소백을 섬기게 되었다. 그 무렵 양공의 사촌동생 공손무지가 양공을 시해하고 임금 자리를 빼앗는 사건이 발생했다. 그 바람에 목숨이 위태롭게 된 규는 관중의 도움을 받아 함께 이웃 노나라로 달아

은 소금과 철에 세금을 부과하는 등 여러 가지 개혁적인 제도를 시행하여 제나라를 춘추시대에 가장 부유하고 막강한 나라로 만들었다. 관중 이후 법가를 주장한 사람은 정나라의 재상 자산이다. 자산은 동 그릇에 법령의 조문을 새겨 백성에게 널리 알렸으며, 법에 의한 엄격한 통치와 개혁을 실시하여 백성으로부터 많은 신임을 받았다.

춘추시대에 관중과 자산은 법을 통하여 국가의 번영과 통치를 실천하는 데 주력한 반면 전국시대 조나라의 신도愼到, 한나라의 신불해申不害, 위나라의 상앙商鞅 등은 법을 현실정치에서 실현하였을 뿐만 아니라 사상적으로 크게 발전시켰다. 법을 중시한 사람은 상앙이고, 술을 중시한 사람은 신불해이고, 세를 중시한 사람은 신도이다. 세는 군주의 통

났고, 소백은 포숙아와 함께 거나라로 달아났다. 그러나 이듬해 공손무지가 살해됨으로써 상황은 급변했다. 규와 소백 어느 쪽이 임금 자리를 차지하느냐 하는 문제가 대두되어 관중과 포숙아는 본의 아니게 정적이 되고 말았다. 관중이 선수를 써서 소백을 죽이려 했으나 한 걸음 늦었다. 소백이 포숙아와 함께 재빨리 먼저 귀국하여 비어 있는 임금 자리를 차지해버린 것이다. 그가 곧 환공이다. 환공은 노나라의 규를 죽이고 관중을 압송하라고 요구했다. 그리하여 환공이 오랏줄에 묶여 칼을 쓴 모습으로 끌려온 관중을 죽이려고 하자, 포숙아가 엎드려 간곡히 말했다. "전하, 한 나라의 주인으로 만족하신다면 신의 보필만으로도 충분합니다. 그러나 천하의 주인이 되고자 하신다면 부디 관중을 발탁해 쓰셔야 합니다"라고 했다. 환공은 결코 옹졸하고 눈이 어두운 인물이 아니었다. 환공은 관중의 능력을 인정하고 있었으므로 포숙아의 건의대로 관중에게 대부의 벼슬을 주어 정사를 맡겼다. 과연 관중은 환공과 포숙아의 기대를 저버리지 않았다. "창고에 가득 차야 예절을 알고, 옷과 곡식이 넉넉해야 영욕을 안다"라는 정치철학 아래 백성을 위하고 선정을 베풀어 국력을 축적해나가 환공은 마침내 여러 제후들을 굴복시키고 춘추시대의 패자가 되었다. 포숙아는 관중의 성공을 자기 일처럼 기뻐했고, 두 사람의 우정은 변함이 없었다. 관중은 그런 포숙아가 더없이 고마워 곧잘 이런 소리를 했다. "나를 낳아준 분은 부모님이지만, 나를 알아준 사람은 포숙아다"라고 했다. 즉, 형편이나 이해관계에 상관없이 친구를 무조건 위하는 두터운 우정을 일컫는다.

동양고전의 윤리의식과 도덕적 인물

치 권력을 의미하는 권세와 지위이고, 술은 군주가 신하를 통솔하는 용인술用人術로 군주가 신하를 제압하기 위해 군주 자신에게 유리하게 만드는 정치의 술수 또는 책략을 의미한다. 그리고 법은 성문화되어 공포된 법령을 가리킨다.

한비자는 "임금에게 술이 없으면 위에서 폐단이 일고, 신하에게 법이 없으면 아래에서 어지러워질 것이니 이 중 하나가 없어도 안 되며 모두 제왕의 도구이다"[17]라고 하여 성문의 법령 없이 백성을 다스릴 수 없음을 설명한다. 그러나 성문법만 중시하여 신하에 대한 용인술이 모자라면 대신들의 농간을 막을 수 없다. 한비자는 세 · 법 · 술 세 가지 모두 '제왕의 도구'로서 어느 하나도 폐기할 수 없다고 여겼다. 이러한 주장은 법에 의한 통치로 왕권을 강화하여 절대군주 정치제도를 확립하는 데 그 궁극적인 목적이 있었으며, 그것은 한비자에 의해 체계화되었다.

새로운 법을 실행하기 위해서는 무엇보다도 백성이 그 법의 실효성을 모두 알아야 한다. 상앙은 나무막대기 하나를 진나라 도성의 남문에 세워두고 사람을 불러 모아서 그것을 북문으로 옮기는 사람에게는 10금을 주겠다고 하였다. 그러나 백성은 그깟 일에 10금을 줄 까닭이 없다고 생각하여 아무도 나서지 않았다. 그러자 다시 상금을 올려서 "이 나무를 북문에다 옮기는 사람에게는 50금을 준다"고 하였다. 어떤 할 일 없는 사람이 이것을 옮기자 바로 50금을 주었다. 상앙은 이렇게 백성으로 하여금 속이지 않는다는 것을 굳게 믿게 한 다음 비로소 새로운 법을 정식으로 공포하였다. 그때까지 잘 시행되지 않았던 진나라 법

---

17   같은 책, 「定法」, 君無術則弊於上 臣無法則亂於下 此不可一無 皆帝王之具也.

령은 하루아침에 백성이 알아서 따랐다.[18]

한비자도 새로운 법을 시행하기 위한 방법을 다음과 같이 제시하였다. 이회는 위나라 문후에게 벼슬하여 태수가 되었다. 그는 백성에게 활을 보급시킬 생각으로 이런 포고령을 내렸다. "소송에서 판결을 내리기 어려울 때는 쌍방에게 활로 과녁을 쏘게 해서 맞힌 사람이 이긴 것으로 하고, 못 맞힌 사람이 진 것으로 한다." 이런 포고령이 나붙자 사람들은 너나없이 활 쏘는 법을 배우기 시작하여 밤낮을 쉬지 않게 되었다. 이윽고 진나라와 전쟁이 일어났을 때, 적을 여지없이 쳐부수고 승리하였다. 모든 사람이 다 활을 잘 쏘았기 때문이다.[19]

한비자는 국가를 잘 다스리기 위해서는 엄한 형벌로 백성의 사악함을 금지하고 간사함을 막아야 한다고 주장하였다. 그러면 국가가 안정되고 난이 일어나지 않기 때문에 국가가 잘 다스려지고 부국강병이 된다고 생각하였다. 백성을 잘 다스리기 위해서는 무엇보다도 법치가 중요하다. 그는 어떤 마을의 젊은이를 예로 들었다.

옛날 어느 마을에 일은 하지 않고 항상 말썽만 일으키는 젊은이가 있었다. 그의 엄한 부모가 아무리 타일러도 자신의 행실을 고치지 않았고, 마을에서 위엄과 명망 있는 어른이 권고하여도 마음을 바꾸지 않았으며, 그를 가르치던 스승이 훈계해도 마찬가지였다. 부모의 사랑, 마을

---

18 『史記』, 「商君列傳」, 令旣具 未布 恐民之不信 已乃立三丈之木於國都市南門 募民有能徙置北門者予十金 民怪之 莫敢徙 復曰 能徙者予五十金 有一人徙之 輒予五十金 以明不欺 卒下令.

19 『韓非子』, 「內儲說上」, 李悝爲魏文侯上地之守 而欲人之善射也 乃下令曰 人之有狐疑之訟者 令之射的 中之者勝 不中者負 令下而人皆疾習射 日夜不休 及與秦人戰 大敗之 以人之善射也.

동양고전의 윤리의식과 도덕적 인물

어른의 규범, 스승의 지혜, 이 세 가지 교육을 한꺼번에 실시했어도 젊은이의 그릇된 행실이 고쳐지지 않았다. 그러나 그 젊은이는 어느 날 관청에서 무장을 하고 법에 따라 범인을 체포하는 포졸을 보고는 뒤탈이 두려워서 자신의 그릇된 행실을 고쳤다. 부모의 사랑도 자식을 사람답게 교육시키는 데 부족했지만 관청의 엄한 형벌은 그의 행실을 고치게 했다.[20]

따라서 "백성은 본래 아끼면 교만하게 굴고 위엄 있게 대하면 말을 잘 듣는다"[21]라는 결론을 내리고 있다. 부모의 사랑과 마을 어른의 도덕심, 스승의 교육도 젊은이의 그릇된 행실을 고치지 못했지만, 법을 관장하는 관청의 위엄과 법을 집행하는 포졸의 위세는 이 젊은이를 두렵게 하여 그의 나쁜 행실을 고치게 하였다.

인간의 본성은 이기적이기 때문에 법령을 제정하여 엄격하게 적용하여야 한다. 또 법의 집행과정에서 상과 벌을 엄하게 시행해야 한다. 상벌은 곧 법으로써 집행하는 것이다. 형벌은 신분이 귀한 정승이라도 잘못을 하면 결코 벌을 피할 수 없고, 포상을 수여함에 있어서는 신분이 낮은 사람이라도 빠뜨리지 말아야 한다.[22] 따라서 진실로 공적이 있다면 자신과 소원하고 그 사람의 신분이 비천하더라도 반드시 포상을 내리고, 진실로 허물이 있다면 측근에서 총애를 받는 사람일지라도 반드

---

20 같은 책, 「五蠹」, 今有不才之子, 今有之弗爲改 鄕人譙之弗爲動 師長敎之弗爲變 夫以
    今之愛 鄕人之行 師長之智 三美加焉 而終不動 其脛毛不改 州部之吏 操官兵 推公法 而
    求索姦人 然後恐懼 變其節 易其行矣 故父母今之愛不足以敎子 必待州部之嚴刑者 民固
    驕於愛 聽於威矣.

21 같은 책, 「五蠹」, 民固驕於愛 聽於威矣.

22 같은 책, 「有道」, 法不阿貴 繩不撓曲 法之所加 智者弗能辭 勇者弗敢爭 刑過不避大臣
    賞善不遺匹夫.

시 처벌해야 한다.[23]

한비자는 나라가 잘 다스려지려면 법과 술 외에도 세가 있어야 한다고 역설했다. 특히 법과 술뿐만 아니라 법과 세의 관계는 밀접한 관계로서 둘 다 가지고 있어야만 잘 다스려진다. 법을 가지고 있으면서 권세를 차지하고 있으면 곧 다스려지고, 법이 형평성을 잃고 권세가 떠나면 어지러워진다.

법은 문서로 기록 편찬하여 관청에 비치해두고 백성에게 공포하는 것이다. 술이란 군주의 가슴 속에 넣어두고 신하의 언행 등 많은 단서를 수집 검토하여 은연중에 여러 신하를 지배하는 것이다. 그 때문에 법은 명확할수록 좋고, 술은 알려져서는 안 된다. 현명한 군주가 법을 말하면 나라 안의 비천한 자까지도 알아들어야 하며, 단지 방안에 가득 채워두는 것으로 끝나서는 안 된다.[24] 이런 술 개념 때문에 법가사상은 권모술수에 치우친 이론이라고 비판을 많이 받는데, 한비자는 술로 신하를 다스려야 온 세상에 법을 실천할 수 있다고 보았다. 그러므로 그에게 있어서 술은 단순한 권모술수가 아니라 법을 구체적으로 실천하는 시행방법이다.

또 그는 신도의 세 가지 개념을 수용하여 법치는 곧 법과 술, 세가 상호 보완적임을 주장하였다. 한비자는 권세란 호랑이와 이리 같은 마음을 길러 난폭한 일을 저지르게 하는 것으로 보았다. 따라서 권세로서 충분히 천하를 다스릴 수 있다고 말하는 사람은 곧 그의 지혜의 정도가

---

23 같은 책, 「主道」, 是故誠有功 則雖疏賤必賞 誠有過 則雖近愛必誅.

24 같은 책, 「難三」, 法者 編著之圖籍 設之於官府 而布之於百姓者也 術者 藏之於胸中 以偶衆端而潛御群臣者也 故法莫如顯 而術不欲見 是以明主言法 則境内卑賤莫不聞知也 不獨滿於堂.

깊지 않기 때문이라고 생각하였다. 아무리 좋은 말이 끄는 튼튼한 수레일지라도 노예가 끌면 사람들의 웃음거리가 되지만, 왕량 같은 이가 수레를 몰았을 때는 하루에 천 리를 갈 수 있다. 이처럼 수레와 말은 다르지 않은데, 어떤 사람은 천 리를 가고 어떤 사람은 웃음거리가 된다. 지금 나라를 수레로 보고, 권세를 말로 보고, 명령을 고삐로 보고, 형벌을 채찍으로 보면 어떠할까? 만약 요임금이나 순임금이 이를 몰면 곧 천하가 다스려질 것이고, 걸왕이나 주왕이 이를 몰면 천하가 어지러워질 것이다. 그런데도 세상의 인심은 빨리 달려서 멀리 가려 하는 사람이 왕량에게 수레를 맡길 줄 모르며, 이익을 가져오고 해로움을 없애려 하면서도 현명하고 능력 있는 사람을 임용할 줄 모른다면 이것은 곧 잘못을 알지 못하는 환난이다. 그래서 요임금과 순임금은 또한 백성을 다스리는 왕량이고 이런 사람들이 권세를 잡고 있어야 한다.[25]

　　사람이 권세와 지위가 있으면 아무리 못난 사람이라 할지라도 자연히 통치할 수 있는 능력이 있지만, 반대로 권세와 지위가 없으면 아무리 잘난 사람이라도 남에게 굴복당하게 된다. 그러나 아무리 권세가 중요하다고 하더라도 권세를 잡고 있는 사람의 자질에 의하여 그 결과는 크게 달라진다. 따라서 권세도 현명한 사람의 재질과 함께 갖추어져 있을 때 효과가 증대됨을 알 수 있다.

25　같은 책, 「難勢」, 勢者 養虎狼之心而成暴亂之事者也 比天下之大患也 勢之於治亂 本未有位也 而語專言勢之足以治天下者 則其智之所至者淺矣 夫良馬固車 使臧獲御之則爲人笑 王良御之而日取千里 車馬非異也 或至乎千里 或爲人笑 則巧拙相去遠矣 今以國位爲車 以勢爲馬 以號令爲轡 以刑罰爲鞭筴 使堯舜御之則天下治 桀紂御之則天下亂 則賢不肖相去遠矣 夫欲追速致遠 不知任王良 欲進利除害 不知任賢能 此則不知類之患也 夫堯舜亦治民之王良也.

법이란 것은 천하에 분명히 포고하여 누구나 쉽게 알 수 있도록 해야 하고, 술수는 쉽게 누설되어서는 안 된다. 현명한 군주가 법을 말하면 신분의 귀천을 막론하고 국내의 모든 사람이 그것을 널리 듣기 때문에 알 수 있지만, 술수란 은밀히 시행하는 것이므로 군주가 그것을 사용하면 군주가 친애하는 신하라도 알아서는 안 된다.

이와 같이 한비자는 법을 법치의 기준으로 삼고, 술을 그 실제적인 시행방법이라고 보았으며, 세는 통치자의 통치방법 또는 태도로 보고 이 세 가지를 집대성하여 자신의 이상적인 정치인 법치사상으로 정립했다.

5. 당근과 채찍의 상과 벌[이병二柄]

한비자는 군주 전제정치를 실시하기 위해서는 군주가 지켜야 할 엄격한 준칙이 있어야 한다고 생각했다. 먼저 군주는 사사로운 생각을 비우고 고요하게 있으면서 일을 하지 않고도 은밀히 신하들의 허물을 살펴보아야 한다. 신하들의 행실을 보고도 보지 못한 듯, 들어도 듣지 못한 듯, 알아도 알지 못한 듯해야 한다. 또 신하들의 의견을 듣고 난 다음에는 의견을 변경할 수 없도록 해서 실적이 의견과 일치하는지를 살펴보아야 한다. 또 일의 효용성을 높이기 위해 관의 부서에 한 사람씩 담당을 두어 정보를 주고받지 못하게 하여 모든 일을 완전하게 파악할 수 있게 해야 한다. 군주가 어떤 일을 계획할 때 그 속마음을 드러내지 않고 그 일에 대한 단서를 가린다면 신하들은 군주의 속사정을 추측할 수 없다.

동양고전의 윤리의식과 도덕적 인물

그리고 군주가 자신의 지략과 재능을 버린다면 신하들은 그의 마음을 읽을 수 없다. 군주는 자신이 의도하는 바를 견지하여 신하의 주장과 실적을 종합적으로 맞추어보고, 신중하게 상과 벌의 권한을 굳게 장악하여 신하들의 야망을 꺾어 군주 자리를 감히 욕심낼 수 없도록 해야 한다. 만약 군주가 허술하게 빗장을 지르고, 마음의 문단속을 단단히 하지 않으면 나라에 곧 사나운 호랑이가 나타나게 될 것이다. 또 군주가 정사를 신중하게 처리하지 않고 속뜻을 감추지 않는다면 곧 간사한 역적이 생겨난다. 야심에 가득 찬 신하는 군주를 시해하고 그 자리를 대신 차지해서 백성 가운데 복종하지 않는 이가 없게 만드는 자를 '사나운 호랑이'라고 부른다. 군주의 곁에 있으면서 군주의 빈틈을 엿보아 난을 일으키는 자를 '역적'이라고 부른다.

간사한 도당을 해산시켜 그 잔당을 붙잡아 들이고 그 문호를 막아 그들을 돕던 손길을 끊는다면 나라에는 사나운 호랑이가 사라질 것이다. 군주가 나라를 다스리는 방법을 헤아릴 수 없을 만큼 크고 깊게 해서 신하들의 말과 행동이 일치하는지를 살피고, 법도와 격식에 비추어 그들이 수행하는 직무가 적합한지를 점검하여 제멋대로 처리하는 자를 처단해버리면 간사한 역적이 없어진다.

군주에게는 권력을 상실하게 하는 다섯 가지 장애 요인이 있다.

첫째, 신하가 군주의 눈과 귀를 가려서 듣지도 보지도 못하게 하는 것이다. 둘째, 신하가 나라의 중요한 경제기관을 손아귀에 넣어 군주의 명령에 순종하지 않고 자기 멋대로 제반 일들을 처리하는 것이다. 셋째, 신하가 군주의 허락 없이 자기 멋대로 명령을 내려 그 명령을 세상에 행하게 하는 것이다. 넷째, 신하 된 자가 의를 행하여 많은 사람들에게 은혜를 베풀어 신망을 사는 것이다. 신하가 비밀로 그 부하에게 은혜를 베풀고 백성에게 은택을 베풀면 그 덕은 군주로부터 그 사람에게로 자연스럽게 옮겨지게 된다. 다섯째, 신하가 개인적으로 사람의 마음을 얻어 작당하는 것, 만약 신하가 군주의 눈과 귀를 가리면 나라 안팎의 사정을 알 수 없다. 그러면 군주는 그 지위를 잃게 되고, 신하가 나라의 재정을 장악하면 군주는 은택을 베풀 수 없게 되며, 신하가 마음대로 명령을 내리면 군주는 행정의 통제력을 잃게 된다. 또 신하가 사적으로 작당을 이루면 군주는 자신을 편들 무리를 잃게 된다. 이러한 것들은 군주 한 사람만이 마음대로 할 수 있는 것으로, 신하 된 자가 권세를 잡으면 군주에게 반드시 도전하게 된다.[26]

상벌은 군주 스스로 행해야 한다. 현명한 군주가 신하를 통제할 때 사용하는 것은 두 개의 자루[이병二柄]뿐이다. 두 개의 자루란 형벌을 주는 것과 은덕을 베푸는 것이다. 무엇을 형벌과 은덕이라고 하는가 하면, 사형에 처하는 것을 '형벌'이라고 하고, 공을 치하해 상을 내리는 것을 '은덕'이라고 한다. 신하 된 자들은 형벌을 두려워하지만 포상을 바라는 것이 사실이다. 그런 까닭에 군주가 직접 형벌과 포상을 관장한다면 신하들은 그 권위를 두려워하며 자신들에게 이로운 쪽으로 행동하

---

26 같은 책, 「主道」, 虛靜無事 以闇見疵 見而不見 聞而不聞 知而不知 知其言以往 勿變勿更 以參合閱焉 官有一人 勿令通言 則萬物皆盡 函掩其跡 匿其端 下不能原 去其智 絶其能 下不能意 保吾所以往而稽同之 謹執其柄而固握之 絶其望 破其意 毋使人欲之 不謹其閉 不固其門 虎乃將存 不愼其事 不掩其情 賊乃將生 弑其生 代其所 人莫不與 故謂之虎 處其主之側爲姦臣 聞其主之忒 故謂之賊 散其黨 收其餘 閉其門 奪其輔 國乃無虎 大不可量 深不可測 同合刑名 審驗法式 擅爲者誅 國乃無賊 是故人主有五壅 臣閉其主曰壅 臣制財利曰壅 臣擅行令曰壅 臣得行義曰壅 臣得樹人曰壅 臣閉其主 則主失位 臣制財利 則主失德 臣擅行令 則主失制 臣得行義 則主失名 臣得樹人 則主失黨 此人主之所以獨擅也 非人臣之所以得操也.

동양고전의 윤리의식과 도덕적 인물

게 된다.

그러나 간신들은 그렇지 않다. 간신들은 자신이 미워하는 자가 있으면 군주로부터 형벌의 권한을 얻어내 죄를 뒤집어씌우고, 좋아하는 자가 있으면 군주에게서 포상의 권한을 얻어내 상을 준다. 오늘날 군주가 이처럼 상벌의 권한을 자신이 직접 관장하지 못하고 신하의 말만 듣고서 상벌을 시행한다면, 온 나라의 백성은 모두 그 신하만 두려워하고 군주를 가볍게 여길 것이며, 백성의 마음은 군주를 떠나 신하에게로 돌아간다. 이것은 군주가 형벌과 은덕을 잃었기 때문에 생겨난 환난이다.

호랑이가 개를 복종시킬 수 있는 까닭은 날카로운 발톱과 사나운 이빨을 지녔기 때문이다. 만일 호랑이에게서 발톱과 이빨을 떼어 개에게 그것을 사용하게 한다면 호랑이가 도리어 개에게 복종할 것이다. 군주는 이병인 형벌과 은덕으로 통제하는 자이다. 그런데 지금의 군주가 형벌과 은덕을 신하에게 주어 사용하게 한다면, 군주는 도리어 신하의 통제를 받게 된다.[27]

군주가 정치를 하는 데는 반드시 두 자루인 포상과 형벌을 사용해야 한다. 상벌로서 신하들을 위압하여 이익을 주어졌을 때 군주의 권세는 오래갈 수 있다. 따라서 군주는 어떠한 일이 있어도 포상과 형벌의 권한을 신하들에게 넘겨주어서는 안 된다. 상벌의 권한을 신하들에게

---

27 같은 책,「二柄」, 明主之所導制其臣者 二柄而已矣 二柄者 刑德也 何謂刑德 曰 殺戮之謂刑, 慶賞之謂德 爲人臣者畏誅罰而利慶賞 故人主自用其刑德 則群臣畏其威而歸其利矣 故世之姦臣則不然 所惡 則能得之其主而罪之 所愛 則能得之其主而賞之 今人主非使賞罰之威利出於已也 聽其臣而行其賞罰 則一國之人皆畏其臣而易其君 歸其臣而去其君矣 此人主失刑德之患也 夫虎之所以能服狗者 爪牙也 使虎釋其爪牙而使狗用之 則虎反服於狗矣 人主者 以刑德制臣者也 今君人者釋其刑德而使臣用之 則君反制於臣矣.

넘겨주는 것은 곧 신하들에게 칼자루를 넘겨주는 것과 마찬가지이다.

그 예로, 옛날에 제나라의 전상이라는 신하는 군주에게 작위와 봉록을 요청하여 그것을 여러 신하들에게 베풀어주었다. 그는 백성에게 곡물을 꿔줄 때는 큰 말로 퍼주고, 거두어들일 때는 작은 말로 받아 은혜를 베풀었다. 이렇게 되자 제나라의 군주 간공은 은덕의 자루를 잃어버리고 전상이 그 권한을 잡게 되었으며, 간공은 마침내 시해를 당하고 말았다. 자한이 송나라의 군주에게 말했다.

"상이나 하사품을 주는 것은 백성이 매우 기뻐하는 일이니 왕께서 직접 그것을 행하시고, 사람을 죽이거나 형벌을 받는 것은 백성이 싫어하는 일이므로 청컨대 신에게 그것을 담당하도록 해주십시오."

이리하여 송나라 군주는 형벌의 권한을 잃게 되었고, 자한은 이를 이용해 결국 군주를 위협하게 되었다. 전상은 단지 은덕을 베푸는 권한만을 행사했을 뿐인데 간공은 그에게 죽음을 당하였고, 자한은 한낱 형벌의 권한만을 행사했을 뿐인데 송나라 군주는 그에게 위협을 받았다. 그런데 지금 신하들 중에 이병인 형벌과 은덕의 두 권한을 모두 사용하는 자들이 있다면, 이것은 군주의 위험은 간공이나 송나라 군주보다 더욱 위태로울 것이다.

그러므로 군주가 신하들에게 위협받거나 살해당하며 눈과 귀가 가려지고 막히니, 국정의 실상을 보고 듣지 못했던 군주는 이병인 형벌과 은덕을 잃을 수밖에 없고, 신하가 군주 대신 권력을 사용하게 하면 나라가 망하거나 위태롭게 되는 것은 당연한 일이다. 군주가 신하들의 간사한 행위를 금지시키려면 그들의 실적[형形]이 말[명名]과 합치되는지

동양고전의 윤리의식과 도덕적 인물

살펴야 한다. 그것은 말과 일과 실적에 관한 사항이다.[28]

　이와 같이 나라를 다스리는 두 가지 사실 중에서 한 가지만 군주가 신하에게 양보해도 죽음을 당하거나 지위가 위태로워진다. 바로 제나라 간공과 송나라 군주가 그 본보기이다. 따라서 군주가 상벌을 신하에게 양보하는 것은 곧 자신의 임금 권한을 신하에게 넘겨주는 것과 같은 결과를 초래한다.

　현명한 군주라면 함부로 아무에게나 벼슬을 주어서는 안 되고, 현명한 사람을 아무 때나 등용해도 문제가 된다. 현명한 사람은 그의 현명함으로써 기회가 되면 임금을 배반할 것이기 때문이다. 그래서 신하들은 모두 자기가 지켜야 할 역할 분담이 있다. 자기 직분에 벗어나는 것을 스스럼없이 행하는 자는 자기 직분을 충실하게 이행하지 않은 자이다. 신하들로 하여금 모두 자기의 직분을 올바로 지키게 하고, 실제에 들어맞는 말을 하게 하면 나라는 잘 다스려진다.

　군주도 사람인 이상 향기로운 것, 맛이 좋은 것, 좋은 술이나 고기 같은 것을 입에 대면 그 맛의 달콤한 것은 일반사람과 같다. 그런데 향긋하고 맛있는 좋은 술과 살찐 고기를 지나치게 탐하면 입에는 달지만 몸에는 해롭다. 아름다운 살결과 가지런한 흰 이를 가지고 있는 미녀를 옆에 두고 있으면 유쾌하지만, 상대적으로 정력이나 정신을 소모시킨다. 그러므로 심한 것을 그만두고 지나친 것을 억제하면 몸에는 곧 해가

28　같은 책, 「二柄」, 故田常上請爵祿而行之群臣 下大斗斛而施於百姓 此簡公失德而田常用之也 故簡公見弑子罕謂宋君曰 夫慶賞賜予者 民之所喜也 君自行之 殺戮刑罰者 民之所惡也 臣請當之 於是宋君失刑而子罕用之 故宋君見劫 田常徒用德而簡公弑 子罕徒用刑而宋君劫 故今世爲人臣者兼刑德而用之 則是世主之危甚於簡公·宋君也 故劫殺擁蔽之主 非失刑德而使臣用之 而不危亡者 則未嘗有也 人主將欲禁姦 則審合 刑名者 言與事也.

없게 된다.²⁹

　월나라 왕 구천이 대부 문종에게 "과인이 이제부터 오나라를 정벌하려고 하는데, 가능하겠소?"라고 묻자, 대부 문종이 "물론입니다. 군주께서 상을 알맞게 후하게 내리고, 형벌을 공정하고도 엄격하게 한다면 성공할 수 있습니다. 만약 상벌에 의하여 민심이 어떻게 움직이는가를 알고 싶으시다면 궁궐에 불을 질러 시험해보십시오"라고 대답했다. 그리하여 왕은 궁궐에 불을 놓았는데, 누구 한 사람 불을 끄려고 하는 자가 없었다. 이에 문종이 다음과 같이 명령을 내렸다.

　"백성 가운데 불을 끄다가 죽은 사람은 싸움터에서 적과 싸우다가 죽은 전사자와 똑같은 상을 내릴 것이고, 불을 끄고도 죽지 않은 자에게는 적을 무찌른 자와 같은 상을 줄 것이다. 그러나 진화작업에 참가하지 않은 사람은 적에게 항복한 자와 같은 벌을 내릴 것이다."

　그러자 백성은 화상을 방지하기 위해 온몸에 진흙을 바르고 물 젖은 옷을 입고 앞 다투어 화재현장으로 달려왔는데, 그 수는 좌우에 각각 3,000명이나 되었다. 이것을 보고 월나라 왕은 오나라와 싸우면 반드시 승리할 수 있다는 확신을 하게 되었다.³⁰

---

29 같은 책, 「揚搉」, 夫香美脆味 厚酒肥肉 甘口而病形 曼理皓齒 說情而損精 故去甚去泰 身乃無害.

30 같은 책, 「內儲說上」, 越王問於大夫種曰 吾欲伐吳 可乎 對曰 可矣 吾賞厚而信 罰嚴而必 君欲知之 何不試焚宮室 於是遂焚宮室 人莫救之 乃下令曰 人之救火者死 比死敵之賞 救火而不死者 比勝敵之賞 不救火者 比降北之罪 人之塗其體被濡衣而走火者 左三千人 右三千人 此知必勝之勢也.

동양고전의 윤리의식과 도덕적 인물

6. 도덕의 기준

　한비자가 유가와 묵가의 역사인식과 도덕설을 비판하고, 덕치를 반대했다고 해서 도덕규범 자체를 부정한 것은 아니다. 그는 당시 춘추 전국시대의 혼란을 해결하기 위해서는 덕치와 겸애보다는 오히려 공과 사를 엄격히 분별할 수 있는 법에 의한 통치가 더 절실함을 인식했다. 공과 사의 문제는 사람의 본성이 각자 자신의 이익을 위하는 이기적인 계산 때문에 그대로 방치하면, 무질서로 사회가 혼란해지기 때문에 중요한 문제일 수밖에 없다. 공과 사가 서로 배치되는 까닭에 인간관계에서 이해관계의 문제는 항상 거론된다.

　임금의 도는 반드시 공사의 구분을 분명히 하고 법제를 밝히며 사사로운 은혜를 떠나는 데 있다. 명령은 반드시 행하여지고 금하는 명령은 반드시 금지시킴은 임금으로서의 공의公義인 것이다. 반드시 그의 사사로운 행동으로 친구를 믿어 상을 줌으로써 독려할 수 없고 벌을 줌으로써 막을 수 없는 것은 신하로서의 사의私義인 것이다. 사의가 행해지면 혼란에 빠지고 공의가 행해지면 다스려진다. 그러므로 공과 사가 구분되는 것이다. 신하에게는 사심이 있을 뿐 아니라 공의도 있다. 자신의 몸을 닦아서 청렴결백하며, 공정하게 행동하고 바르게 행동하며, 관직을 수행함에 사사로움이 없는 것은 신하로서의 공의이다. 나쁜 행동을 일삼고, 사리사욕을 마음대로 채우며, 자신만을 편안히 하고, 자기 집안의 이익만을 도모하는 것은 신하로서의 사심이다. 위에 현명한 군주가 있으면 곧 신하들은 사심을 버리고 공의를 행하게 된다. 위에 폭군이 있으면 신하들은 공의를 버리고 사심을 행사하게 된다. 따라서 임금과 신하

는 마음을 달리한다.[31]

한 나라의 정치는 공사를 분명히 하는 데서 시작해야 한다. 통치자인 임금이나 신하가 자신의 사심을 버리고 공의를 수행하면 나라는 자연히 올바르게 다스려진다. 반대로 임금과 신하가 서로 이해관계로 대하다 보면 반드시 나라는 혼란에 빠질 수밖에 없다. 따라서 법을 밝히고, 상벌을 엄정하게 처리하고, 공과 사의 구분을 명확히 구분하고, 시비와 선악의 판단을 정확히 한다면 임금과 신하의 이해관계는 반드시 합치된다.

그는 충효·인의·예의·공경·염치 등 도덕규범과 도덕관념은 사심을 철저하게 배제한 공의를 위한 가치판단이 되어야 한다고 생각했다. 그렇지 않을 경우에는 그것은 허위이며 가장이고, 기만적인 것이어서 절대 도덕적인 것이 될 수 없다고 보았다. 그는 일반인들이 도덕적 행위라고 하는 여덟 가지 행위도 결국은 공의를 버리고 사심을 구하는 것으로 이해했다.

옛 친구를 위해 사사로운 것을 행하는 것을 불기不棄(옛 정을 버리지 않는 사람)라고 하며, 공공재물을 마음대로 나누어주는 자를 인인仁人이라고 하며, 봉록을 가볍게 여기고 자기 몸을 소중히 다루는 자를 군자라고 하

---

31 같은 책,「飾邪」. 禁主之道 必明於公私之分 明法制 去私恩 夫令必行 禁必止 人主之公
義也 必行其私 信於朋友 不可爲賞勸 不可爲罰沮 人臣之私義也 私義行則亂 公義行則治
故公私有分 人臣有私心 有公義 修身潔白 而行公行正 居官無私 人臣之公義也 汙行從欲
安身利家 人臣之私心也 明主在上 則人臣去私心行公義 亂主在上 則人臣去公義行私心
故君臣異心.

동양고전의 윤리의식과 도덕적 인물

며, 법을 위반하면서까지 친족을 돌보아주는 자를 유행有行(행실이 좋은 사람)이라고 하며, 벼슬을 버리고 친구를 따르는 자를 유협有俠(협객)이라 하며, 세상을 버리고 세속으로부터 숨어버리는 자를 고오高傲(고상한 사람)라고 하며, 사람들과 싸우며 윗사람의 명령을 따르지 않는 자를 강재剛材(강인한 사람)라고 하며, 조그만 은혜를 베풀어 많은 사람을 끌어들이는 자를 득민得民(민심을 얻은 사람)이라 한다.[32]

위에서 나열한 여덟 가지 부류의 사람들은 오직 자신의 사심을 위해 공의를 희생시키기 때문에 도덕적 행위라고 말할 수 없다. 유가의 인의란 천하의 해악을 근심하고 나라에 어떤 걱정거리가 있으면 그것을 해결하기 위해 그 몸이 치욕을 당해도 개의치 않는 것을 말한다. 그래서 이윤은 중국이 어지러워져 도가 행해지지 않는 것을 안타깝게 생각하고, 스스로 탕왕의 요리사가 되어 그 신용을 얻고 끝내는 재상이 되어 나라를 평정했다. 백리해는 진나라가 어지러워 도가 행해지지 않는다고 생각했기에 노예가 되어 진나라 목공을 섬기다가 재상이 되어 나라를 바로잡았다. 이 두 사람은 천하의 해악을 근심하고 나라를 구제하기 위하여 달려가 어떤 굴욕도 능히 견뎌냈다. 그러므로 이것을 인의라고 하는 것이다.[33] 즉, 국가와 백성을 근심하는 것을 인이라고 생각하고, 굴욕과 창피를 꺼려하지 않고 군주를 위해 충성을 다하는 것을 의라고 생

---

32 같은 책, 「八說」, 爲故人行私謂之不棄 以公財分施謂之仁人 輕祿重身謂之君子 枉法曲親謂之有行 棄官寵交謂之有俠 離世遁上謂之高傲 交爭逆令謂之剛材 行惠取衆謂之得民.

33 같은 책, 「難一」, 夫仁義者 憂天下之害 趨一國之患 不避卑辱謂之仁義 故伊尹以中國爲亂 道爲宰于湯 百里奚以秦爲亂 道爲虜于穆公 皆憂天下之害 趨一國之患 不辭卑辱 故謂之仁義.

각하였던 것이다. 한비자가 인의의 행위를 헤아리는 척도는 바로 '사심을 버리고 공의를 행함'에 있었다.

　백성은 자신의 계산으로 편안함과 이익으로 나아가고 위험과 곤궁함을 피한다. 그러므로 권세 있는 개인 집안을 섬김으로써 부역을 면제받으려 한다. 부역을 면제받으면 전쟁을 멀리하게 되기 때문이다. 전쟁을 멀리하게 되면 몸이 안전해지기 때문이다. 뇌물을 바치고 권세가에 청탁하면 곧 바라는 것을 얻게 된다. 바라는 것을 얻게 되면 곧 이익이 되고 몸이 편안해지기 때문이다. 이익과 몸의 편안함이 있는 곳에 어찌 백성이 나아가지 않을 수 있겠는가? 그리하여 공민公民은 줄어들고 사인私人들이 많아지는 것이다.

　현명한 군주가 나라를 다스리는 정책은 상인과 공인工人 및 놀고먹는 백성을 적게 하면서 그 이름을 천하게 만들어 근본 생산업을 버리고 말단적인 일로 나아가는 자가 적도록 해야 한다. 지금 군주를 가까이 모시는 사람들의 청탁이 공공연히 이루어져 벼슬이나 작위도 살 수 있다. 벼슬과 작위를 살 수 있다면 곧 상인이나 공인도 천해지지 않을 것이다. 간사한 재물과 귀중한 물건들이 시장에서 매매되고 있으니 상인들의 수도 줄어들지 않는다. 거둬들이는 이익은 농사의 두 배가 될 것이니, 존귀하게 될 기회가 밭갈이하며 싸우는 사람들보다 많다. 그래서 바르고 곧은 사람은 적어지고 높은 값만 계산하는 백성은 많아지는 것이다.[34]

34　같은 책,「五蠹」, 民之政計 皆就安利如辟危窮 …… 故事私門而完解舍 解舍完則遠戰 遠戰則安 行貨賂而襲當塗者則得 求得則私安 私安則利之所在 安得勿就 是以公民少而私人衆矣 夫明王治國之政 使其商工游食之民少而名卑 以寡趣本務而趨末作 今世近習之請行 則官爵可買 官爵可買 則商工不卑也矣 姦財貨賈 得用於市 則商人不少矣 聚斂倍

　　　　　　　　　　　　　　동양고전의 윤리의식과 도덕적 인물

한비자는 사심에 우선하여 노력하지 않고 결과물을 얻으려는 부류를 철저히 배격했다. 특히 농사처럼 고된 생산업에 종사하는 것보다 남을 속여 잇속을 챙겨 장사하는 사람들과 권세가에 빌붙어 부역을 면제받거나 전쟁에 나가지 않는 사람들은 사심만 채우고 공의를 멀리하는, 나라에 아무 도움이 되지 않는 오두五蠹라고 지칭하였다.

첫 번째 좀벌레는 유가로, 옛 임금들의 도를 주장하면서 인의를 근거로 삼고 용모와 옷을 성대히 하며 변설로 꾸며대어 현재의 법제를 의심스럽게 만들며 임금의 마음을 둘로 만드는 자들이다.

두 번째 좀벌레는 말로 먹고사는 세객과 종횡가로, 거짓 주장을 늘어놓고 외국의 힘을 빌려 자신의 사사로운 이익을 채우고 국가의 이익은 돌보지 않는 자들이다.

세 번째 좀벌레는 사사로운 무력으로 질서를 해치는 협객들로, 도당을 만들어 의리를 내세움으로써 자신의 명성을 드러내며 정부가 금하는 법령을 침범하는 자들이다.

네 번째 좀벌레는 군주의 측근으로서, 공권력에 의지하여 병역이나 조세의 부담을 지지 않는 귀족들이 자기 집에 재물을 쌓고 뇌물을 받아먹으면서 권력자들의 청탁은 들어주고 땀 흘리며 말처럼 수고한 사람들은 물리치는 자들이다.

마지막 좀벌레는 농민들의 이익을 빼앗는 상공인들로, 이지러진 그릇 같은 것을 만들어 팔고 하여 옳지 못한 재물을 모아 쌓아놓고 때에 따라 투자하여 농부의 이익을 가로채는 자들이다.

農 而致尊過耕戰之士 則耿介之士寡 而高價之民多矣.

이상 다섯 종류의 사람들은 나라의 좀벌레로 오두이다.[35]

훗날 진시황은 천하를 통일한 후 '분서갱유焚書坑儒'를 단행했는데 모두 한비자가 주장한 오두설의 영향 때문이었다. 현명한 군주는 나라를 좀먹는 이 다섯 가지 벌레를 제거하지 못한다면 올바른 선비가 제자리에 설 수 없어 결국 공의보다는 사심에 우선하여 멸망하는 나라가 있을 것이라는 판단 때문에 이들을 먼저 제거해야 한다고 보았다.

공의와 사심에 관해 당계공과 한비자가 논한 적이 있었는데, 당계공이 "예를 행하여 사양하는 것이 안전의 술術이고, 행실을 닦아 지혜를 감추는 것이 성공의 도道라고 했는데, 선생은 법술을 수립하고 제도의 술수를 설정하였으니 선생의 신상에 해가 될 것 같습니다"라고 하자, 한비자는 다음과 같이 대답했다.

선생의 말씀은 잘 알겠습니다. 천하를 다스릴 권병權柄과 백성을 평등하게 다스릴 법도에는 심히 다루기 쉽지 않은 점이 있습니다. 그러나 선생의 충고를 거절하고 감히 제 선택을 따르는 까닭은 법도를 수립하고 제도를 설정하는 것이 백성의 이익과 서민의 안녕을 도모하는 도이기 때문입니다. 따라서 군주를 혼란시킨다는 누명의 화를 꺼리지 않고, 항상 백성의 이익을 평등하게 다스릴 생각을 하는 것은 어질고 지혜로운 행위입니다. 군주를 혼란시킨다는 누명의 화를 꺼려 사망의 해악을 피해

---

35 같은 책, 「五蠹」, 是故亂國之俗 其學者 則稱先王之道以籍仁義 盛容服而飾辯說 以疑當世之法 而貳人主之心 其言古者 爲設詐稱 借於外力 以成其私 而遺社稷之利 其帶劍者 聚徒屬 立節操 以顯其名 而犯五官之禁 其患御者 積於私門 盡貨賂 而用重人之謁 退汗馬之勞 其商工之民 修治苦窳之器 聚弗靡之財 蓄積待時 而侔農夫之利 此五者 邦之蠹也 人主不除此五蠹之民 不養耿介之士 則海內雖有破亡之國 削滅之朝 亦勿怪矣.

가는 것은 자신을 돌볼 줄만 알았지 백성의 이익을 외면한 것이므로 이기적이고 야비한 행실입니다. 저는 차마 이기적이고 야비한 행실을 따를 수 없고, 감히 어질고 지혜로운 행실을 손상시킬 수도 없습니다.[36]

한비자는 공의로 법도를 수립하고 제도를 설정하는 것이 백성의 이익과 서민의 안녕을 도모하는 것으로 보았다. 공의를 실천하여 백성에게 이익이 된다면 군주를 혼란시킨다는 누명까지도 달게 받겠다는 의지가 엿보인다. 또 그렇게 하는 것이 어질고 지혜로운 행위이고, 사심은 백성의 이익을 외면한 것이므로 이기적이고 야비한 행위라고 정의한다.

7. 도덕적 인물

한비자는 도덕적 인물을 법치와 관련하여 성인이 치도治道를 삼을 수 있는 까닭을 셋으로 설명한다. 하나는 이익이고, 둘째는 권위이고, 셋째는 명성이다. 대체로 이익이란 백성을 얻을 수 있기 때문이고, 권위란 명령을 행하기 위한 방법이고, 명성이란 위아래가 같이 걷는 길이다.

---

36 같은 책, 「問田」, 堂谿公謂韓子曰 臣聞服禮辭讓 全之術也 修行退智 遂之道也 今先生立
    法術 設度數 臣竊以爲危於身而殆於軀 …… 韓子曰 臣明先生之言矣 夫治天下之柄 齊民
    萌之度 甚未易處也 然所以廢先王之敎 而行賤臣之所取者 竊以爲立法術 設度數 所以利
    民萌便衆庶之道也 故不憚亂主闇上之患禍 而必思以齊民萌之資利者 仁智之行也 憚亂
    主闇上之患禍 而避乎死亡之害 知明夫身而不見民萌之資利者 貪鄙之爲也 臣不忍嚮貪
    鄙之爲 不敢傷仁智之行 先王有幸臣之意 然有大傷臣之實.

이 세 가지는 존재하지 않았던 것이 아닌데도 세상이 한 번 다스려지고 한 번 어지러워지는 이유는 무엇인가? 대체로 군주가 귀하게 여긴 것과 그가 통치로 삼은 이유가 상반되기 때문이다.[37]

성인은 이익으로 인심을 얻을 수 있기 때문이고, 또 권위로써는 그 의지를 수행할 수 있고, 명성으로는 제정制定을 하나로 통일할 수 있게 한다. 이것은 백성이 이익을 탐내면서도 권위는 두려워하고, 명성은 좋아하게 한 다음에야 치도를 할 수 있다는 의미이다.

그러면 한 번 다스려지고 한 번 어지러워지는 이유는 어떻게 해서 일어나게 되는 것일까? 세상에는 재능이 있어도 권세와 지위가 없으면 비록 현명하더라도 어리석은 자를 제어할 수 없다. 그래서 한 자밖에 안 되는 나무라도 높은 산 위에 세워두면 그것이 천 길의 계곡을 내려다보고 있는 듯이 보이는 것은 그 나무가 길어서가 아니라 그것이 서 있는 위치가 높기 때문이다. 이와 마찬가지로 걸왕이 천자가 되어 능히 천하를 제압할 수 있었던 것은 현명했기 때문이 아니라 세력이 컸기 때문이다. 요임금이 평범한 사람이었다면 세 가구뿐인 작은 마을도 다스리지 못했을 것인데, 그것은 요임금이 어리석었기 때문이 아니라 지위가 낮았기 때문이다. 천 균鈞[38]의 무게나 되는 물건도 배에 실으면 물에 뜨지만, 치수錙銖[39]처럼 가벼운 물건이라도 배가 없으면 가라앉고 만다. 이것

---

37 같은 책, 「詭使」, 聖人之所以爲治道者三 一曰利 二曰威 三曰名 夫利者所以得民也 威者 所以行令也 名者上下之所同道也 …… 三者非不存也 而世一治一亂者何也 夫上之所貴 與其所以爲治相反也.

38 고대의 도량형으로 균이란 지금의 30근, 즉 7,680g에 해당하는 무게이다.

39 치는 여섯 수이고, 한 수는 한 냥의 24분의 1에 해당한다. 그러므로 치수는 무게가 매우 가볍다는 것을 나타낸다.

동양고전의 윤리의식과 도덕적 인물

은 천 균이 가볍고 치수가 무거워서가 아니라 기대는 세력이 있거나 없기 때문이다. 그래서 낮은 것이 높은 곳에서 아래를 굽어보는 것은 위치 때문이고, 어리석은 자가 현명한 자를 제어할 수 있는 것은 권세 때문이다.

성인의 덕은 요순과 같고 행동은 백이와 같을지라도 지위가 세상 위에 추대되지 않으면 공을 세울 수 없고 이름도 빛낼 수 없다. 그래서 옛날에 공명을 이룰 수 있었던 자는 사람들이 모두 힘을 모아 그를 도왔고, 가까이 있는 자가 성의로서 그를 섬기고 멀리 있는 자는 그의 명성을 칭찬했으며, 높은 자리에 있는 자가 그를 권세로써 추대했기 때문이다. 그리하여 태산에 비유할 만큼 위대한 공이 영원히 나라에 세워지고, 해와 달 같은 빛나는 명예가 오래도록 세상에 드러났던 것이다. 이것이 곧 요임금이 성덕의 명예를 지킬 수 있었던 까닭이고, 순임금이 큰 공을 세울 수 있었던 까닭이다.[40]

덕이란 내면적인 것이고 득得이란 외면적인 것이다. 그래서 "최고의 덕은 덕을 의식하지 않는다"고 한 노자의 말은 덕의 신묘함이 외부의 사물들에 의하여 간섭당하지 않음을 뜻하는 것이다. 덕의 신묘함이 외부의 간섭을 당하지 않으면 그의 몸은 온전하다. 몸이 온전한 것을 득이라 하는데, '득'이란 몸을 온전히 얻었다는 뜻이다.

40　『韓非子』,「功名」, 夫有材而無勢 雖賢不能制不肖 故立尺材於高山之上 下臨千仞之谿 材非長也 位高也 桀爲天子 能制天下 非賢也 勢重也 堯爲匹夫 不能正三家 非不肖也 位卑也 千鈞得船則浮 錙銖失船則沈 非千鈞輕錙銖重也 有勢之與無勢也 故短之臨高也以位 不肖之制賢也以勢 …… 聖人德若堯・舜, 行若伯夷 而位不載於世 則功不立 名不遂 故古之能致功名者 衆人助之以力 近者結之以成 遠者譽之以名 尊者載之以勢 如此 故太山之功長立於國家 而日月之名久著於天地 此堯之所以南面而守名 舜之所以北面而效功也.

한비자는 노자의 설에 따라 도덕적 인물을 덕이란 아무 일도 하지 않음[무위無爲]으로써 모여들고 아무 욕망도 없는 데서 이루어지며, 생각하지 않음으로써 안정되고, 애쓰지 않음으로써 확고해지는 것으로 보았다. 어떤 작위를 가하고 욕망을 지니게 되면 곧 덕은 깃들 곳이 없게 된다. 덕은 깃들 곳이 없으면 곧 온전치 못하게 된다. 애쓰고 생각하면 곧 얻는 것이 확고해지지 않는다. 확고해지지 않으면 곧 공이 없게 된다. 공이 없음은 곧 덕을 의식하는 데서 생기는 것이다. 덕이란 곧 덕을 의식하지 않는 것이며, 덕이 없음은 곧 덕을 의식하는 것이다. 그러므로 노자는 "최고의 덕은 덕을 의식하지 않는 것이니 그래서 덕이 있게 된다"고 말한 것이다.[41]

한비자는 노자의 "최고의 덕은 덕을 의식하지 않는 것이니 그래서 덕이 있게 된다"고 하는 문장을 모든 덕은 무위를 통해 얻게 되며 무욕에서 완성되고, 이것은 생각하지 않음에서 기인하며 사용하지 않음을 통해 확고하게 된다고 보았다. 도덕적 인물은 아무것도 하지 않고 아무 생각도 하지 않음으로써 허정하게 된 것을 구하게 여기는 까닭은 그 뜻이 제약을 받는 데가 없기 때문이다. 술법을 지니고 있지 않은 사람들은 일부러 아무것도 하지 않고 생각도 하지 않으면서 그것을 허정하다고 여기고 있다. 일부러 아무것도 하지 않고 생각도 하지 않는 것을 허정하다고 여기는 사람들은 그의 뜻이 언제나 허정함을 잊지 않고 있기 때문이다.

---

41 같은 책, 「解老」, 德者 內也 得者 外也 上德不德 言其神不淫於外也 神不淫於外則身全 身全之謂德 德者 得身也 凡德者 以無爲集 以無欲成 以不思安 以不用固 爲之欲之 則德無舍 德無舍則不全 用之思之則不固 不固則無功 無功則生於德 德則無德 不德則在有德 故曰 上德不德 是以有德.

동양고전의 윤리의식과 도덕적 인물

허정이란 것은 그의 뜻이 제약받는 곳이 없음을 뜻하는 것이다. 지금 허정하여지는 것에 제약받고 있으면 이것은 허정하지 않은 것이다. 허정하다는 것이 아무것도 하지 않는 것으로서 일정한 법도를 삼는 것은 아니다. 아무것도 하지 않는 것으로서 일정한 법도를 삼지 않으면 곧 허정해진다. 허정하면 곧 덕이 왕성해지는데, 덕이 왕성한 곳을 최고의 덕(상덕上德)이라고 하는 것이다. 그러므로 노자는 "최고의 덕이란 아무것도 하지 않는 것이지만, 또 하지 않는 것이 없다"고 말한 것이다.[42]

한비자는 유가에서 말하는 가치규범 또는 윤리 질서로서의 도덕을 설명한 것이 아니라, 삶의 질서를 넘어선 자연의 존재법칙으로서의 도덕으로 이해한 것이다. 바로 도가의 도덕을 자연이 만물을 그렇게 만들고 있는 '스스로 그러한', '저절로 그러한' 도덕이다. 이 도덕을 체득한다는 것은 바로 자연의 변화와 함께 움직이는 성인의 경지에 이름을 뜻한다.

위에 있는 사람의 덕이 하늘과 같이 크지 않으면 아래에 있는 자를 골고루 덮어줄 수 없고, 대지와 같은 마음이 되지 않으면 만물을 다 실을 수 없다. 태산은 좋아하고 싫어하는 것이 없기 때문에 흙과 바위의 좋고 나쁨을 가리지 않고 다 받아들여 능히 그 높음을 이루었고, 강과 바다는 작은 시냇물도 버리지 않았기 때문에 저토록 풍부해진 것이다.

그러므로 대인은 천지의 위대함을 터득하여 만물을 갖추고, 마음을 태산과 바다처럼 갖기 때문에 국가가 번영하는 것이다. 임금에게는

---

42 같은 책, 「解老」, 所以貴無爲無思爲虛者 謂其意無所制也 夫無術者 故以無爲無思爲虛也 夫故以無爲無思爲虛者 其意常不忘虛 是制於爲虛也 虛者 謂其意無所制也 今制於爲虛 是不虛也 虛者之無爲也 不以無爲爲有常 不以無爲爲有常則虛 虛則德盛 德盛之謂上德 故曰 上德無爲而無不爲也.

성냄으로써 생기는 해독이 없고, 백성에게는 위에 있는 자에게 숨은 원한을 품을 염려가 없게 된다. 상하는 서로 소박하게 대하며, 도로써 안주하는 집을 삼는다. 따라서 국가에 장구한 이익이 쌓이고 큰 공이 세워지며, 이름이 빛나고 덕은 후세에까지 전해진다. 이것이 나라를 다스리는 극치이다.[43]

옛날 사람들은 자기의 눈으로 남의 얼굴은 볼 수 있었지만 자신의 얼굴은 볼 수 없었기 때문에 거울이라는 것을 만들어 그것으로 자기 얼굴을 보았다. 또 인간은 지혜가 있어도 그것으로 남을 평가할 수 있지만 자기를 잘 알 수는 없었기 때문에 도라는 것으로 자기를 바르게 파악했다.

그러므로 거울에 얼굴을 비쳐보고 얼굴에 흉터가 있다는 것을 알았다 하더라도 거울에 죄가 있는 것이 아니며, 옛 성현의 도에 비쳐보고 자기의 과실을 알았다 하더라도 도를 원망할 수 없는 것이다. 만약 눈이 있어도 거울이라는 것이 없다면 수염이나 눈썹을 바로 다듬을 수 없으며, 자기의 언행이 도를 잃게 되면 어떠한 과실이 있어도 이것을 알 수 없다.

서문표라는 사람은 대단히 성미가 급해서 그 성질을 고치려고 언제나 부드러운 가죽 끈을 허리에 차고 그것을 봄으로써 마음을 누그러뜨렸다고 한다. 이와는 반대로 동안우는 지나치게 마음이 느긋해서 일을 단호히 처리하지 못했기 때문에 언제나 허리에 활을 차고 다니면서 스스로 마음을 긴장시키려고 했다. 그러므로 여유 있는 것으로 부족한 것을

---

43 같은 책, 「大體」, 上不天則下不徧覆 心不地則物不畢載 太山不立好惡 故能成其高 江海不擇小助 故能成其富 故大人寄形於天地而萬物備 歷心於山海而國家富 上無忿怒之毒下無伏怨之患 上下交順 以道爲舍 故長利積 大功立 名成於前 德垂於後 治之至也.

동양고전의 윤리의식과 도덕적 인물

채워주고, 장점으로 단점을 보충하는 군주를 현명한 군주라고 한다.

무릇 세상에는 움직일 수 없는 세 가지 이치가 있으니 첫째, 자기의 지혜만으로는 성립시키지 못할 일이 있고, 둘째 자기 혼자의 힘만으로 들어 올릴 수 없는 일이 있고, 셋째 강한 것만으로는 남을 이길 수 없는 일이다. 비록 요임금과 같은 지혜가 있다 하더라도 많은 사람들의 도움이 없다면 큰 공을 세울 수 없으며, 진나라의 힘센 용사 오획 같은 천하장사라 하더라도 남의 도움이 없이는 제 몸을 들어 올릴 수 없고, 맹분과 하육 같은 용사라 하더라도 나라가 바른 법에 의하여 다스려지지 않고서는 영원히 승리할 수 없다.

그래서 세력이 있어도 세력만으로는 성취되지 못하는 일이 있고, 일의 성질상 이룰 수 없는 것도 있다. 오획은 천 균의 물건을 거뜬히 들어 올리는 장사였지만 제 몸은 가볍게 다루지 못했는데, 이것은 그의 몸이 천 균보다 무거워서가 아니라 들기에 자세가 불편했기 때문이다. 이주가 시력이 매우 좋아서 백 보나 떨어진 곳에 있는 것도 쉽게 볼 수 있었지만 제 눈썹은 볼 수 없었는데, 이것은 백 보는 가깝고 제 눈썹이 멀어서가 아니라 이치상 불가능했기 때문이다.

현명한 군주는 오획이 자기 몸을 들어 올리지 못한다고 하여 책망하지 않으며, 이주가 제 눈썹을 보지 못한다고 하여 비난하지도 않는다. 그 능력을 발휘하기에 알맞은 지위를 주기 때문에 사람들이 적은 노력으로 공과 이름을 세운다. 때는 가득 찰 때와 텅 빌 때가 있고, 일에는 이로운 것과 해로운 것이 있으며, 생물은 태어남과 죽음이 있다. 이와 같은 것들은 뜻대로 되는 법이 아닌데도 군주가 이 세 가지 때문에 기뻐하고 노여워하는 기색을 나타내면 쇠와 돌처럼 절개가 굳은 선비라도 군주에게서 마음이 떠날 것이고, 성현의 능력을 갖춘 인물도 군주의 천박함을 넘볼 것이다.

현명한 군주는 사람의 가치를 잘 파악하되, 자신을 감추고 나타내지 않아야 한다. 요임금도 혼자서는 천하의 현명한 군주가 될 수 없었고, 오획도 제 몸을 들 수 없었으며, 맹분과 하육 같은 용사도 혼자 힘으로 승리할 수 없었으므로 이것을 명백히 파악했을 때 비로소 모든 사람의 위에서 그 사람의 실력을 바르게 알 수 있다. 이러한 이치를 명확히 알고 법률로 나라를 다스리면 신하의 행위를 관찰하는 방법이 완전히 갖추어진다.[44]

---

44 같은 책, 「觀行」, 古之人 目短於自見 故以鏡觀面 智短於自知 故以道正己 鏡無見疵之
   罪 道無明過之惡 目失鏡 則無以正鬚眉 身失道 則無以知迷惑 西門豹之性急 故佩韋以自
   緩己 董安于之心緩 故佩弦以自急 故以有餘補不足 以長續短之謂明主 天下有信數三 一
   曰智有所不能立 二曰力有所不能擧 三曰彊有所不能勝 故雖有堯之智而無衆人之助 大
   功不立 有烏獲之勁而不得人助 不能自擧 有賁‧育之彊而無法術 不得長生 故勢有不可
   得 事有不可成 故烏獲輕千鈞而重其身 非其身重於千鈞也 勢不便也 離朱易百步而難眉
   睫 非百步近而眉睫遠也 道不可也 故明主不窮烏獲以其不能自擧 不因離朱以其不能自
   見 因可勢 求易道 故用力寡而功名立 時有滿虛 事有利害 物有生死 人主爲三者發喜怒之
   色 則金石之士離心焉 聖賢之撲朴淺深矣 故明主觀人 不使人觀己 明於堯不能獨成 烏獲
   之不能自擧 賁育之不能自勝 以法術 則觀行之道畢矣.

동양고전의 윤리의식과 도덕적 인물